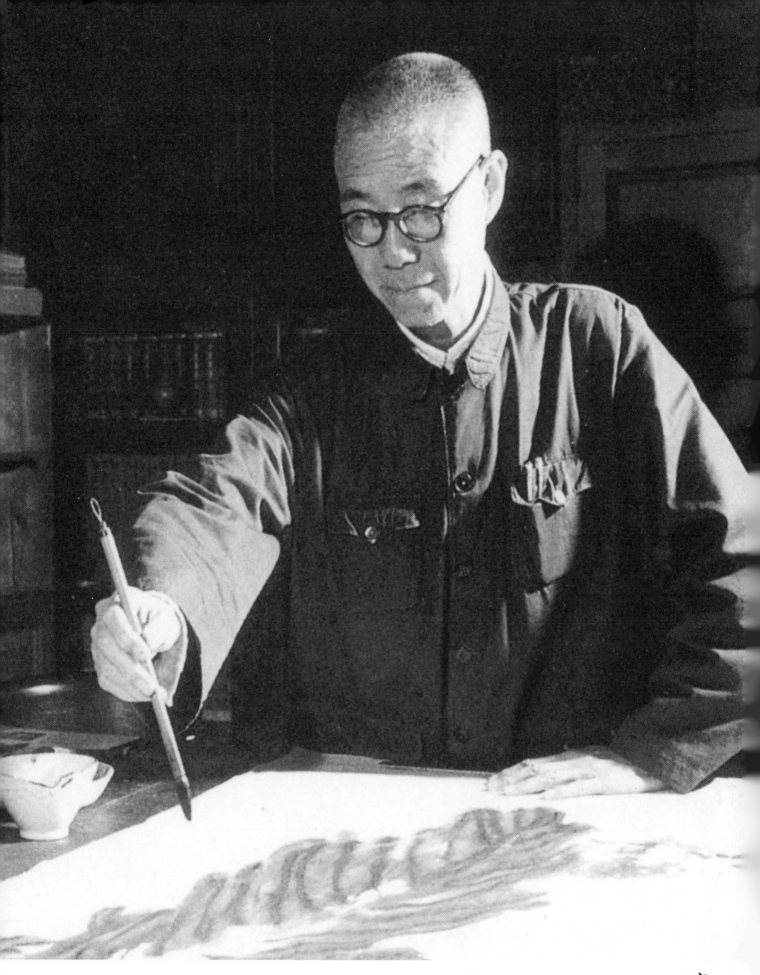

潘天壽

■「名家讲稿」

潘天寿

写意花鸟画要义

潘天寿 ◎ 著

上海人民美术出版社

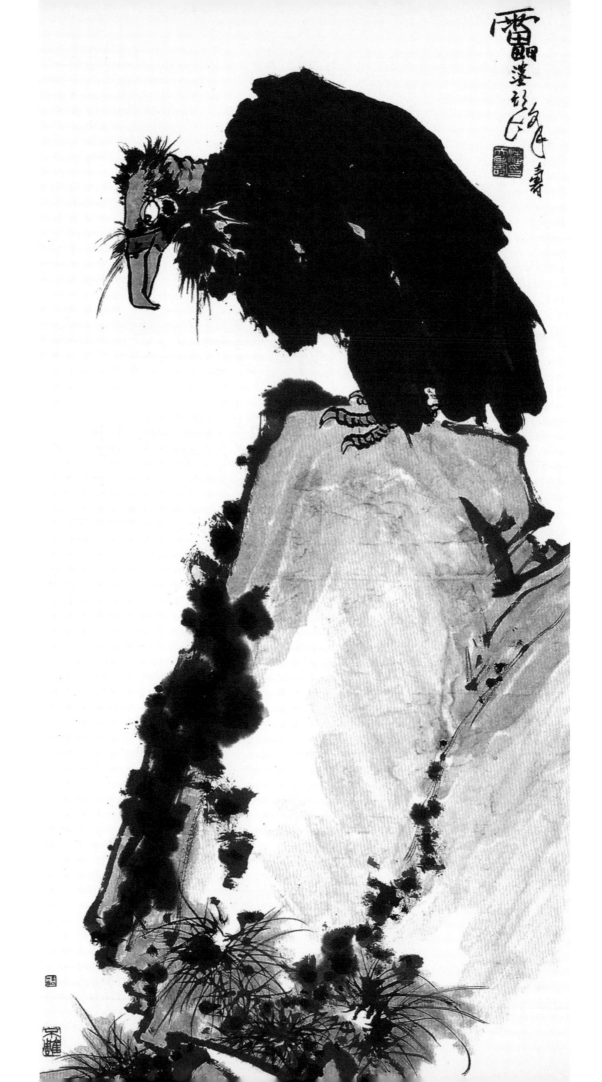

前言

潘天寿（1897—1971），字大颐，号寿者，又号雷婆头、峰寿者，浙江宁海人。浙江省立第一师范学校毕业。曾任上海美术专科学校、上海新华艺术专科学校教授。1959年任浙江美术学院院长。潘天寿以深厚的传统文化功力为捍卫传统绘画的独立性竭尽全力，奋斗一生，并且形成一整套中国画教学的体系，影响中国绘画界。

潘天寿在中国美术史领域有深厚造诣，早在1926年就在商务印书馆出版了自己编写的《中国绘画史》。他归纳总结中国传统绘画的风格特征有如下几点：

（一）中国绘画以墨线为主，表现画面上的一切形体；

（二）尽量利用空白，使全画面的主体特点突出；

（三）颜色尽量应用明豁的对比，且以墨色为主色；

（四）合于观众的欣赏要求处理明暗；

（五）合于观众的欣赏要求处理透视；

（六）尽量追求动的精神气势；

（七）题款和钤印更使画面丰富而有变化，为中国绘画特有的形式美。

身处中西文化交融时代的潘天寿，从全球视界出发，进一步分析总结中国绘画的特点，并对其在世界绘画体系中的地位进行定义。他说："世界的绘画可分东西两大系统，中国传统绘画是东方绘画系统的代表。"他又进一步指出："东方系统的绘画，最重视的是概括、明确、全面、变化以及

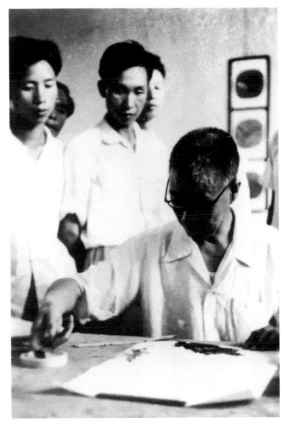

潘天寿作画图

动的神情气势等。中国绘画，是东方系统中的主流系统，尤重视以上诸点。中国绘画，不以简单的形似为满足，而是用高度提炼强化的艺术手法，表现经过画家处理加工的艺术的真实"；而"西画主眼见身临之实境，故重感觉，须热情。中画主空阔流动之意境，故重感悟，须静观。受之于眼，游之于心，澄怀忘虑，物我冥会，此境惟于静穆中方能得之"。正是在这样的认识基础上，潘天寿提出了20世纪中国绘画史上的"中西拉开距离"说："若徒眩中西折中以为新奇，或西方之倾向东方，东方之倾向西方，以为荣幸，均足以损害两方绘画之特点与艺术之本意。"这种说法和徐悲鸿、林风眠等人

的中西融合说截然不同，独树一帜。潘天寿由此也成为20世纪中国画坛传统派的代表人物之一，和吴昌硕、黄宾虹、齐白石齐名。

理论上的建树需要强大的实践支持，潘天寿用自己功力深厚的绘画创作支持自己的理论观念。潘天寿诗书画印修养全面。诗歌方面，他修养甚好，曾受到李白、李贺、韩愈的诗风影响，沉雄飘逸兼有。书法方面，潘天寿下过很深的功夫，涉猎广泛，受颜真卿、倪元璐、魏碑、二爨等的影响，形成刚健雄强、用笔多方的洒脱风格，和自己画作能起到相得益彰的作用。在印章方面，潘天寿自刻印章，刚劲苍古，用印上往往喜欢大而醒目，和题款相互呼应，使画作气脉贯通，起到加强风格的作用。

正是在如此深厚的传统文人画素养的基础上，潘天寿绘画艺术博采众长，尤于石涛、八大、吴昌硕诸大家及浙派绘画中取精用宏，形成个人独特风格。在广泛吸收传统养料之余，潘天寿也曾去富春江、莫干山、黄山、天台、雁荡等名山大川实地观察游玩，进行"师造化"方面的学习，黄山和雁荡奇幻多变的山峰对他绘画风格形成影响很大。潘天寿精于写意花鸟和山水作品，尤善画鹰、八哥、蔬果、松、梅等。作画时，他落笔大胆，点染细心，画面往往笔墨苍古、凝练老辣，墨彩纵横交错，构图清新苍秀，趣韵无穷。其整体绘画风貌大气磅礴、雄浑奇崛，在20世纪中国画坛卓然自立，成一大家。

为克服明清以来日渐羸弱的文人画风，潘天寿以"一味霸悍""强其骨"为艺术追求，结合乃师吴昌硕"金石入画"的倡导，为中国传统花鸟画开辟出新的强健格局。吴昌硕赞叹他的画"天惊地怪见落笔"，也曾讲过"苦铁画气不画形"。同样，和吴昌硕的画一样，潘天寿作画在"气"上的追求也

是十分明显的。他作画用笔以方笔强折，线条多变，"悍"气十足，"霸"气淋漓，尽显在绘画笔墨方面的深厚功力。用笔之外，他在用墨方面喜用焦、浓、泼、破、积墨，层次丰富多样，富有表现力。

笔墨展现之余，潘天寿的绘画用色也是多姿多彩，富有特色。设色上讲究对比，多用透明色，通常以花青和赭色为主，适当用朱色，整体上做到色不碍墨，墨不碍色，格调上显得古雅厚重。

绘画构图方面，潘天寿也是独具一格。著名画家吴冠中曾评说道："潘天寿的绘画是建筑，他的营造法则是构建大画的法则。他的大幅作品是真正的巨构，中国国画家中，真能驾驭大幅者，潘天寿是第一人。"的确如此，潘天寿创作过许多巨幅名作，比如《雁荡山花图轴》《鹰石图》《雨霁图》《雄视图》《江天新霁》等，这些都是构图新异、雄浑大气、不同凡响之作。

在作毛笔画的同时，潘天寿还常作指墨画。指墨技法由清代高其佩开创，而在潘天寿的作品中达到了完美的境地。潘天寿的不少代表作都是指墨画成的，比如《暮色劲松图》《梅月图》《无限风光图》等巨幅，都是画境高卓之作，尤其《无限风光图》在中国嘉德拍卖会上拍出2.5亿的高价，震惊世人。

中华民族走向全面复兴，中国文化也不断走向世界，潘天寿用自己独特的理论和实践做出了非常好的探索和榜样，值得后人长久地学习和借鉴。本书着重介绍潘天寿花鸟画方面的理论见解，教学经验总结，并兼及中国美术史和指头画，同时全书还配上潘天寿大量范图范作及构图速写稿等，内容丰富多样，是一本高水准的讲述国画巨匠艺术秘诀的理论和技法书，相信读者可以从中得到很好的中国传统文化的熏陶和中国画的学习诀窍。

◉ 目录

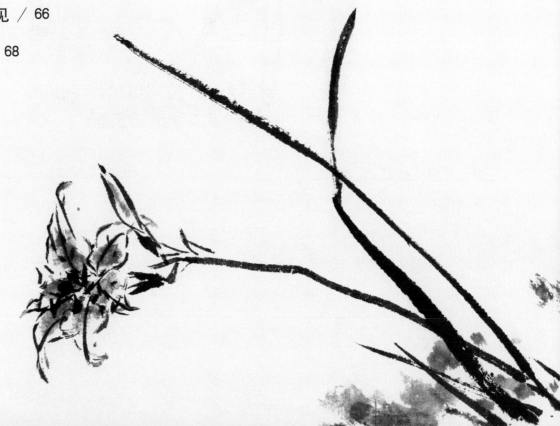

「上 编」
花鸟画法

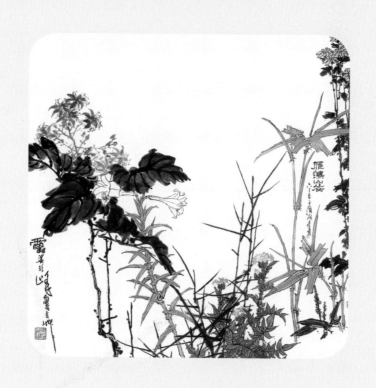

用笔

吾国文字，先有契书，而后有笔书。笔书中，有毛笔书、竹笔书（按：聿，笔也，作书，从手执竹枝点漆书字之形象也，漆汁浓腻，不易行走，故笔画头粗尾细，形如蝌蚪，故称蝌蚪文）。吾国绘画，亦先有契画而后有笔画。其发展之情况，大体与文字相同。吾国最早之契画，始见于旧石器时代周口店所发掘之削刮器（或系雕刻器），刻有极简单对称韵律美之装饰线条，为最原始之契画。吾国最早之毛笔画，始见于新石器时代之彩色陶器。此种彩色陶器，用黑色线条绘成，运线长，水分饱，线条流动圆润，粗细随意，点画之落笔收笔处，每见有蚕头鼠尾，且有屋漏痕意致，证其为毛笔所绘无疑。第未知其制法，与长沙战国墓葬内出土之毛笔是否相同（近时长沙战国墓葬内出土之毛笔，以竹管为套、木枝为杆，将兔肩毫附缚于木杆下端之周围而成者。与近代毛笔之制法，用兽毫先缚成笔头，插装于竹管之内者不同）。

制笔之毫料，有柔弱强健之不同；笔头之制法，有长短胖瘦之各异；故在书画之功能，点与线之形相，亦全异样。近代通用之毫料中，猪鹿毫强悍，鸡鸭毫柔弱（猪鬃太悍，毫身不直，殊不合制笔条件，鸡鸭毫太弱，亦不合写字作画之应用，已近淘汰之列）。兔毫矫健，兔肩枪毫，毫色玄者，名紫毫，甚尖锐劲健。次于紫毫者，有狼毫、鼠须，亦颇尖锐强劲。鼠须，为晋大书家王右军（羲之）所爱用。羊毫是柔中之健者。羊须圆壮而长，可制扁额大笔。柔健之毫易用，强悍之毫难使。初学者，从羊毫入手，为最宜。笔头之制法，瘦长适中之笔，易于掌握其性能，矮胖瘦长之笔，难于运用其特点。然瘦长者，易周旋，矮胖者，易圆实。笔之使用，以尖齐圆健为上品。然书画家，亦有喜用破笔秃笔者，取其破笔易老，秃笔易圆，挺而不露锋芒也，殊非常例。

羊毫圆细柔顺，含水量强，笔锋出水慢，运用枯墨湿墨，有其特长。作画时，调用水墨颜色，变化复杂，非他毫所及。紫毫、鹿毫、獾毫强劲，含水量稍差，笔锋出水快，调用水墨颜色较单纯、易平板。学者可依各人习惯与画种之不同，选择其适宜者用之。

画大写意之水墨画，如书家之写大草，执笔宜稍高，运笔须悬腕，利用全身之体力、臂力、腕力，才能得写意之气势，以突出物体之神态。作工细绘画之执笔，运笔与写小正楷略同。

画事用笔，不外点、线、面三者。苦瓜和尚云："画法之立，立于一画。"一画者，一笔也。即万有之笔，始于一笔。盖吾国绘画，以线为基础，故画法以一画为始。然线由点连接而成，面由点扩展而得，所谓积点成线，扩点成面是也。故点为一线一面之母。

画事之用笔，起于一点，虽形体细小，须慎重从事，严肃下笔，使在画面上增一点不得，少一点不成，乃佳。

作线作点，大笔要圆浑沉着，细笔要纯实流利，故大笔宜短锋，如短锋羊毫等是也。细笔宜于尖瘦，如衣纹笔、叶筋笔是也。长锋羊毫，通行于近代，往往半开应用，非古制。

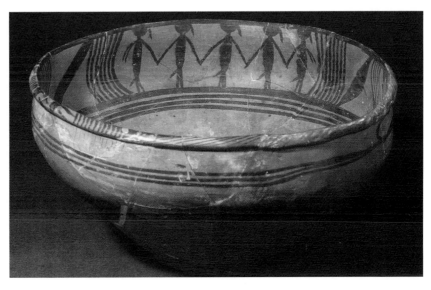

彩陶盆绘舞蹈纹　新石器时代

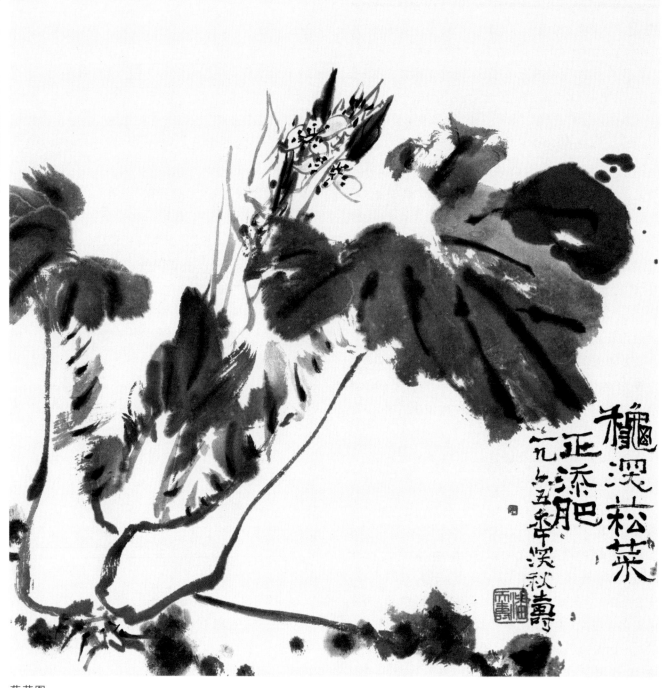

菘菜图

晋卫夫人作《笔阵图》云："点，如高峰坠石，磕磕然突如崩也。"故作点，须沉着而有重量，灵活而不呆滞，此二语是言点之意趣，非言点下笔时实用之力也。东瀛（日本）新派书家中作点，却以为不在点之意趣，而在点下笔时实用之力耳。若然，可使纸穿桌破，如何成字？

苦瓜和尚作画，擅用点，配合随意，变化复杂，有风雪晴雨点，有含苞藻丝璎珞连牵点，有空空阔阔下燥无味点，有有墨无墨飞白如烟点，有如胶似漆邋遢

透明点，以及没天没地当头阳面点，千岩万壑明净无一点，详矣。然尚有点上积点之法，未曾道及，恐系遗漏耳。点上积点之法，可约为三种：一、醒目点、二、糊涂点、三、错杂纷乱点。此三种点法，工于积墨者，自能知之。

古人言运笔作线，往往以"如屋漏痕""如折钗股""如锥画沙""如虫蚀木"等语作解譬。盖一线之作成，原由积点连续而成者，故其形象直而不直，圆而藏锋，自然能处处停留含蓄而无信笔矣。

吾国绘画，以笔线为间架，故以线为骨。骨须有骨气；骨气者，骨之质也，以此为表达对象内在生活力之基础。故张爱宾云："骨气形似，皆本于立意，而归于用笔。"

吾国书法中，有一笔书，史载创于王献之，其说有二：一、作狂草，一笔连续而下，隔行不断；二、运笔不连续，而笔之气势相连续，如蛇龙飞舞，隔行贯注。原书家作书时，字间行间，每须停顿。笔头中所沁藏之墨量，写久即成枯竭，必须向砚中蘸墨。前行与后行相连，极难自然，以美观言，亦无意义。以此推论，以第二说为是。绘画中，亦有一笔画，史载创于陆探微。其说亦有二，大体与一笔书同，以理推之，亦以第二说为是。盖吾国文字之组织，以线为主，线以骨气为质，由一笔而至千万笔，必须一气呵成，隔行不断，密密疏疏，相就相让，相辅相成，如行云之飘忽于天空，流水之运行于大地，一任自然，即以气行也。气之氤氲于天地，气之氤氲于笔墨，一也。故知画者，必知书。

笔不能离墨，离墨则无笔。墨不能离笔，离笔则无墨。故笔在才能墨在，墨在才能笔在。盖笔墨两者，相依则为用，相离则俱毁。

执笔以拨镫法为最妥，指实掌虚，笔在指间，可使笔锋上下左右，灵活自如；并须悬肘运笔，则全身之气，可由肩而臂，由臂而腕，由腕而指，由指而直达笔锋，则全身之力，可由笔锋而达于纸面，由纸面而达于纸背矣。

运笔要点与点相连，画与画相连。点与点连得密些，即积点成线、积点成面之理。点与点连得疏些，远近相应，疏密相顾，正正斜斜，缤纷离乱，而成一气。线与线连得密些，即成线与线相并之密线和线与线相接之长线。线与线连得疏些，如老将用兵，承前启后，声东击西，不相干而相干，纵横错杂，而成整体。使画面上之点点线线，一气呵成，全画之气势节奏，无不在其中矣。

画中两线相接，不在线接而在气接。气接，即在两线不接之接。两线相让，须在不让而让，让而不让，古人书法中，常有担夫争道之喻，可以体会。

画事用笔须在沉着中求畅快，畅快中求沉着，可与书法中"怒貌抉石""渴骥奔泉"二语相参证。

画能随意着笔，而能得特殊意趣于笔墨之外者，为妙品。

湿笔取韵，枯笔取气。然太湿则无笔，太枯则无墨。

湿笔取韵，枯笔取气。然而枯中不是无韵，湿中不是无气。故尤须注意于枯中之韵、湿中之气，知乎此，即能得笔墨之道矣。

古人用笔，力能扛鼎，言其气之沉着也，而非笨重与粗悍。

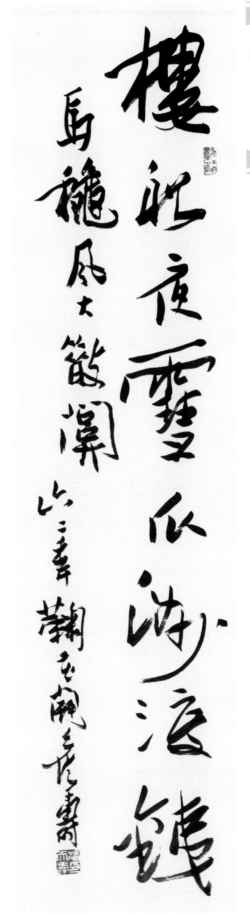

行书 楼船夜雪

用墨

墨为五色之主，然须以白配之则明。老子曰："知白守黑。"

色易艳丽，不易古雅，墨易古雅，不易流俗。以墨配色，足以济用色之难。

五色缤纷，易于杂乱，故曰："画道之中，水墨最为上。"

唐张爱宾云："夫阴阳陶烝，万象错布，玄化亡言，神工独运。草木敷荣，不待丹碌之采；云雪飘扬，不待铅粉而白；山不待空青而翠，凤不待五色而绰。是故运墨而五色具，谓之得意。意在五色，则物象乖矣。"（《历代名画记·论画体工用拓写》）此即为"水墨最为上"一语，作简概之解释。

水墨画，能浓淡得体、黑白相用、干湿相成，则百彩骈臻，虽无色，胜于青黄朱紫矣。

吾国水墨画，自六朝倡导以来，王洽、项容、董叔达、僧巨然、米元章等继之，发扬光大。而用墨之法，渐臻赅备，是后波涛漫演，壮阔无垠，成为东方绘画之特点，至可宝贵。近时除黄宾虹得其奥窍外，寥若晨星，不禁惘然。

绘画用墨，以油烟为主。松烟色黑，无反光，宜于用浓，有精神，用以写字殊佳，用以作画，淡墨每发青灰色，少光彩，不相宜也。倘用油烟合研，可免此病。

吾国古代绘画，多五彩兼施；然以丹青为主色，故称丹青。唐宋后，渐向水墨发展，而达以墨为绘画之主彩。如墨之烟质不精良，制工不纯到，虽有好纸笔，在能手运用之下，亦黯然无光，难以为力矣。故画家必须搜求佳品，以为作画时之应手武器。

墨以黑而有光彩者为贵。

墨须研而后用，故砚以细洁能发墨者为上。

墨以细而无渣滓者乃佳，故粗砚不可用。

油烟墨，用淡时，发灰色者，发青色者，发红色者，均系下品，不堪使用。

墨中胶量过重者，煤为胶淹，每灰暗而无精彩，下笔时，易滞笔而不流畅。墨中胶量过轻者，胶不固煤，每黑而少光，易于飞脱，均非佳制。

墨以胶发彩，故墨之制，用胶须稍重，使其经久不易龟裂断碎。故用新制之墨，自不免胶重而滞笔。倘能存藏五六十年或百年后，胶性渐脱，光彩辉发，兼无滞笔之病矣。然存藏过久，胶性全消，亦必产生胶不固煤之病，光彩消失，与劣制相等矣，故元明名墨，留存于今日者，只可作古玩看也。

元明名墨，如配胶重制，仍可应用，且极佳，但须有配制之经验。

用墨之注意点有二。一曰："研墨要浓。"二曰："所用之笔与水，要清净。"以清水净笔，蘸浓墨调用，即无灰暗无彩之病。老手之善于用宿墨者，尤注意及此。

吾国水墨画，自六朝以来，开一新天地。然墨自笔出，笔由墨现。谈墨，倘不兼谈用笔之法，不足以明笔墨变化之道；谈笔，倘不兼谈用墨之功，亦不能明相辅相成之理。

画事用墨难于用笔，故吾国绘画，由魏晋以至隋唐，均以浓墨线作轮廓。吴道子作人物山水，尚如是，故有洪谷子（荆浩）有笔无墨之评也。自王摩诘，始用渲淡，王洽始用泼墨，项容、张璪、董、巨、二米继之，渐得墨色之备。可知墨色之发展，稍后于笔也。然而笔为画之骨，墨为画之肉。有笔无墨非也，有墨无笔亦非也。仰稽古昔，翘首时流，能兼而有之者，方称大家矣。

画事以笔取气，以墨取韵，以焦、积、破取厚重。此意，北宋米襄阳已知之矣。

"破墨"二字，始见于《山水松石格》，至北宋米襄阳，尽发其秘奥。至明代，此法已少讲求，故仅知以浓破淡、以干破湿，而不知以淡破浓、以湿破干、以水破淡诸法。原用墨之道，浓浓淡淡，干干湿湿，本无定法。在干后重复者，谓之积；在湿时重复者，谓之破耳。全在作者熟练变化中，随心随手善用之而已。

泼墨法，以较多量不匀之墨水，随笔挥泼于画纸之上而成者，与积墨固不相同，与破墨亦全异样。然泼之过甚，是泼也，而非画也，故张爱宾有"吹云泼墨"之论。

破墨须在模糊中求清醒，清醒中求模糊。积墨须在杂乱中求清楚，清楚中求杂乱。泼墨须在平中求不平，不平中求大平。然尚须注意泼墨、破墨、积墨三者

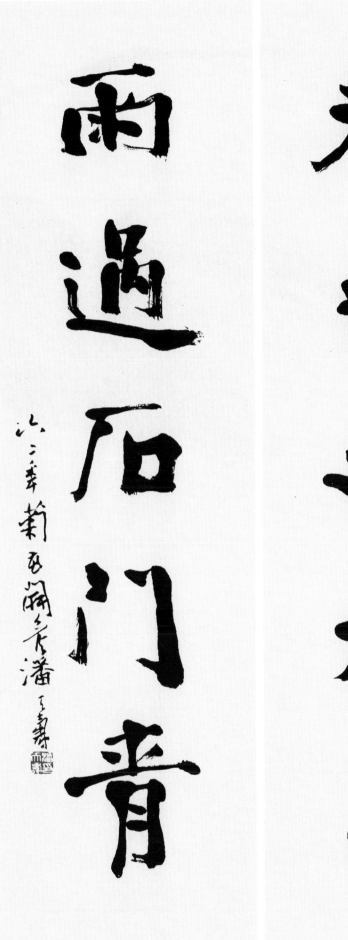

楷书 天飞雨过联

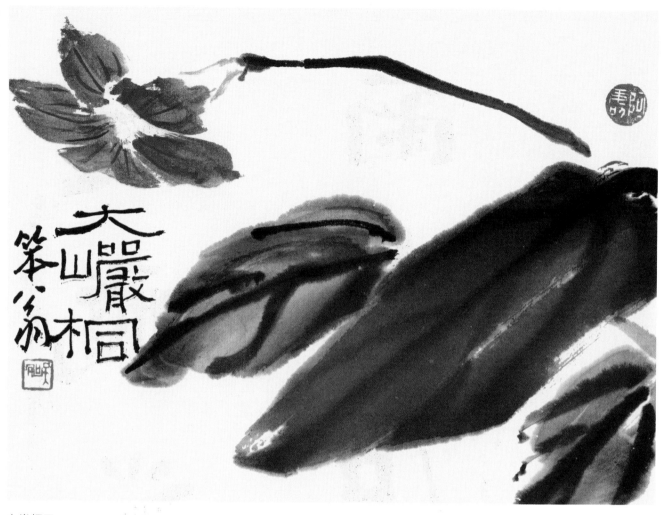

大岩桐图

能联合应用，神而明之，则变化万端，骈臻百彩矣。

用墨难于枯、焦、润、湿之变，须枯焦而能华滋，润湿而不漫漶，即得用墨之要诀。

用墨须求淡而能沉厚，浓而不板滞，枯而不浮涩，湿而不漫漶。

墨须能得淡中之浓，浓中之淡，即不薄不平矣。其关键每在用水用纸间。

用浓墨，不可痴钝；用淡墨，不可模糊；用湿墨，不可溷浊；用燥墨，不可涩滞。

用枯笔，每易滞涩而无气韵。然运腕沉着，行笔中和，灵爽不浮滑，纡缓不滞腻，而气韵自生。用湿笔，每易漫漶而无骨趣。然取墨清醒，下笔松灵，乱而有理，骨气自至。于此可悟米襄阳之湿皴带染，满纸淋漓，而有层次井然之妙，与夫倪高士（云林）之渴笔俭墨，纵横错杂，而臻痕迹具化之境。

云山起于王洽，米点见于董源，襄阳漫士，撮取王董两家之长，演为一家之派。风格道上，不同凡响，足为吾辈接受传统、发展传统之秘窍。

用墨，干笔易好，湿笔难工。元季四大家，除梅道人外，虽干湿互用，然以干为主，湿为辅矣。至虞山娄东，渐由寒俭而至枯索，可谓气血无存。

墨色，与笔毫之软硬、尖秃有关联。以湖州羊毫笔与徽州紫毫笔试之，以尖锋笔与秃锋笔试之，墨虽同，其精彩异矣。

南宋而后，惟梅道人（吴镇）能得渍墨法，上追巨然，下启石谿、清湘，继之者殊为寥寥。因渍墨须从湿笔来，并须善于用水，始能苍郁淋漓而不臃肿痴俗，不如渴笔之易于轻松灵秀而有成法可寻耳。

用渴笔，须注意渴而能润，所谓干裂秋风，润含春雨者是也。近代惟垢道人（程邃）、个山僧，能得其秘奥，三四百年来，迄无人能突过之。

用色

事父母色难，作画亦色难。

色凭目显，无目即无色也。色为目赏，不为目赏，亦无色也。故盲子无色，色盲者无色，不为吾人眼目所着意者，亦无色。

吾国祖先，以红黄蓝白黑为五原色，与西洋之以红黄蓝为三原色者不同。原宇宙间万有之彩色，随处均有黑白二色，显现于吾人眼目之中。而绘画中万有彩色，不论原色、间色，浓淡浅深，枯干润湿，均应以吾人眼目之感受为标准，不同于科学分析也。

吾国祖先，以红黄蓝白黑为五原色，定于眼中之实见也。黑白二色，为独立自存之色彩，非红、黄、蓝三色相互调合而可得之。调和极浓厚之红青二色，虽可得近似之黑色，然吾国习惯，向称之为玄色，非真黑色，浓红浓青之间色也。

黑白二色为原色，故可调和其他原色或间色而成无限之间色，与红、黄、蓝三原色全同。

《论语》云："素以为绚兮。"《周礼·考工记》云："凡画缋之事，后素功。"素，白色也。画面空处之底色，即白色。《庄子》云："宋元君将图画，众史皆至，受揖而立，舐笔和墨。"墨，黑色也。吾国新石器时期之彩陶，亦以黑色为作画之惟一彩色也。吾国绘画，一幅画中，无黑或白，即不成画矣。

色盲者，五色均成灰色。半色盲者，有不见黄色者，亦有不见红蓝色者。鸡盲者，至傍晚光线稍弱时，即成盲子。盖其眼之视能不健全之故。猫头鹰，日间不能见舆薪，而黑夜中，能明察秋毫，以其眼具有独特之视能之故。

天地间自然之色，画家用色之师也。然自然之色，非群众心源中之色也。故配红媲绿，出于群众之心手，亦出于画家之心手也，各有所爱好，各有所异样。

色彩之爱好，人各不同：尔与我，有不同也；老与少，有不同也；男与女，有不同也；此地域与彼地域，

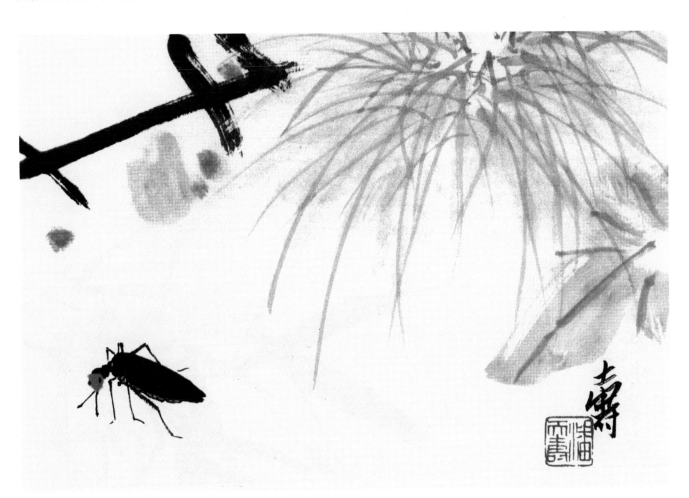

秋虫图

有不同也；此民族与彼民族，有不同也。画家应求其所同，应求其所不同。

谢赫六法云："随类赋彩。"此语原为初学敷彩者开头说法。然须知"随类敷彩"之类字，非随某一对象之色而敷彩也，但求其类似而已。知乎此，渐进而求配比之法，则《周礼·考工记》五色相次之理，始能有所解悟。

花无黑色，吾国传统花卉，却喜以墨作花，汴人尹白起也。竹无红色，吾国传统墨戏，却喜以朱色作竹，眉山苏轼始也。画事原在神完意足为极致，岂在彩色之墨与朱乎？九方皋相马，专在马之神骏，自然不在牝牡骊黄之间。

黑白二色，为五色中之最明确者，故有"黑白分明"之谚语。青与黄，为五色中之最平庸者，诗云："绿衣，黄里"，绿为黄与青之间色，以黄色为里，以黄与青之间色为配，易于调和之故。最勾引吾人注意而喜爱者，为富于热感之红色，故以红色为喜色。吾国祖先，喜爱明确之黑白色，亦喜爱热闹之红色，民族之性格使然也。证之新石器时代之彩陶，长沙东南郊出土之晚周帛画，以及近时吴昌硕、齐白石诸画家之作品，无不以红黑白三色为重要色彩，诚有以也。

东方民族，质地朴厚，性爱明爽，故喜配用对比强烈之原色。《考周礼·考工记》云："青与白相次也，赤与黑相次也，玄与黄相次也。"又云："青与赤谓之文，赤与白谓之章，白与黑谓之黼，黑与青谓之黻，五色备谓之绣。凡画缋之事，后素功。"素，白色也，为全画之基础。

民间艺人配色口诀云："白间黑，分明极，红间绿，花簇簇，粉笼黄，胜增光，青间紫，不如死。"此即为吾民族喜爱色彩明爽之实证。

吾国绘画，以白色为底。白底，即画材背后之空白处。然以西洋画理言之，画材背后，不能空洞无物。否则，有背万有实际存在之物理。殊不知吾人双目之视物，其注意力，有一定能量之限度，如注意力集中于某

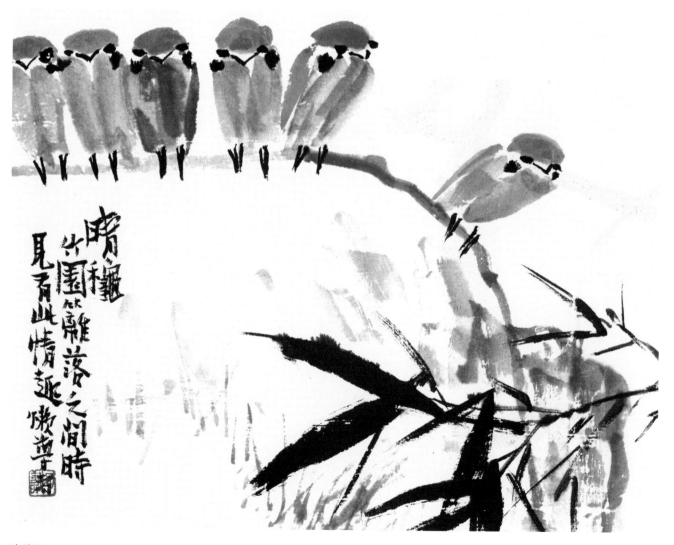

晴秋图

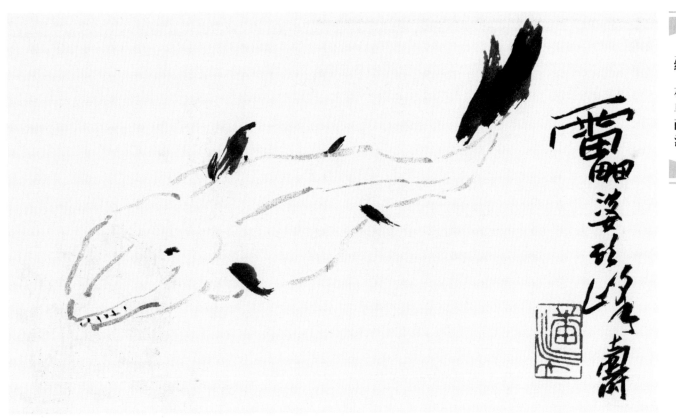

鲇鱼图

物时，便无力兼注意并存之彼物。如注意力集中于某物某点时，便无力兼注意某物之彼点，因吾人目力之能量有所限度。我国祖先，即据此理而作画者也。《论语》云："心不在焉，视而不见。"即画材背后之空处，为吾人目力能量所未到处也。

宇宙间万有之色，可借白色间之，渐增明度；宇宙间万有之色，可由黑色间之，渐成灰暗而至消失于黑色之中。故黑、白二色，为五色之主彩。

"视而不见"之空白，并非空洞无物也。可使观者之意识，结合所画之题材，由意想而得各不相同之背景也。是背景也，既含蓄，又灵活，实胜于不空白之背景多多矣。

《论语》云："素以为绚兮。"素不但为绚而存在，实则素为绚而增灿烂之光彩。

西洋绘画评论家，每谓吾国绘画为明豁，而不知素以为绚之理，深感吾国祖先之智慧，实胜人一筹。

黑白二色，对比最为明豁，为吾国群众所喜爱。故自隋唐以后，水墨之画，随而勃兴，非偶然也。然黑无白不显，白无黑不彰，故水墨之画，不能离白色之底也。

设色须淡而能深沉，艳而能清雅，浓而能古厚，自然不落浅薄、重浊、火气、俗气矣。

淡色惟求清逸，重彩惟求古厚，知此，即得用色之极境。

石谷自诩研究青绿三十年，始知青绿着色之法。然其所作青绿山水，与仇十洲比，一如文之齐梁、汉魏，不可同日而语。盖青绿重彩，十洲能得之于古厚也。

画由彩色而成，须注意色不碍墨，墨不碍色。更须注意色不碍色，斯得矣。

水墨画，能浓淡得体，黑白相用，干湿相成，则百彩骈臻，虽无色，胜于有色矣。五色自在其中，胜于青黄朱紫矣。

吾国绘画，虽自唐宋以后，偏向水墨之发展，然仍不废彩色。故颜色之原料，颜色之制工，仍须佳良精好，使下笔时，能得心应手，作成后，能经久不褪色，乃佳。重彩之画尤甚。《历代名画记》云："武陵水井之丹，磨嵯之沙，越巂之空青，蔚之曾青，武昌之扁青（上品石绿），蜀郡之铅华，始兴之解锡（胡粉），研炼澄汰，深浅轻重，精粗林邑。昆仑之黄，南海之蚁矿，云中之鹿胶，吴中之鳔胶，东阿之牛胶，漆姑汁炼煎，并为重彩，郁而用之。"非过求也。近时画人，无能自制颜色者，全委诸制工之手，无好色矣，奈何？

布置

布置，又称构图。"布置"二字，实出于顾恺之画论中之"置陈布势"与谢赫六法中之"经营位置"二语结合而成者。望文生义，亦可理解其大概矣。

西洋绘画之构图，多来自对景写生，往往是选择对象、选择位置，而非作者主动之经营布陈也。苦瓜和尚云："搜尽奇峰打草稿。""搜尽奇峰"，是选取多量奇特之峰峦，为山水画布置时作其素材也。"打草稿"，即将所收集之画材，自由配置安排于画纸上，以成草稿，即经营布陈也。二者相似而不相混。

吾国绘画，处理远近透视，极为灵活，有静透视，有动透视。静透视，即焦点透视，以眼睛不动之视线看取物象者，与普通之摄影相似。其中大概可分为仰透视、俯透视、平透视三种。动透视，即散点透视，以眼睛之动视线看取物象者，如摄影之横直摇头视线及人在游行中之游行视线，与鸟在飞行中之鸟瞰视线是也。不甚横直之小方画幅，大体用静透视。较长之横直幅，则必须全用动透视。此种动透视，除摄影摇头式之视线外，均系吾人游山玩水，赏心花鸟，回旋曲折，上下高低，随步所至，随目所及，游目骋怀之散点视线所取之景物而构成之者也，如《清明上河图》《长江万里图》是也。鸟瞰飞行透视，如鸟在空中飞行，向下斜瞰景物所得之透视也，如云林之平远山水等是。个中变化，错杂万端，全在画家灵活运用耳。

吾人平时在地面上看景物，以平视为多，俯视次之。因之吾国绘画中之透视，亦以采用平透视为主常。平透视，以花鸟画采用为最多。然在山水画上，却喜采取斜俯透视为习惯，以求前后层次丰富多变，层层看清，不被遮蔽故也。为合吾人之心理要求耳。

俯透视，如人立高山上，斜俯以看低远之风景相似。然视线不可过于向下垂直。否则，看人仅见头顶与两肩，看屋宇桥梁，仅见屋宇桥梁之顶面，与平时所见平透视之形象完全不同，每致不易认识。故斜俯透视之视线，一般在45度左右，才不致眼中所见之形象变形太甚也。仰透视亦然。

斜俯透视采取45度左右之视线，对直长幅之庭园布置等，自能层层透入，少被遮蔽。然人物形象，却减短长度，与平视之形象不同，使观者有不习惯之感。因此吾国祖先，辄将平透视人物，纳入俯透视之背景中，既不减少景物之多

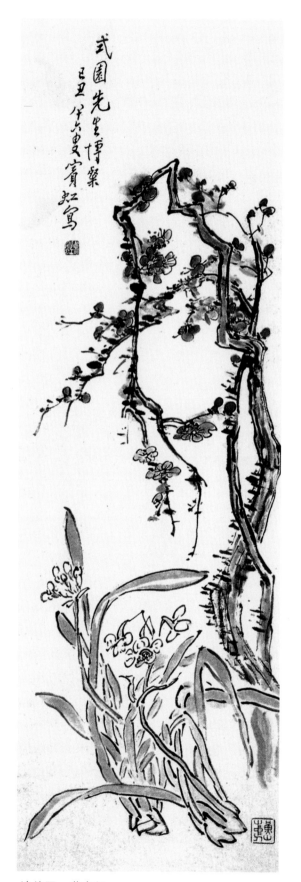

清韵图　黄宾虹

层，又能使人物形象与平时所习见者无异，是合用平透视、斜俯透视于一幅画面中，以适观众"心眼"之要求。知乎此，即能了解东方绘画透视之原理。

吾国绘画之写取自然景物，每每取近少取远，取远少取近。使画面上所取之景物，不致远近大小，相差过巨，易于统一，合于吾人之观赏。

所谓取近少取远者，即取其近而大之主材，略去远小之背景等是也；以人物花鸟为多，如长沙出土之晚周帛画、宋崔白之《寒雀图》等。所谓取远少取近者，只选取远景，略去近景，而有咫尺千里之势是也；以山水为多，如隋展子虔之《游春图》、北宋董叔达之《潇湘图》等。然吾国山水画三远中，有深远一法，系远近兼取者，以表达渐深渐远之意。然所取之景物远近大小往往相差较巨，用笔之粗细，用色之浓淡，往往不易统一，故前人多取"以云深之"之法，以见重叠深远之意。与西方之渐深渐小之透视，有所不同耳。

山水画之布置，极重虚实；花鸟画之布置，极重疏密。即世所谓虚能走马，密不透风是也。然黄宾虹云："虚处不是空虚，还得有景。密处还须有立锥之地，切不可使人感到窒息。"此即虚中须注意有实，实中须注意有虚也。实中之虚，重要在于大虚，亦难于大虚也。虚中之实，重要在于大实，亦难于大实也。而虚中之实，尤难于实中之虚也。盖虚中之实，每在布置外之意境。

画事之布置，极重"疏""密""虚""实"四字。

能疏密，能虚实，即能得空灵变化于景外矣。

虚实，言画材之黑白有无也；疏密，言画材之排比交错也：有相似处而不相混。

画事，无虚不能显实，无实不能存虚，无疏不能成密，无密不能见疏。是以虚实相生，疏密相用，绘事乃成。

吾国绘画，向以黑白二色为主彩，有画处，黑也，无画处，白也。白即虚也，黑即实也。虚实之关联，即以空白显实有也。

画材与画材之排比，相距有远近，交错有繁简。远近繁简，即疏密也。吾国绘画，始于一点一画，终于无穷点无穷画，然至简单之排比交错，须有三点三画始可。故三点三画，为疏密之起点，千千万万之三点三画，为疏密之终点。如初画兰叶时，始于三瓣，初学树木时，始于三干。三三相排比、相交错，可至无穷瓣、无穷干，其中变化万千，无所底止，是在研习者细心会悟之耳。

实，有画处也，须实而不闷，乃见空灵，即世人"实者虚之"之谓也。虚，空白也，须虚中有物，才不空洞，即世人"虚者实之"之谓也。画事能知以实求虚、以虚求实，即得虚实变化之道矣。

疏可疏到极疏，密可密到极密，更见疏密相差之变化。谚云"密不透风，疏可走马"是矣。然《黄宾虹画语录》云："疏处不可空虚，还得有景。密处还得有立锥之地，切不可使人感到窒息。"此可为"疏中有

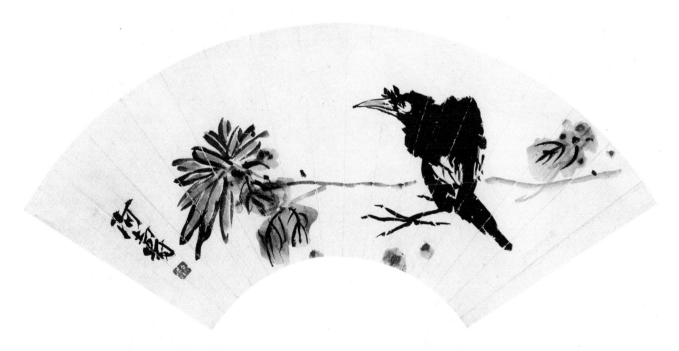

八哥菊花扇面

密，密中有疏"语，下一注脚。

古人画幅中，每有用一件或两件无疏密之画材作成一幅画者，在画面上自无排比交错之可言。然题之以款志，或钤之以印章，排比之意义自在，疏密之对立自生。故谈布置时，款志、印章，亦即画材也。

画事之布置，须注意四边，更须注意四角。山水有山水之边角，花鸟有花鸟之边角，人物有人物之边角。

画之四边四角，与全幅之起承转合有相互之关联，与题款尤有相互之关系，不可不加细心注意。

画事之布置，须注意画面内之安排，有主客，有配合，有虚实，有疏密，有高低上下，有纵横曲折。然尤须注意于画面之四边四角，使与画外之画材相关联，气势相承接，自能得气趣于画外矣。

对景写生，要懂得舍字。懂得舍字，即能懂得取字，即能懂得景字。

对景写生，更须懂得舍而不舍，不舍而舍，即能懂得景外之景。

对物写生，要懂得神字。懂得神字，即能懂得形字，亦即能懂得情字。神与情，画中之灵魂也，得之则活。

李晴江题画梅诗云："写梅未必合时宜，莫怪花前落墨迟。触目横斜千万朵，赏心只有两三枝。"赏心只有两三枝，辄写两三枝可也。盖自然形象，为实有之形象，非画中之形象，故必须舍其所可舍，取其所可取。《黄宾虹画语录》云："舍取不由人，舍取可由人，懂得此理，方可染翰挥毫。"此即"舍取"二字之心诀。

舍取，必须合于理法，故曰：舍取不由人也。舍

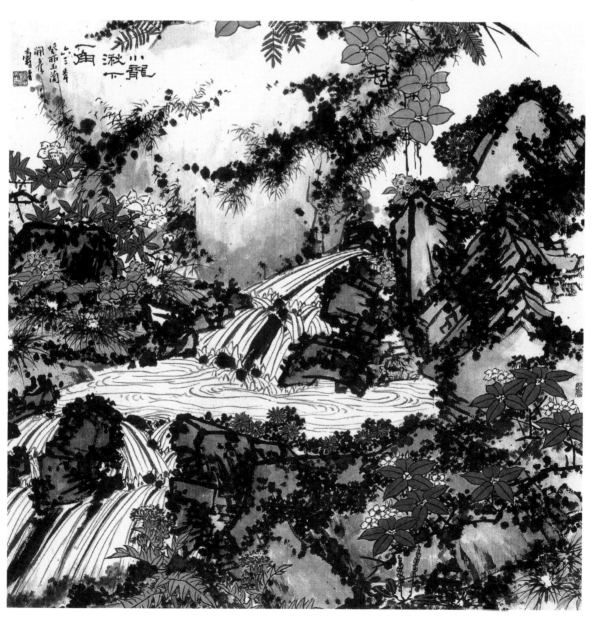

小龙湫一角

取，必须出于画人之艺心，故曰：舍取可由人也。懂得此意，然后可以谈写生，谈布置。

古人作花鸟，间有采取山水中之水石为搭配，以辅助巨幅花卉意境者。然古人作山水时，却少搭配山花野卉为点缀，盖因咫尺千里之远景，不易配用近景之花卉故也。予喜游山，尤爱看深山绝壑中之山花野卉，乱草丛篁，高卜欹斜，纵横离乱，其姿致之天然荒率，其意趣之清奇纯雅，其品质之高华绝俗，非平时花房中之花卉所能想象得之。故予近年来，多作近景山水，杂以山花野卉，乱草丛篁，使山水画之布置有异于古人旧样，亦合个人偏好耳。有当与否，尚待质之异日。

老子曰："治大国，若烹小鲜。"作大画亦然。须目无全牛，放手得开，团结得住，能复杂而不复杂，能简单而不简单，能空虚而不空虚，能闷塞而不闷塞，便是佳构。反之作小幅，须有治大国之精神，高瞻远瞩，会心四远，小中见大，扼要得体，便不落小家习气。

置陈布势，要得画内之景，兼要得画外之景。然得画内之景易，得画外之景难。多读书，多行路，多看古名作，自能有得。

置陈，须对景，亦须对物，此系普通原则，画人不能不知也。进乎此，则在慧心变化耳。如王摩诘之雪里芭蕉、苏子瞻之朱砂写竹，随手拈来，意参造化矣，不能以普通蹊径限之也。予尝画兰菊为一图，题以"西风堪忆汉佳人"句，则汉武之秋风辞，尽在画幅中矣。三百篇比兴之旨，自与绘画全同轨辙，谁谓春兰秋菊为不对时不对景乎？明乎此，始可与谈布陈，始可与谈创作。

画材布置于画幅上，须平衡，然须注意于灵活之平衡。

灵活之平衡，须先求其不平衡，而后再求其平衡。

吾国写意画之布置，宋元以后，往往唯求其不平衡，而以题款补其不平衡，自多别致不落恒蹊矣。

普通画幅，大多悬挂壁间以为欣赏，故画材之布置，宜以上轻下重为稳定。咫尺千里之山水，无背景之人物，尤以上轻下重为顺眼。然花卉之布置，往往有从上倒挂而下，成上重下轻者，反觉有变化而得气势，此特例也，但须审视何种题材耳。

上重下轻之布置，易于灵动，易得气势；上轻下重之布置，易于平稳，易于呆板；初学者，知其理，可矣。如仅以上下轻重为法式，毫无生活，毫无意境，奚啻刻印？原此种上下轻重之布置，极为普泛，如无突手作用，安有新意？故历代名画家，往往在普泛中求不普泛耳。

（附：此篇与一、二、三篇均摘自《听天阁画谈随笔》）

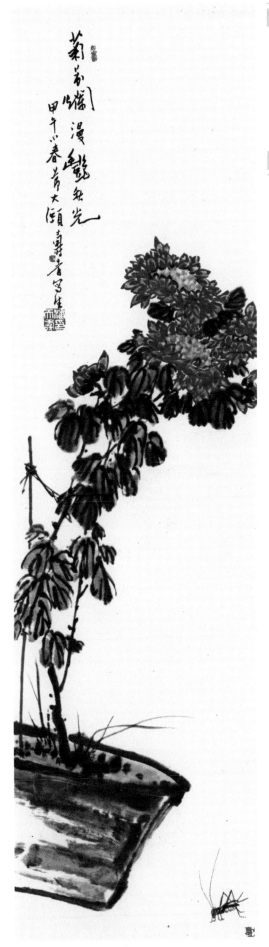

秋光烂漫图

开合

"开合"，又作"开阖"。就字义上解，"开"即开放，"合"即合拢。绘画上的开合与做文章起结一样。一篇文章大致由起承转合四个部分组成。"承转"是文章中间部分。"起结"为文章开始与结尾。一篇长文章有许多局部起结和承转，也有整个起结和承转。如长篇小说《红楼梦》，它描写封建贵族大家庭中的没落生活，最后林黛玉郁悒而死了，贾宝玉也去做和尚了，其中有许多小起结穿插在一起，变化极其繁复。一张画画得好不好，重要的一点就是，起结两个问题处理得好不好，花鸟画如此，山水画亦如此。

如图1山水画（本文图例参见文中附图），其起承转合关系为：①起，②承，③转，④结。画中的树、塔和房子是辅助的物体，是注意点，但不是承，也不是结。

而远山极为重要，因它是结。如果一幅山水画，只有承而无转，就会使人感到直率，图中之③是一只反向之船，作转折之势，就打破直率了。结是收尾，犹如文章的结尾，不一定太长，既要有拖势，又要有摇曳之态才对，这样，自然对整个的布局能起重大作用。

古人在论画中，对开合问题也不时有论及，兹录董其昌《画旨》如下：

"古人运大轴，只三四大分合，所以成章，虽其中细碎处甚多，要以取势为主。"

又《画禅室随笔》：

"凡画山水，须明分合，分笔乃大纲宗也：有一幅之分，有一段之分，于此了然，则画道过半矣。"

分合与开合稍有不同，开系起，承是接起，转是

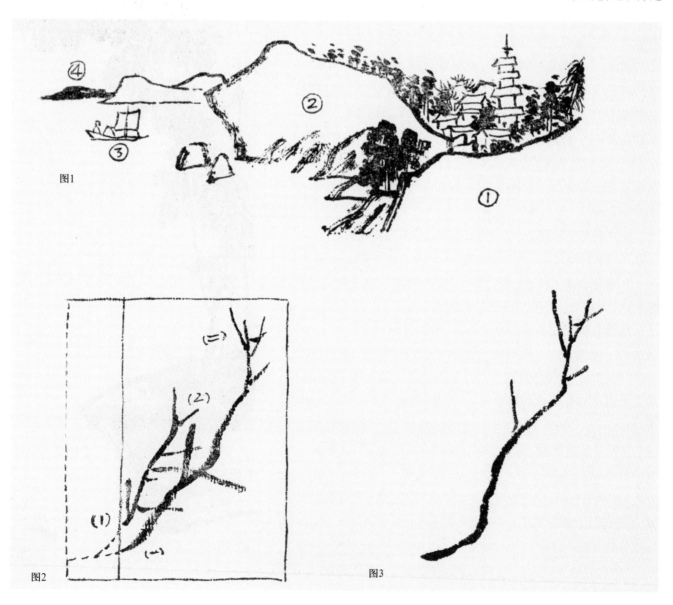

图1

图2

图3

承后作回转之势，最后结尾。然而大开合中往往有小段的起结，这样就使构图复杂起来。分合系指构图中的局部起结，是大开合中支生出来的起结。如果一幅构图光有大起大结，而没有分起分结，就易于简单冷落；如果有大起大结，又有小的起结，那么构图就更有变化了。

布置一幅花卉构图，画中只有一个大起结，其余许多细碎处是统一在大起结之中。如图2，（一）为起，（二）为结，这幅图的大体起结关系如此，但其中有一附属的小起结，即以（1）为起，（2）为结，使整个布局热闹而有变化。如图3就使人感到很冷落了。倘若把起部引伸左边出去，小枝干是由大枝干上分出来的，然而分点在画面之内、不在画面之外，如图4的这样构图觉得脚部太尖，不好看，而是分，不是开了。像图3的布置，起部东西太小，结部也过多，必然使人感到冷落，是不好的。当然头部加繁，可稍闹热一些，但必然头重脚轻，也是不好的。又倘使将脚部也加繁如图5，使起部与结部有东西，而中间没有东西，这样便犯了蜂腰的毛病，也是不妥当的。只有像图2的布置，使起结有东西，中间也不空虚，是比较好的，能符合分合构图的要求。

沈宗骞在《芥舟学画编》中对山水开合写道："千岩万壑，几令流览不尽。然作时只须一大开合，如行文之有起结也。至其中间虚实处、承接处、发挥处、脱略处、隐匿处，一一合法；如东坡长文，累万余言，读者犹恐易尽，乃是此法。于此会得，方可作寻丈大幅。"此是整个大开合的总诀。

我们再举几个布局的例子。图6起处较散，若加小枝和梅花就好些，如图7；在起处加石头，加竹子或题款都可解决起处疏散的问题，如图8、图9、图10等。起的问题解决了，结也没有毛病。图8与图9是两种题款方法。图11的竹子虽无大毛病，但还是不太好，问题在什么地方呢？主要是上下空白处相等。其解决办法很多，亦可加地坡和杂草，使

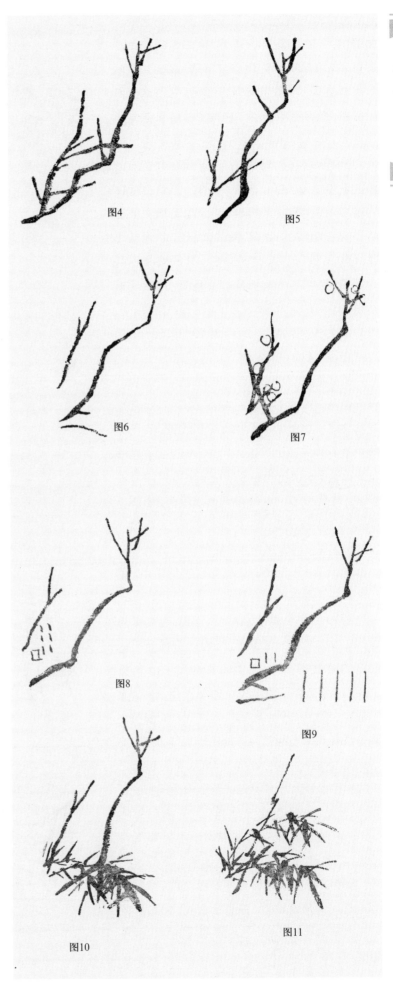

图4

图5

图6

图7

图8

图9

图10

图11

画中的材料丰富起来，那么地坡就成物起处，如图12：可在下面题一长款，使下部的空白处加重，亦可解决构图的虚实问题，如图13。题款也有起结，与整个大开合有关，这一点也不能忽视。如果不会题款，只得加材料来弥补不足之处，各人有不同补救办法，都有不同的效果，也有如图14的处理，在叶子密处补一石，但竹子的势又不畅，不是太好的，虽然竹有竹的起结，而两者之方向趋于一致，即把两个起结合为一起结了。也有如图15处理，其画材比较松散，而有疏密，这是好的。其好处是有两个起结，也就是大起结中有小起结，与图14相比较，图14的画材散不开了。然石系附体，以淡墨画为妥。以淡墨画石，易显平板，可在石上题一行直款，以做补救。

又如图16，其竹干起于左纸边与下纸边，起于斜势，结于斜势。右边稍空，补以两直行题款便是。此种布局，为取其有气势，其气势即在于斜势向右上方直上，①②根竹干不能触及下画边，③根竹干必须下去，使其得倾斜之排布。题款也必须有倾斜直上之势，如图17。题款起结不能太低，也不能太靠上、太靠边，应恰到好处。只有这样，才能使款和材料有斜势感觉。画中开合与来去气势有密切关系，要经常看古人作品予以消化。

图19的开合较图18好些，但图19也有问题。图19主要在于结得不好，起的势很旺盛，而结的势散掉了，也就是说结势配不上起势了。图18中出现了两个相反的起和结，感觉很不舒服，因为一个大布局，须有一个大趋势，其中虽有几个小起结，其布置的地位方向，或与大趋势稍有参差，然必须服从于大趋势之下，才不感到杂乱和对冲，这是一个原则。图18的布置，一面起在左上角，另一面起在地下，石部的结处和花部的结处，不但都结得不好，而且作绝对冲突之势，怎能和谐与统一呢？自然布局一味顺势也不好看，需有相反之势的材料为辅助，以为顺势起波澜，但必须统一在全局的起结之中，才不成楚汉对垒之战争局面。

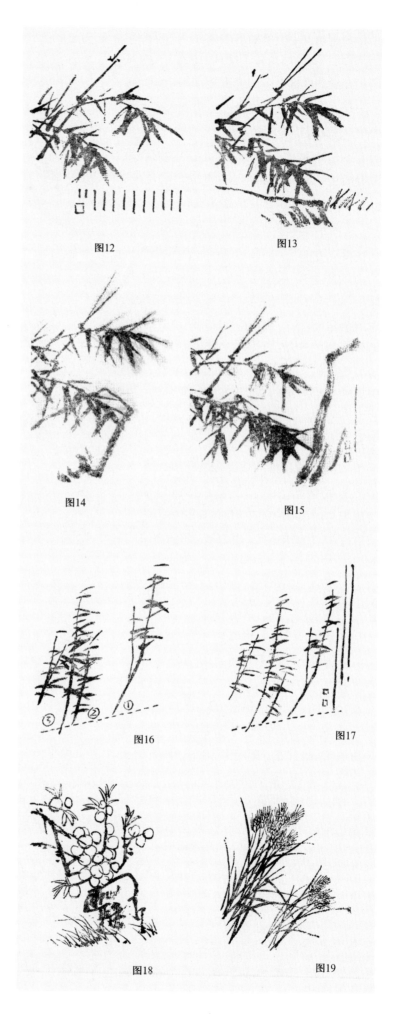

图12

图13

图14

图15

图16

图17

图18

图19

画一棵树也有起和结，如图20，树根为起，树干为承，树梢为结。这棵老树虽生两根，但根部位置相距不能太远，它可以承树干而上，且两根应有大小疏密和主次之分，方向要一致。

又如图21，枝干弯曲而上，气势勉强，收梢局促不伸，形成一个圆圈，自然大气势不舒畅，而主枝与两小副枝有两点十字形交叉，这种十字形，每每有不顺势的感觉，有妨碍于全面的气势，怎么能舒畅呢？

折技花卉的布局与其他有所不同，每一小段也可成为独立的局面，然每一独立的局面也有起结关系。如图22的布置，是以菜叶与竹子两部分东西构成的，分明有互相冲突之势，是难以统一与调和的。然而右半段的菜和菊以及左边题上两行直款，将左半段的竹隔开，竹子下面题上横题的长款，这样不是将上图的布局分成两个布局了吗？这是中国画布局的特殊创造，世界各国是没有的。《韩熙载夜宴图》用屏风一隔，使每段画材有区别，但又是互相联系的，这种布置处理可说与折枝花卉用题款分隔的办法相同。

中国画的透视不求太准确，不合透视的在文人画中尤多，它是跳出法则，不受束缚的办法，实际上透视的基本画理还是懂的。

中国人活用透视，有时任凭感觉变通。如《郭子仪拜寿》，采取高下透视表现，以使画中层次很多，看起来很舒服，然而画中人物却采取平视，使人物不变形，倘若所画的人物以高视处理，脸部和身子都要缩短，看起来就不舒服了。这是符合中国人的欣赏习惯与心理要求的。

透视问题不应与开合问题混为一谈，这是两个问题。昌硕先生的画当然属于文人画范畴，如白菜画在石上，好像贴在石上似的，这自然有透视上的问题，然而他是不管的。例如图23的白菜，就是昌硕先生的构图法。

这张画的开合是很容易明白的：①为起，②为承，③为结，即收梢部分在于石头顶端和题款。其中那棵白菜所布置的位置无非是透视上的问题，不属于开合问题范围之内。

宋人的《白鹰图》（图24），就其作画顺序来说，应先画头部，然后画趾和尾部。我们分析开合问题时，应把左下角的木杆作为起，鹰的头部为结，看起来似乎头部太靠上边，尾部过于空旷，因为鹰喜站在高处，是高飞的猛禽，所以这样布置不会有头重脚轻的感觉。

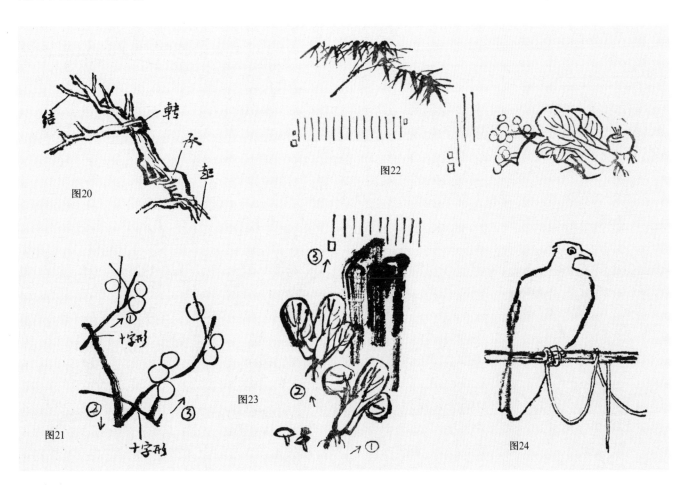

图20

图22

图21

图23

图24

王原祁在《雨窗漫笔》中曾写道：

"画中龙脉，开合起伏，古法虽备，未经标出。石谷阐明后，学者知所矜式。然愚意，以为不参体用二字，学者终滞入手处。龙脉为画中气势源头。有斜有正，有浑有碎，有断有续，有隐有现，谓之体也。开合从高至下，宾主历然，有时结聚，有时淡荡，峰回路转，云合水分，俱从此出，起伏由近及远，向背分明，有时高耸，有时平修，欹侧照应，山头山腹山足，铢两悉称者，谓之用也。若知有龙脉，而不辨开合起伏，必至拘索失势。知有开合、起伏，而不本龙脉，是谓顾子失母。故强扭龙脉则生病，开合逼塞浅露则生病，起伏呆重漏缺则生病。且通幅开合，分股中亦有开合，通幅中有起伏，分股中亦有起伏。尤妙在过接映带间，制其有余，补其不足，使龙脉之斜正、浑碎、隐现、断续活泼泼地于其中，方为真画。如能从此参透，则小块积成大块，焉有不臻妙境者乎？"

该文对局部开合和整体开合做了深入阐明，可供大家研究开合问题参考。

在开合问题上，山水容易识别，人物也较容易识别，还是花鸟比较难以识别。因花鸟画的构图变化较多，各家各派的处理方法不一，有的画起于上边，有的从下而上，也有的起在左右。又如折枝花卉，往往起在画幅内部。而人物、山水大多是下面起的，上面为空白，所以，人物和山水较易于识别。

现在就几个案例画再分析开合问题。如紫藤燕子（图25）一画，就是右上边起①，下结②。其中下部紫藤花的势必须向外，不能向内，而燕子向前飞，这样才能使花与燕的势协调起来。

又如图28梅花的构图，也是起于上部，结于下部，从整个构图来说是不坏的。也有起于中间的，如图26，以石为收梢，上面布长款。图27从旁而起，也是普通常见的布局。这些画的起结都较容易分析，但有的较难看出。如前面曾讲的《白鹰图》，关于它的起结较复杂，现在重新讲一下。鹰头向右，身由左而起，故右面较空旷，鹰头的趋向决定整个气势。如果画根草来分析，起结问题就很容易理解了，如图29①应为起点，

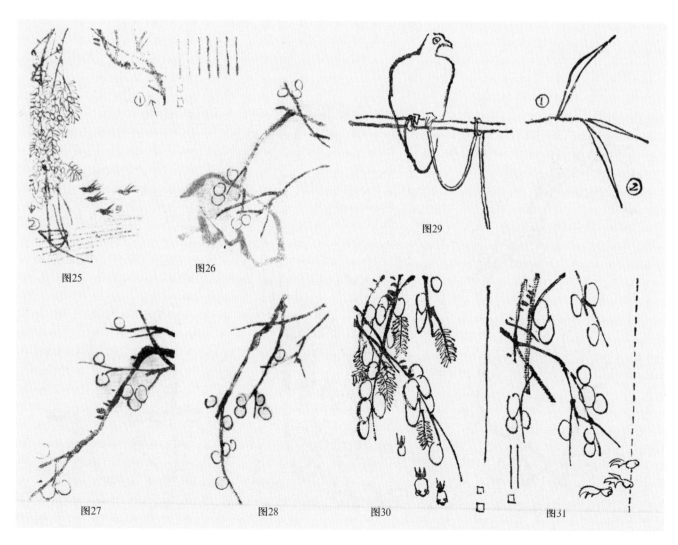

图25

图26

图29

图27

图28

图30

图31

②为结。因此，这张画的起应是鹰所站立的足和木杆左端，而结就是垂下来的绳子。

图30紫藤和金鱼的布局，从大的气势来看是从上而下的，下部鱼的斜势布得不好，藤和鱼都是一个方向，缺少变化，鱼向下游，气势直率。如果画幅加宽，把鱼的势画得斜一点，这样布局就较好，此画结在鱼的部分（图31）。

图33花与稻子的构图，也欠妥。三面有起，致使气势分散不集中，互相都不联系，这是由于落写实的写生套子，忘了起结问题了。如果改为图32就较好，花和稻子的起点归结于一边，自然顺势而无所冲突。虽起的脚稍开一些，然画外之起点，仍是能归总的。

又主点与主体不同。画中可能主点很小，却很引人注目，故有人称之为画眼。凡是画中重要的部分，都可说是主体。我们作画的次序一般说应先画主体，后画副体。以人物画来说，先画头部后画身体，因头部是主体，而眼睛就是主点。人物画中的起结问题，比较容易理解，如图34唐人《游骑图卷》：①为起；②为中心部分，也即是承转部分；③为结。又如图35任伯年这张肖像画的布局是好的：石为起，结为人的头部。图36，主要的题材是人与骆驼，地坡斜下去，很得势，是起；人和骆驼是承；山顶为结，是比较容易理解的。

这两图的起结均较易理解。图37，以石为起，以篱为承，结为上部的桃花，将上下两部连接起来，使整个势有联系，与图38、图39的布局规律差不多。

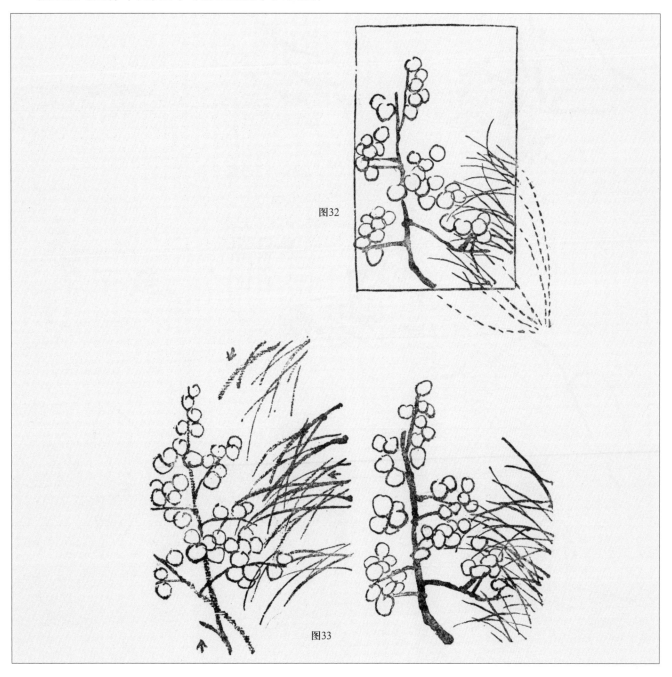

图32

图33

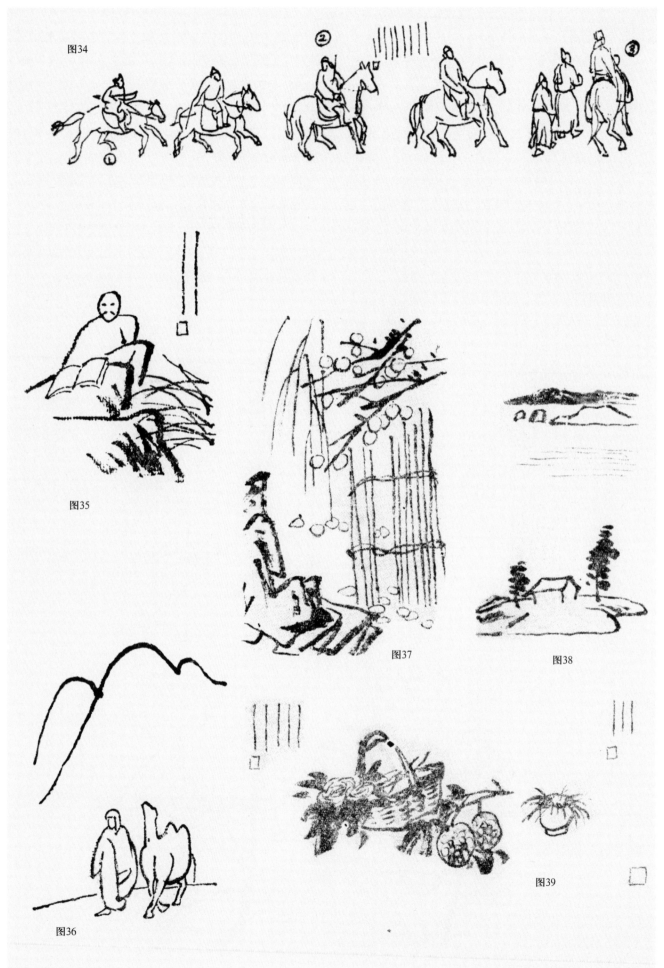

图34

图35

图36

图37

图38

图39

虚实与疏密

　　虚实，系指东方绘画画材布局而讲的。西洋画不是不讲虚实，而是讲得比较少，更不及中国人讲得深入。中国人有他自己的一套艺术规律，这套艺术规律是代表东方民族的，符合东方本民族的欣赏习惯和要求。譬如以戏剧来说，在舞台上往往不用背景，更能突出主体，表现上楼梯时不搬用真实的扶梯，而是用两块布来代替真实的城门，也就代替了城墙，其他还有很多地方是省略布景的。现在情况不同了，舞台上也吸收了不少西洋的布景，而且所用的背景确也处理不差，因此看戏的人，往往去注意背景，而不注意戏剧家的表演，也就是说背景太突出往往容易乱了主题。

　　昨天我看见吴昌硕先生一张花卉画，不画背景的，西方画家看起来，一定要说这些花和花篮、菖蒲等是摆在什么地方。但是我们看起来会想象到这些东西摆在桌子上或平地上，总不会感到放在空中。以材料来说，更是使人联想到这是深秋时候的"书斋清供"的意境，使全幅画材十分清楚而突出。

　　因为自然界中最明亮的色彩为白色，略去背景的啰唆成为白底，以白来衬托画材，而画材自然十分突出了。西洋画家往往评论中国绘画为明豁，也是这个道理。然而空白处究竟是什么呢？可以由看画的人随意去联想，使人产生更多联想的趣味。

　　因此，在中国画中，"虚"就是画幅上的空白，"实"即是画幅上的画材。如昌硕先生的画，空白处就是"虚"，画材是"实"。

　　虚实与疏密是有区别的，往往有人把它们混为一谈，这是不对的。也有的说疏处空白多些，密处空白少些，这话有一定道理。一般说来，山水画中对虚实讲得多些，花卉画中对疏密讲得多些。如画兰竹，必须要有线条的疏密交叉关系（指兰叶和竹干线条交错，不是指整张画的疏密），如图40。画松针也是同样的道理，松针的线条交叉，就是处理部分疏密关系，如图41、图42。

　　在山水画中，一般讲虚实多些，但也要讲疏密，不能把虚实和疏密混淆起来。两者不是两回事，却也不全是一回事，应从实际情况出发。比如天和水都是有色彩的，可是山水画中往往不画色就留空白，这空白

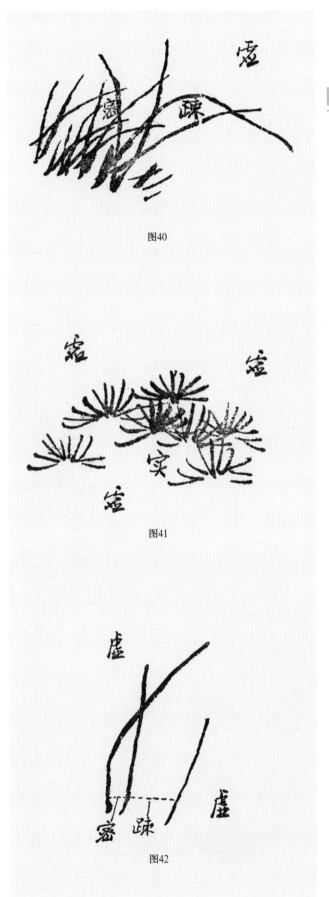

图40

图41

图42

就是天和水，不是空洞无物的。白描人物、白描花卉全不画色，也是一种创作，不着色的地方，也不是空洞无物的。艺术毕竟是艺术，艺术不等于自然，自然也不等于艺术。因为宇宙万物之色是千变万化的，看的人各有不同，所表现出色的变化也各有不同。当你心情舒畅时，所看到的花和月是柔和美丽的；当心中不惬意时，看到的花和月是灰暗不明亮的。色盲与半色盲也各不相同的。

中国画的布置有虚有实，极为注意；西画不大谈这个问题，往往布置满幅都是实的。虚者空也，就是画幅上的空白。空白搞不好，实处也搞不好，空白搞得好；实处就能好。所以中国画对虚实问题十分重视。老子说"知白守黑"，就是说黑从白现，深知白处才能处理好黑处。然而一般人只注意在画面上摆实，而不知道怎么布虚。实际上摆实就是布虚，布虚就是摆实。任何一样东西，放在空间都不可能没有环境背景，西洋

的绘画根据自然存在的规律表现于画面上，所以总是布实的。然而中国画根据人们视觉的能量来画画，因为眼睛看东西，必须听脑子的命令，脑子命令看某物，就注意某物，脑子命令看某物的某点，就注意某点，其他就不注意了。譬如我们看一个人的脸，就忘掉了身体，看到鼻子，就会忽视嘴，不可能如摄影机一样，在视域的范围内丝毫不会遗漏。这就是《礼记》中所写到的"心不在焉，视而不见"的这个道理。不是限于眼睛看东西的能量吗？中国人的作画就以视而不见做根据的。视而不见就无物可画。无物可画，就是空白。有了空白，也即是有了可不必注意的地方，那么主体就更注目和突出。这就是以虚显实的虚实问题。至于如何布好空白，就必须进一步研究虚和实的问题，其中有许多地方值得我们深入探讨。

虚实和疏密有所不同，但也有相通的地方。疏密无非是讲画材与线的排列交叉问题。如图43，两个苹

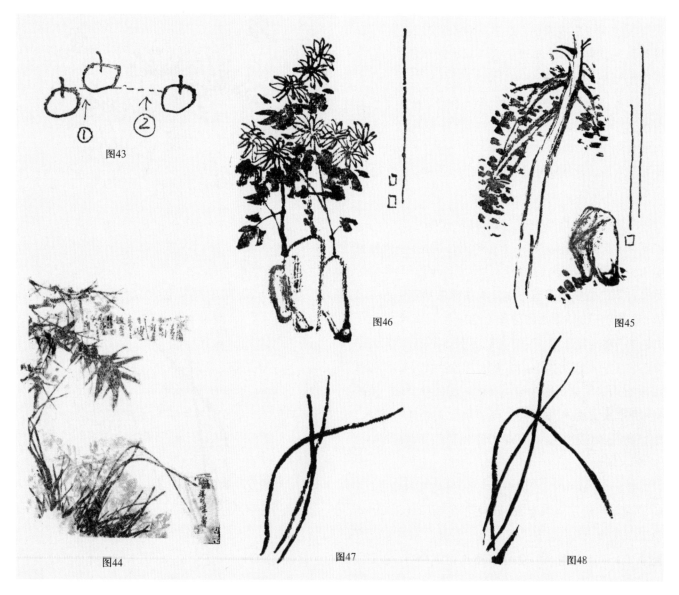

图43

图46

图45

图44

图47

图48

果排得近些，而另一个排得远些，中间有两个距离，近的则密，如①，远的则疏，如②，即"疏密"二字是对两个距离讲的。又苹果是画材，是实的，苹果以外的空白，是虚的。这就是虚实。然两个苹果排得密些，其中的空白是小空白，叫小虚，排得疏些中间的空处是比较大的，是大空白，叫大虚。苹果上面的更大空白，那自然是更大的虚了。因此，大虚、大实，小虚、小实，与画材的疏密有关，故一般人就将疏密与虚实混同起来了。

花卉中的疏密主要是线与线的组织，成块的东西较少。当然，有的画也能讲虚实。如图44一幅兰竹图，从整体上看来，几块大空白叫虚，兰花和竹子称实，从局部来讲，竹子的运笔用线有疏有密，线条交叉的处理就是疏密问题。又如图45，也是由线组成的，画中没有大块东西。如左上角是大空白，即是虚，右下一角是小空白，也即是虚。石头是实的，树由线组成，树枝交叉和树叶点子，讲的都是线条的疏密，而不是虚实了。

西洋画以明暗突出其画材；中国画以空白和线条突出画材，不求明暗变化，有时只不过在重要的地方画得浓一些，次要的地方画淡一些而已，力求浓淡变化。所以，中国画不注意光线从哪里来，只凭主次画浓淡，这也是根据我们眼睛看东西的来表现。如图46石与菊一图，画中菊花叶子如此之多，墨色的变化只要使画面不平板而不需要变化太大，没有光源关系的明暗，但是有主次和疏密，也有浓淡变化，所以整体感很好。如果按照西洋画来表现，那么一定以明暗来画浓淡，叶子上暗的部分不是要画得很黑吗？中国画却不然，它不根据光线画浓淡，而是根据眼睛衡量看东西，注意点画得浓些，次注意点画得淡些，全以眼

睛为衡量的尺度。图46中的菊花，注意点的部分在于花，叶子不是很注意的，所以叶子墨色变化不求太多，而且也不必太浓，从整体看来叶子气势很好，疏密点也很好，其中也有虚实处理，有些地方留小空洞，求其虚实变化，也即是空白，是小出气洞，小虚，使密处不闷，画就灵了。凡是空白处是最明亮的，就是很淡的画材也会衬托出来。这就是知白才能守黑的道理。

古人讲虚实和疏密，大多是谈一些原则性的东西，非常笼统的。然而各家各派都不同，变化万千。如吴昌硕先生讲叉是"女"字比写"井"字形更为紧密，比不等边三角形也好，"女"字形空白为女，比较有变化，也复杂，所以好看。而虚谷就不同了，交叉直率，直线较多，此种交叉式交得不好，往往会产生编篱的毛病，但是交得好时，也有独特的风格。《芥子园画传》中兰叶起手法讲交凤眼、破凤眼，就是讲兰叶的交叉法，如图47；最易犯的是编篱病及三叶交叉在一点上，如图48、图49。然而不交叉就散，是不行的；不交叉而平行，更不行。像文徵明画兰，把所有叶子都集中在脚上一点，脚是尖的，如图50。这样的脚即是许多叶子交在一点的毛病，毕竟不是太好看。实际上兰花与水仙花生长规律相同，是一剪一剪的，如图51。不过兰花的剪短，水仙花的剪长，一剪生三四瓣叶子，因剪脚短，生在土中不易看见罢了。倘若叶子很多的兰种，一定有许多剪，并生长着的，也就是它的脚是不会很尖的。原来疏密交叉的处理，既要不呆板又要有变化，因为眼睛的看东西和耳朵的听东西一样，既要有节奏又要有变化才是好的。否则，如繁乱的声音，听了只会使人烦恼。钟摆的声音，虽有规律但无变化，也会使人讨厌。绘画与音乐是依靠眼与耳去欣赏的。它们所要求

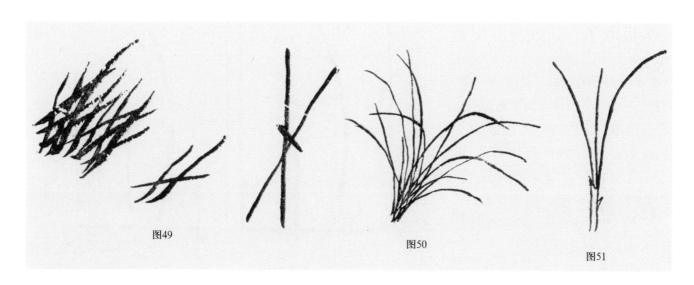

图49　　　　　图50　　　　　图51

的是既要有规律，又要有变化。

古人对虚实问题的画论很多，现节抄如下。

清笪江上《画筌》云：

"空本难图，实景清而空景现。神无可绘，真景毕而神境生。位置相戾，有画处多成赘疣。虚实相生，无画处皆成妙境。"

石谷与南田评云：

"人但知有画处是画，不知无画处皆画。画之空处，全局所关，即虚实相生法，人多不着眼空处，妙在通幅皆灵，故云妙境也。"

清蒋和《学画杂论》云：

"大抵实处之妙，皆因虚处而生，故十分之三在天地布置得宜，十分之七在云烟断锁。"

所谓"虚实相生，无画处皆成妙境"，我们可以从以下几个案例来分析。如图52，这张画的布局是稳定的，也是极其普通的构图，大概是应酬之作。如果叫我来画这样的小幅，我就不画柏树，因柏树高大，不宜在小幅上布置。我们对名家的东西也可以批评，名家的东西不一定张张都是好的，如果此图不画石，题两行长款，如图53，这样柏树的势就伸下去了，气就长了。然而此图有石，又有地坡的点子，故使地坡抬高，感到树干缩短了。若此图不点地坡点子，配一弯石，使它拖出下边纸外，树干也拖下去，这样气也比较伸畅了，如图54。如果是长条幅式，把树干画长，树露脚，石拖下去，气势也能伸畅了，如图55。照画来构图是长干包短石的毛病。现在应改为石出边，树不出边，短石不为长树所包，也较畅，如图56。这些，就与"虚实相生有关"，也即是"无画处皆成妙境"的解释。

"虚实"：虚实即有画与无画的问题，凡有画处为实，无画外为虚。

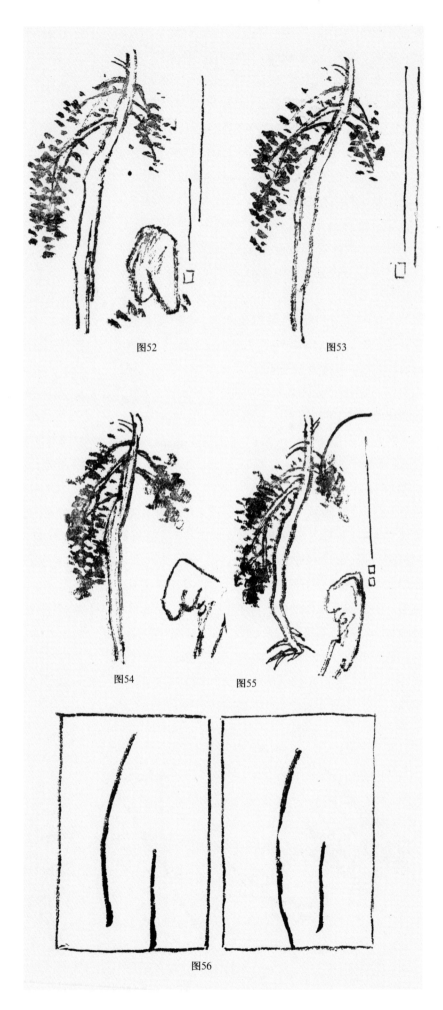

图52　　　　图53

图54　　　　图55

图56

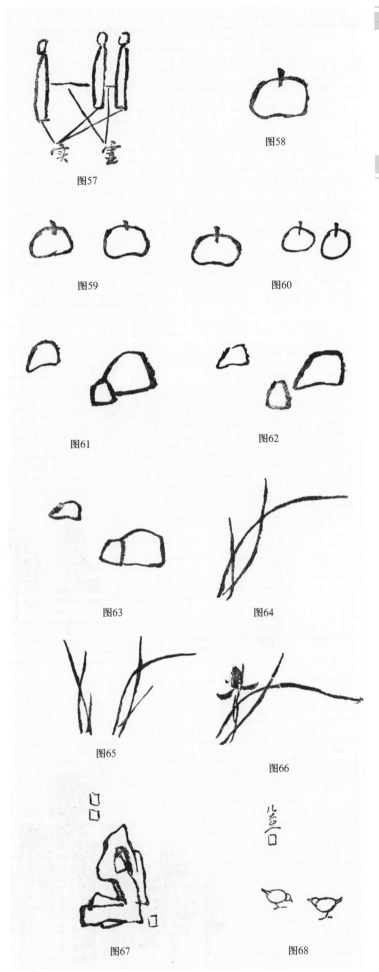

"疏密"：疏密即画材与画材的排比问题。

疏密的排比，应有三件以上画材相配，否则便没有疏密。比如图57画三个人物，右两人的距离密，左一人距离较疏，这就是三人排比有疏有密，即简称为疏密。同时从虚实来说，凡无人处为虚，有人处为实。疏的空处为虚，密的空处也为虚。因此，虚实和疏密有相异之点，但也有相似之处。

现归纳以下几条：

虚实：言画材之有无也；

疏密：言画材排比之距离远近也；

有相似处而不相混也。

中国画所谓无画处有空白，这是符合人的眼睛看东西的限度的。实际上画中的空白并不是没有东西，而是眼睛不注意看的东西，故成为空白，因为眼睛不注意的东西就等于没有东西了。

凡三件以上的东西摆在一起，能求其有疏有密，如用三个以上的苹果来排比，才能排出规律来，又有变化。如何排得好，就得靠艺术处理了。图58、图59画一个苹果或画两个苹果，都没有疏密，只有虚实。如果画三个苹果，便有疏密了。画三块石头可排疏密，画三笔花草也可排疏密。如图61、图62，都有疏密，并有层次和距离，可为最简单的画山水的石块排法。图61右两块大小石块重叠在一起，但毕竟是三块石头，仍有前后距离的感觉，倘使如图63布置三块石头，右两块石头合并一起，变为一块，则没有距离，疏密意思也少了。所以此图只有两块石头，既没有疏密也没有距离，这就不能谈疏密了。画树干也是如此，可参考《芥子园画传》中画树的方法。画兰叶以三瓣为一最简单小组，三瓣三瓣增多上去，可以多至几百叶。如图64、图65、图66等，都是画兰花的初步排比方法。然古人都曾有画两瓣叶子，并以花补之，如图66，这样布置，实际上只有三根线交叉，所以才有疏密。

我们摆三根线的交叉是基本方法，只要三根线的交叉摆好了，即使三十根以至三百根也同样能摆好。有的内行的人，请别人画兰花，他

图57　图58　图59　图60　图61　图62　图63　图64　图65　图66　图67　图68

只说请你为我撇三笔兰花就行，而不说撇一笔兰花或撇两笔兰花，这是最内行的话。构图要简单，却有限度，然而也有例外的构图。如图67，画中只有一块巨石，而没有别的东西，似乎只有虚实而没有疏密，可是八大山人就是这样布置，他只在左上角盖两方图章，有时又盖上一方压脚章，图章也作画材看，即有主有客、有疏有密，成一幅完整的构图了。八大山人画两只小麻雀，加上题款和印章后，也就成为一幅完整的构图了（图68）。因为印章、题款都作画材用，就有疏密主客的作用了。布置时要看整个构图，故图章题款与整个构图有血肉的关联，不能随便布置。

画竹子和梅花，用线交叉极其复杂，若没有疏密交叉则不成画，所以有人说梅、兰、竹、菊为花卉画的

基础，是有道理的。

下又归纳几条。

无虚不易显实，无实不能存虚。无疏不能成密，无密不能见疏，是以虚实相生，疏密相用，绘事乃成。

画材与画材之排比，相距有远近，交错有繁简，远、近、繁、简，即疏密也，然画材始于三数以上。如花卉之初画兰叶始于三瓣，画山水之初树石始于三干、三块，否则无排比，即无疏密也。

古人绘画中，每有用一件画材或两件画材而作成画幅者，自无排比可言，然而题以款识，钤以印章，排比之意义自在，疏密之对立自生，故谈布置时须知题识印章亦画材也。

各国绘画，向以黑白两色为主彩：有画处，黑也；

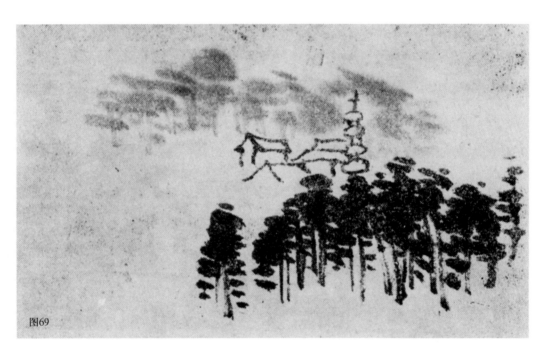

图69

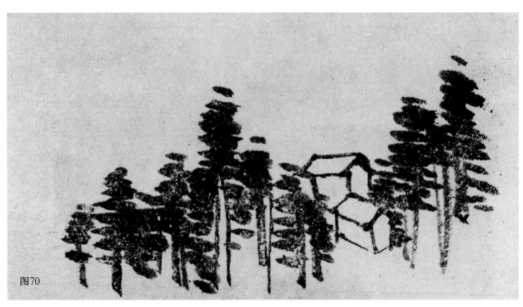

图70

无画处，白也。白即虚也，黑即实也，虚实之联系，即以空白显实有也。西洋之绘画无之。

实，画材也，须实而不闷，乃见空灵；虚，空白也，须虚中有物，才不空洞，即是"实者虚之，虚者实之"之谓也。画事能知以实求虚，以虚求实，即得虚实变化之道矣。

实中求虚，比较容易讲；虚中求实，不大容易体会。以虚为空白，其实并不是没有东西，主要在于求其空灵，然空不是空而无物。如山水画，画一片密树林，其中密林太密，觉得平了，可插画点房子，或画几株在云雾中的树，使有虚的意义。房子、云雾是实的画材，不着色，同样有白的感觉，即为实中有虚，如图69、图70、图71等。又如图72一幅山水，上部两块大山，实画太实，中间留空白画瀑布，求其空灵，即是实中求虚。所以，实中求虚即为实中求其空灵，并不是虚掉没有东西，而是白色之瀑布。黄宾虹先生的山水画中，往往以白色之路来破实，求空灵的变化，如图73。有时在重山中，留一空白画人，求其以虚（白）显实。黄先生曾说："一烛之光，通室皆明。"画中以一点一线之白，使画幅空灵起来，这就是以实求虚的道理，如图76。

在花鸟画中以虚求实较困难，山水画中较易理解。如图73中，山是实的，天是白的，山下以雾虚之，而云下还有山，虽然云下的山未曾画出，却同样让人感到是山之延伸，山势很高，山下云雾笼罩，颇有虚中有实之感。画中不画天空，即为空白，云和天同样是虚，则感觉不同。倘若天空中画一排雁，而天空格

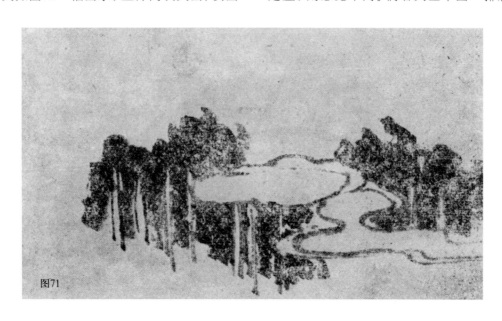

图71

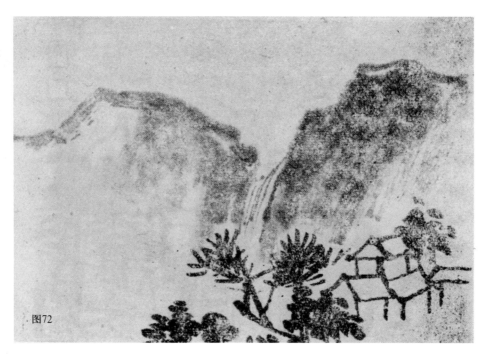

图72

外空旷，感到空处是天，引人注意了，即为虚中有实，空而不空也。

虚实、疏密是相对名词。无实不能成虚，无疏不能成密，虚以实来对比，疏以密来对比。如"善恶"二字相似，无恶就无所谓善，无善亦就无所谓恶了。

古人讲疏密、虚实的理论甚多，但大多是原则，兹抄录于下。

《松壶画忆》云："丘壑太实，须间以瀑布，不足，间以烟云，山水之要宁空毋实。"

《桐阴论画》云："章法位置，总要灵气来往，不可窒塞，大约左虚右实，右虚左实，为布置一定之法，至变化错综，各随人心得耳。"

戴醇士论画："密易疏难，沉着易，空灵难，似古人易，古人似我难。世谓疏难于密，以为密可躲闪，非也。密从有画处求画，疏以无画处求画，无画处须有画，所以为难耳。"

文字学中说："一数之始，三数之终。"一为基数，一以下可无穷小，一以上可到无穷大。三则代表最多数，因此，故有三人成众、三石成磊、三水成淼的造

字。黄宾虹先生说："齐与不齐三角觚。"觚为青铜器，它的造型是等边三角形，看起来比四方形灵动得多。四方形是方方正正的，很呆板，在布局上所要的三角形是不等边的三角形，不要等边三角形，这就是齐而不齐的觚了。

三角形、四方形及圆形，三者的情味各有不同。圆形比较灵动而无角，四方形虽有角最呆板，最好是三角形有角而且灵动，如果在布局上没有三角形是不好的，而不等边的三角形更好于等边三角形，因为角有大小，角与角距离有远近，虽然同样是三点，则情味更有变化。如果三点排成一直线，点与点有疏密，就没有角了。如图77的三片叶子的疏密，把三点连接起来，形成两个不同的三角形。显而易见，由不等边的三角形组成三片叶子，比等边三角形组成的三片叶子要生动得多，其原因就在三点有远近而有变化。

山水中画石也要有疏密，如图78的表现方法是虚密中见疏的。图78中的，两石是密的，只有一点距离，所以是密的，然而看起来有疏的感觉。图79就是密中不见疏了。石脚的线有高低，才有远近距离了。

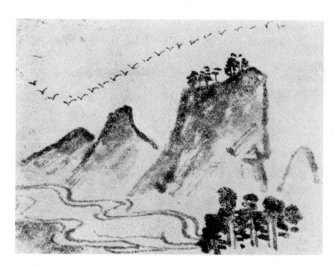

图73

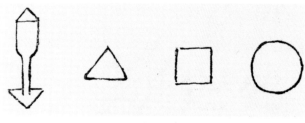

图74

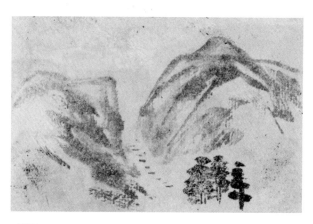

图75

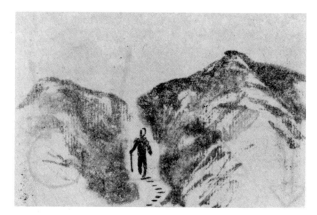

图76

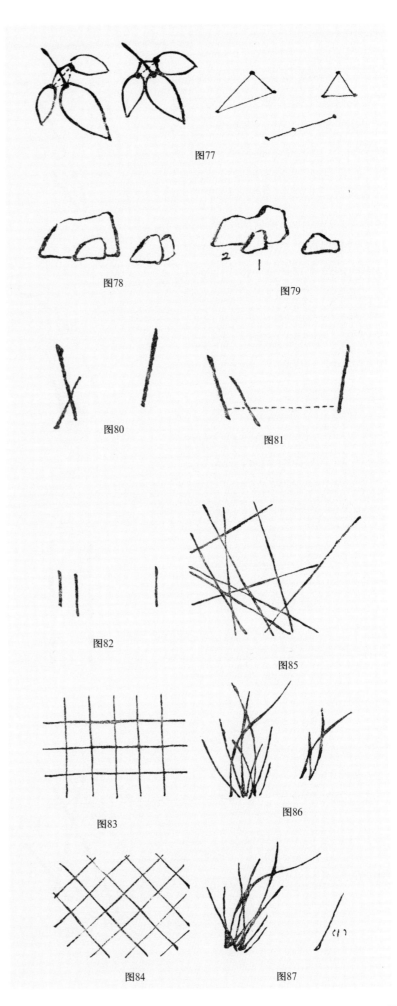

我们同样以三条线的排比来表现疏密，各种不同的排比产生了不同的效果。三棵树的交叉排比，以图80、图81为例，图81三条线的排比，即密中有疏的感觉，而图80的排比，同样是密中有疏的感觉，但是图中有两根线交叉了，则感觉更密，交叉的越多就越密，变化更为复杂。如果三条线排比像图82，虽然也有疏密的意义，却显得呆板不复杂，其主要原因在于图82中的三根线是平行的，平行线即使延长得很远，也无交叉点的，故疏而呆板了。而图81中密处的两根线，在画幅中看不见交叉，若延长到纸外去，就有交叉点了，因而有密的意义。

我们有时画箩筐，用平行线来表现。图83，则呆板而不密，图84密些，因图中的斜平行线与纸边的线是不平行的；图85以不平行线交叉，则更密，且变化甚为复杂。

疏与孤不同，画一笔则孤也，虽疏而不成排比的，至少三笔才能排疏密。如画兰花，图86有大小两组，小组兰花是疏的，但不孤，而图87的（1）就显得孤了。三笔不交叉与三笔交叉，显然不同，不交叉有疏的意义，交叉了有密的感觉。如图88和图89是一例。所以，排疏密必须以三点为基础，只有三点的排比，才能有气势、有疏密、有高低，才能符合艺术的构图规律。图88的几笔兰草，虽没有交叉上去，仍有交叉的意义（只要延长上去，即有交叉了）。这是以交而不交，疏而不疏，疏中有密的表现方法，甚为耐人寻味。总之，以三数出发，然后在三数的基础上发展开来，就能产生各种复杂的局面了（如图90）。

所以，我们讲疏密的问题，不仅是远近的距离，还有交叉问题。不交叉易散，交叉了就密，平行线没有交叉点的是最呆板的线，故作画时，最需注意线与线不要平行，线与画边不要平行。如图91、图

图77

图78　　　　图79

图80　　　　图81

图82

图85

图83　　　　图86

图84　　　　图87

92、图93、图94等，都是由三条不同距离的线组成，它们产生了不同的疏密关系，后三图不论是交叉的还是不交叉的，都有交叉的意义。当然交叉了就显得更密。黄宾虹先生画房子，有人说要倒了，歪斜不正都是火柴杆子搭的，其实不然。黄先生画房子是为了使线不平行，把房子画得歪歪斜斜，气势就出来了。山上的小树可以画平行线，但是近树画平行线就不好，如图95、图96。同样画芭蕉时，有的不画直杆子，仅画几张叶子，更易避免平行线。如果画全株芭蕉，杆子也要斜一点，如图98，还可添一小芭蕉以增加变化。像图97中的芭蕉杆子，就呆板了，因为芭蕉杆子与画幅的边成平行线。

凡是画，必须要空中有物，而不是空中无物，但我们往往感到虚中求实（即是虚中有物）较难，实表现得不好，虚中也不能有东西，中国画自宋代以后，常用题款来帮助布实的，花卉尤然。

图99荷叶上部的空处，好像有晨雾的感觉，这是虚中求实，而荷叶底下的空处，则为空间了，并以题款布之，使其空中有物。把款题得斜一点，可以帮助荷花梗子增加气势。

图100中的鱼，好像不在水中跳跃，但它绝不在桌上，也不在空中，而是一片汪洋。画鱼不画水，使其有水的感觉，这也是空中有物，即虚中有实。古人有诗曰："只画鱼儿不画水，此中亦自有波涛。"

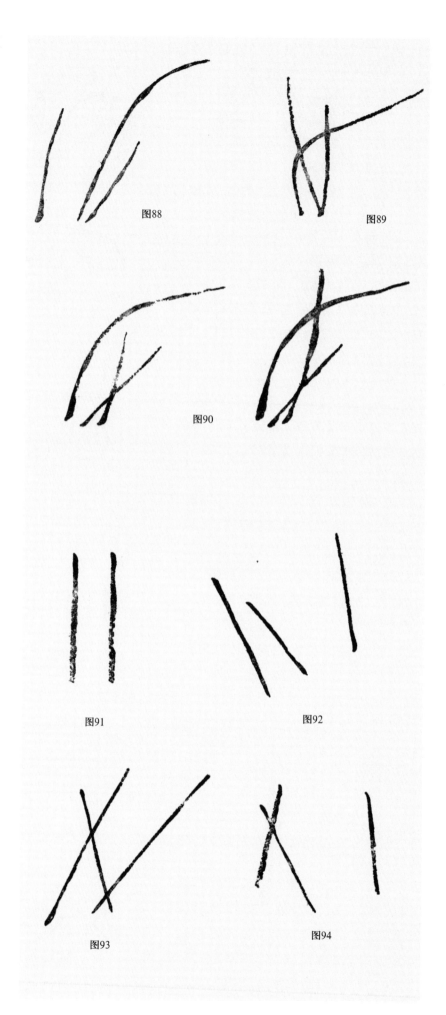

图88

图89

图90

图91

图92

图93

图94

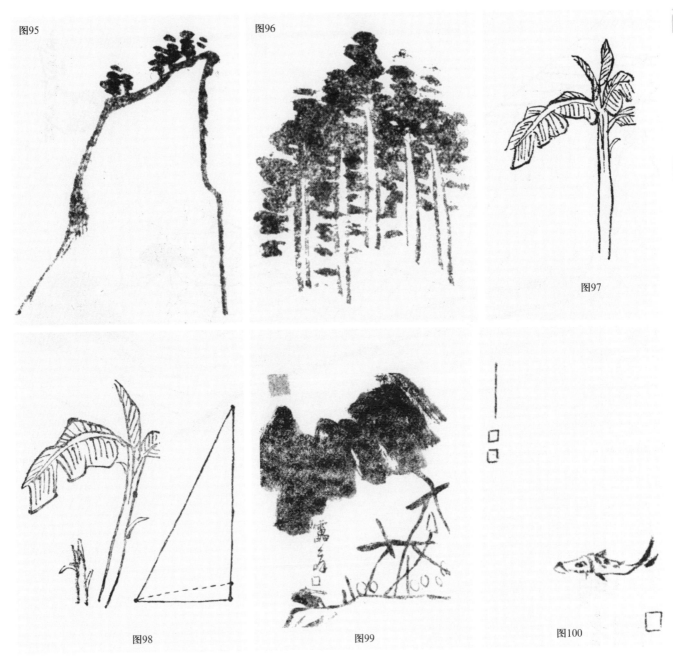

图95　图96　图97

图98　图99　图100

综上所述，疏密与虚实两个问题，是构图中的主要问题。以上讲的都是构图、布局的技巧，而布局是通过笔墨技巧表现出来的，即使构图再好，笔墨不好，不能成为成功的作品。构图好，笔墨也好，没有好的思想性，仍旧不是很成功的作品。毕竟绘画是意识形态的东西，艺术作品是作者自己思想的反映，什么样的作品，就反映了什么样的思想。因此，思想性和艺术性是并重的，是缺一不可的。然而人类的进步是无止境的，也就是社会的进步是无止境的，技术与思想的进步也同样无止境。必须推陈出新，天天进步，才能不做背时人，不为时代所淘汰。

（本篇系潘天寿1963—1964年在浙江美术学院中国画系山水花鸟工作室讲课记录稿，由叶尚青记录整理，后经潘天寿审阅定稿。插图均系根据潘天寿讲授时在黑板上画的示意图复制而成。）

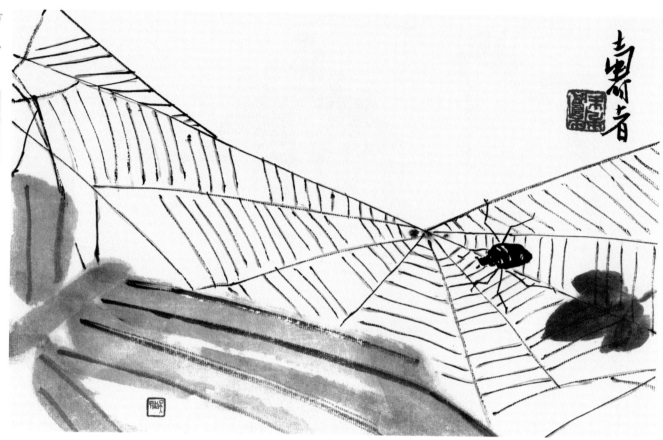

芭蕉蜘蛛图

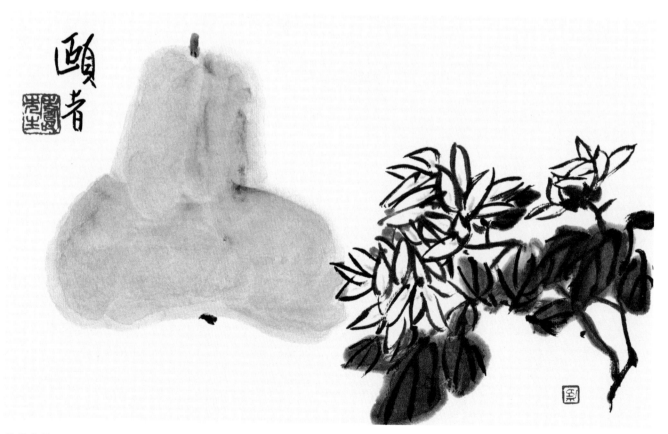

葫芦菊花图

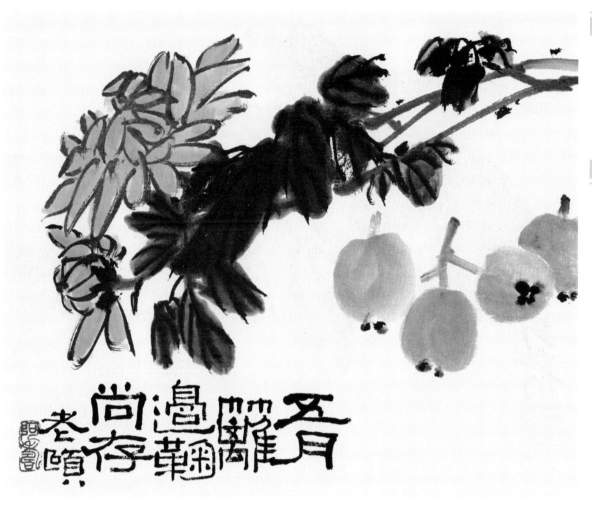

枇杷黄菊图

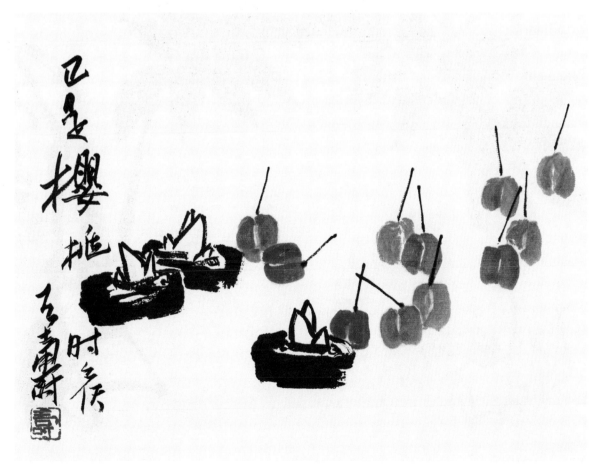

樱桃时候图

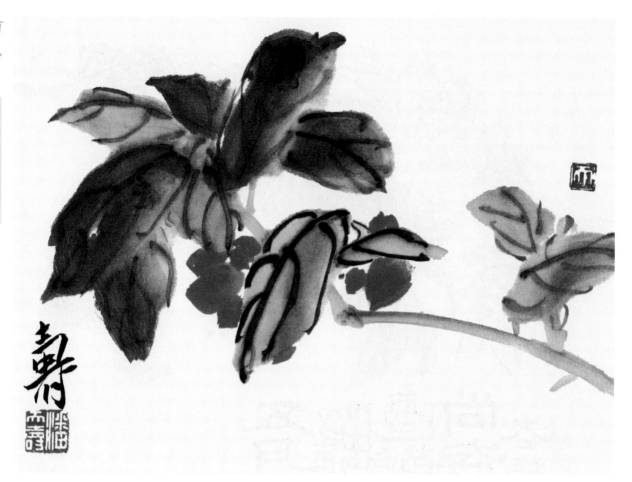

凤仙花图

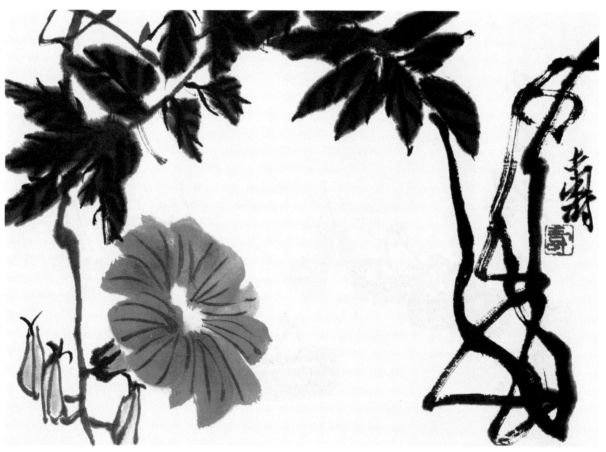

凌霄图

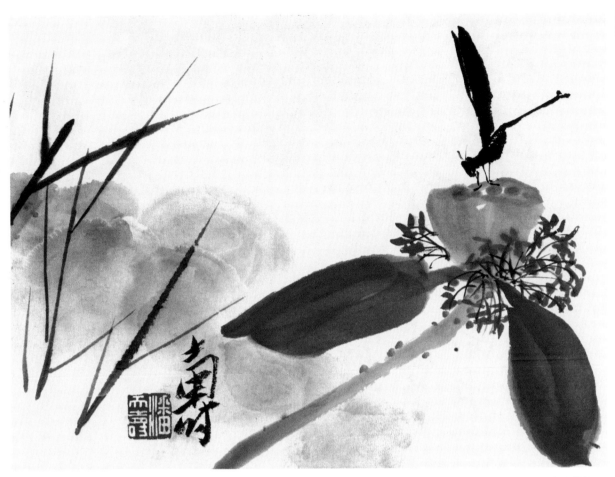

荷花蜻蜓图

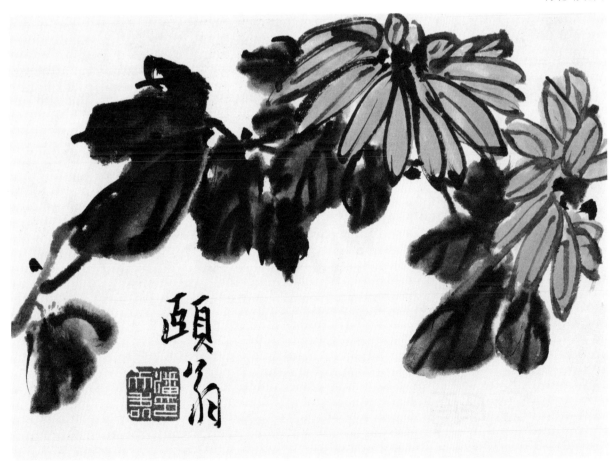

黄菊图

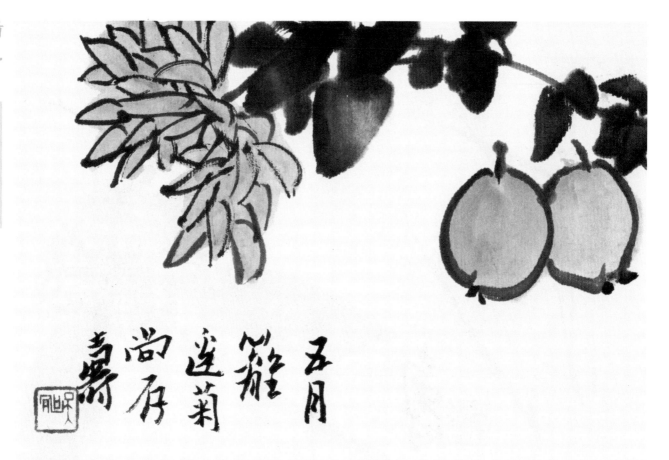

黄菊枇杷图

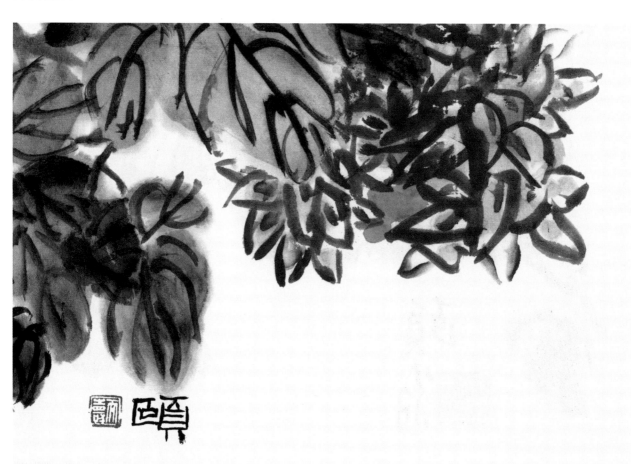

菊花图

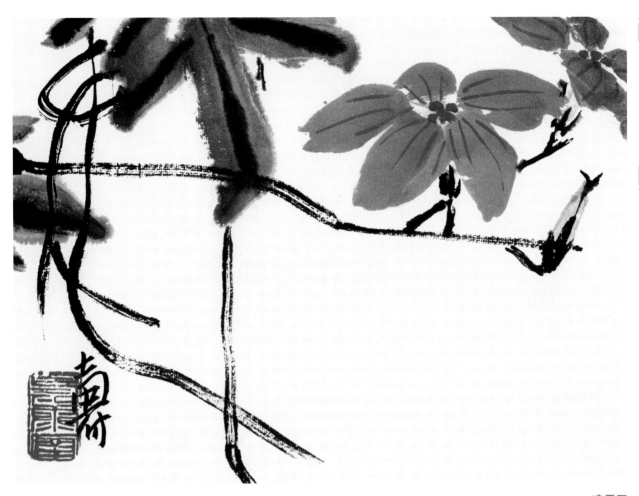

凌霄图

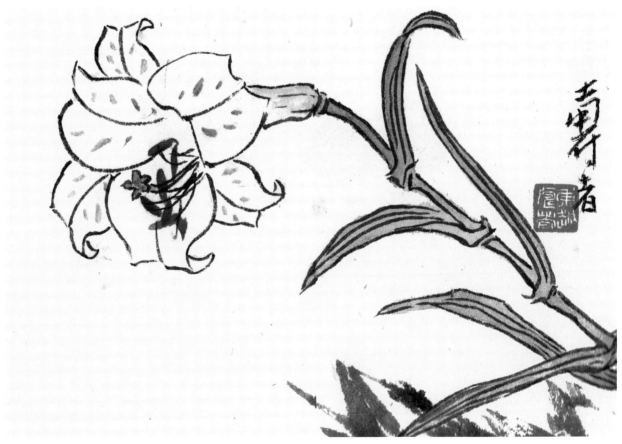

百合花图

「下编」
画史与画学

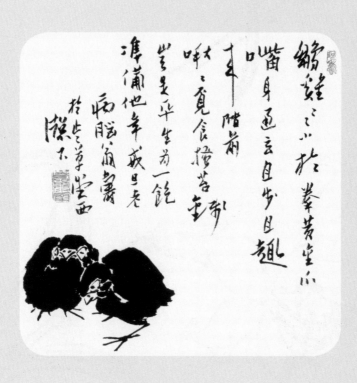

谈中国传统绘画的风格

一、传统风格的形成

(一) 地理气候的关系

(二) 风俗习惯的关系

(三) 历史传统的关系

(四) 民族性格的关系

(五) 工具材料的关系

二、艺术必须有独特的风格

(一) 世界的绘画可分东西两大统系,中国传统绘画是东方绘画统系的代表

(二) 统系与统系间,可互相吸取所长,然不可漫无原则

(三) 小统系风格、个人风格与大统系民族风格的关系

(四) 独特风格的形成,是一件不简单的事

三、中国传统绘画的风格特点

(一) 中国绘画以墨线为主,表现画面上的一切形体

(二) 尽量利用空白,使全画面的主体主点突出

(三) 颜色尽量应用明豁的对比,且以墨色为主色

(四) 合于观众的欣赏要求处理明暗

(五) 合于观众的欣赏要求处理透视

(六) 尽量追求动的精神气势

(七) 题款和钤印更使画面丰富而有变化,为中国绘画特有的形式美

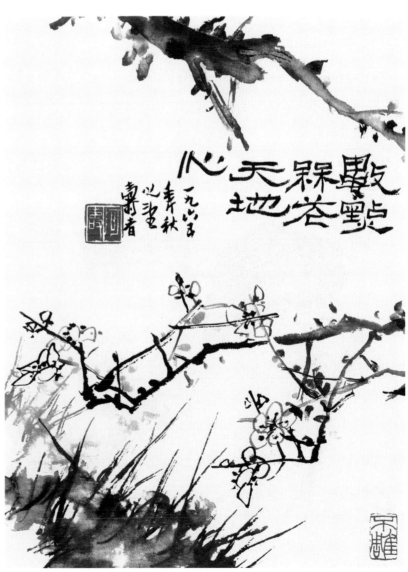

数点梅花图

一、传统风格的形成

"风格"二字，原是一个抽象的名词，常用于文学艺术方面，一般是指文学艺术在表现形式上互不相同的风情、格调、趣味等特征。科技方面的发明创造，只讲究功能效率的强弱好坏，而无须注重形式和风格的区别。例如美国的原子能技术与苏联的原子能技术，中国的数学与英国的数学，互相都可以直接引入、直接应用。而文艺作品却要讲究形式与风格的独特性。同样的题材内容，可以用不同的形式风格来表现。例如以绘画来说，同是一个踊跃缴公粮的题材，用油画的方式方法来表现与用中国传统绘画的方式方法来表现，在风格上就大不相同。而以中国绘画形式来说，又有白描、工笔重彩、兼工带写、水墨大写等不同的表现形式和风格；并且因为作者的不同，还可以有雄浑、清丽、简括、细密、稚拙、潇洒等各种各样的风格区别。

形成绘画及其他艺术上风格不同的因素，至为复杂，较为主要的约略有以下诸点。

（一）地理气候的关系

地理气候自然环境对于艺术风格往往有直接的影响。比方说英国多雾，雾气笼罩下轻松、迷糊的形象宜于水彩颜色的表现，就曾造成了英国水彩画上的特殊发展。又如我国黄河以北，天气寒冷，空气干燥，多重山旷野，山石的形象轮廓多严明刚劲，色彩也比较单纯强烈，所以形成了北方的金碧辉映与水墨苍劲的山水画派。而我国长江以南一带，气候温和，空气潮湿，草木荟郁，景色多烟云变幻，色彩多轻松流丽，山川的形象轮廓，多柔和婉约，因之发展为水墨淡彩的南方情调，而形成南宗山水画的大统系。

（二）风俗习惯的关系

各民族各地域的风俗习惯的形成，是与自然环境和历史条件密不可分的。俗语说"南方每苦热，希葛产于越；北地每苦寒，狐裘出天山"，风俗习惯的形成也是同样的道理。而文艺形式上的不同风格，又往往是不同风俗习惯的反映。例如古代希腊，气候温热，人民强壮好武，崇尚健美的体格，故造成了古希腊雕刻的空前成就。又如印度，地处热带，男子喜戴白帽，女子喜披薄绸，并习惯于赤足露臂，以适应热带的环境。这反映在绘画或雕刻的佛像上面，也自然衣纹稠叠，紧贴在肉体上，与中国黄河流域宽袍大袖的风习完全不同，与新疆、内蒙古等地少数民族身披羊皮袍、脚穿长筒靴的风习更为异样。西藏民族为适应多变的气候，常穿皮袄而脱出一只袖子缠在腰间，以为忽冷时穿上之便。而在跳舞时常将缠在腰

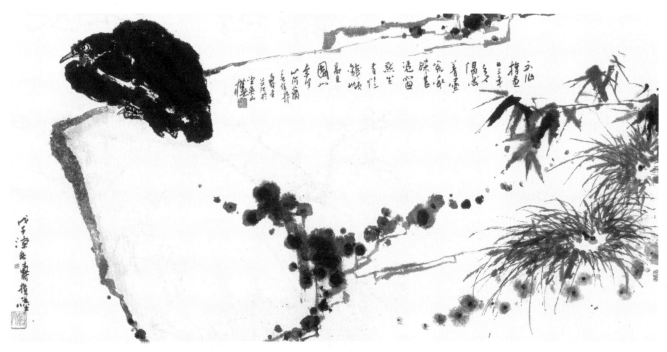

磐石墨鸡图

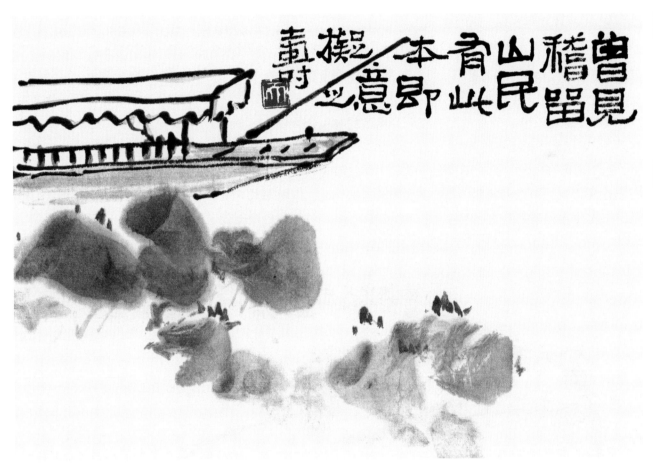

拟金农画意图

间的袖子拿在手中作为道具，进而也就成为他们舞蹈艺术中的一种特色。

（三）　历史传统的关系

　　文艺上的形式风格，是脱不了历史传统辗转延续的影响的。例如中国绘画的表现技法，向来是用线条来表现对象的一切形象的。因为用线条来表现对象，是最概括明豁的一种办法，是合于东方民族的欣赏要求的。因此辗转延续地直到现在，造成了中国传统绘画高度明确概括的线条美。反过来说，没有历史相互延续的积累，也无法完成中国绘画在线条运用上充分发展的特殊成就。其余如用色方面、透视方面、构图方面等等，都与历史传统辗转延续有分不开的关系。即便是西方绘画大统系的传统技法风格，也是许多代画家研习的结果，并非一朝一夕所能形成的。中国传统绘画是文史、诗词、书法、篆刻等多种艺术在画面上的综合表现，就更和整个民族文化的发展变革紧密地相联系，这是很自然的。

（四）　民族性格的关系

　　民族性格是各有特点的。比方说，西方民族多偏于奔放和外露，东方民族多偏于平和与内在。诸如这种民族性格的差异在各国的文学、戏剧、音乐、舞蹈等艺术形式的风格上造成不同的民族特色。例如印度的舞蹈就和西欧的舞蹈大不相同，和非洲的舞蹈又全异样。从绘画上看，西方的绘画多追求外观的感觉和刺激，东方绘画多偏重于内在的精神修养。中国绘画作为东方绘画的代表，尤为注重表现内在的神情气韵、意境格趣。从范围小一些的地域差别来看，我国长城以北地区，天气寒冷，人民习于骑射，体质粗犷强壮；长江以南，多河流湖沼，气候温和，人民性格亦显得较为细致文静。历代以来，以诗歌来说，如《敕勒歌》《易水歌》，慷慨激昂，自是出自塞北燕赵人民之口；而如《归风送远操》《江南弄》《西洲曲》，情韵缠绵，出诸南方文士闺秀之手，是十分显然的。一般来说，刚强豪爽的性格，适宜于粗放大写的画派，文静细腻的性格，适宜于精工秀丽的画派，以利于个性特长的充分发挥。

（五） 工具材料的关系

　　油画颜料浓厚而不流动，与水彩、水墨的清新流丽绝不相同。油画布与水彩纸，同中国的绢帛、宣纸，性质更显两样。各种绘画所用的笔具也不相同。这种不同，是由各民族的绘画发展史与各地域的自然条件、人民性格相结合而产生的。因工具材料的不同，使用工具的技法也就有不同的讲究，从而在画面上也就呈现各不相同的形式和面貌。中国传统绘画上高度发展的笔墨技巧，就是充分发挥特殊工具材料之特殊性能的结果。

　　在文艺上，民族风格的形成是一个复杂的过程，形成的因素，自然不止如上所说的那样简单，只是以上诸因素较为主要些罢了。民族风格，是地理的、民族的、历史的多种因素在文艺形式上的综合反映。所以民族风格的产生是有其渊源的。它不是凭空臆造的，而是经过历史的考验，为世世代代人民群众所欢迎的。

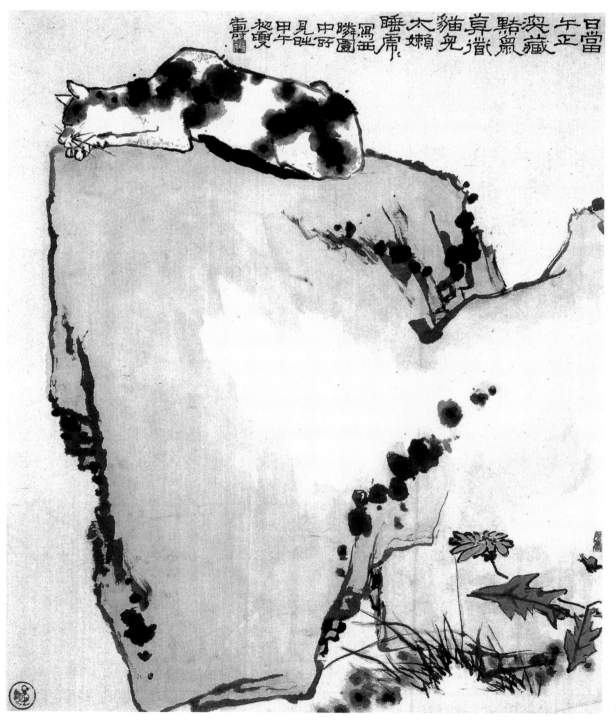

睡猫图

二、艺术必须有独特的风格

人类的耳目口鼻等器官，与人的生存健康有直接的关系。例如口是为了输入身体所需的食物营养，而舌则用于辨别甜酸苦辣等味感，以刺激胃纳的增加。由于舌头对于味感的要求，人们就追求各种美味的饭菜食物，因此也就产生了研究烹调艺术的厨师。人身上所需的营养物质是多种多样的，既需要蛋白质、脂肪、淀粉，也需要维生素和其他元素，故需同时或相间而食。又因各人对于各种营养成分的需要量有所不同，而各民族各地域及各个人的生活习惯爱好又有很大差别，所以，人类的食物不能单一化、千篇一律，而要求丰富多彩，取得变化。俗话说"拼死吃河豚"，明知河豚有毒，洗得不干净，弄得不好就要有危险，但有的人还是想吃，因为河豚味道好。这就是人们在食物上追求高度的变化与调剂的例子。清炖鸡固然很好，但人们天天吃也会感到厌腻，失去了新鲜的美味感。这个道理，同耳朵对于音乐、鼻子对于香味、眼睛对于形象色彩的要求是一样的。既要有共同的原则——合乎身心健康的需要，有利于人类的生存进步；又要有多样性，要有高度的变化，以适应不同的习惯爱好和变化调剂的需要。文化生活是人类生活中不可缺少的一个方面，故文学艺术必须具有健康进步的内容和丰富多样的形式风格。百花齐放，万紫千红，才能满足人类对于精神食粮的需求。

文艺形式风格既要有大统系大派别的区别，又要有小统系小派别的区别，还要有个别作家之间的区别和面目。

（一）世界的绘画可分东西两大统系，中国传统绘画是东方绘画统系的代表

西方的绘画统系，就是欧洲的统系，由欧洲移植到美洲诸地。东方的绘画统系，就是亚洲的统系，以印度、中国两国为主体，旁及于朝鲜、日本、越南、缅甸、泰国及南洋群岛诸地。然欧洲原始时代的绘画发展，约略与东方相同，就是以简单明确的线条勾画出脑中所要画的形象轮廓，作为绘画造型的基础。这与三四岁的小孩用简单的线条画出鱼和蛋的情形相似。依此前进，由简单到复杂，由低级到高级，是走着同一途程的。到12至13世纪的时候，西方自然科学逐渐开始发展，到了文艺复兴时期，在绘画方面来说，也逐步结合透视学、色彩学、解剖学等诸方面的新发现，而形成了西方绘画的新方向，与东方绘画分道扬镳，成立了西方的独立大系，与东方的绘画系统并峙。这两大系统的绘画，均由他们成千上万的祖先，尽他们所有的智慧和劳力，逐步创获积累而完成。两大系统各有其独到之处，也就是各有它独特的形式与风格，这是我们人类所共有的

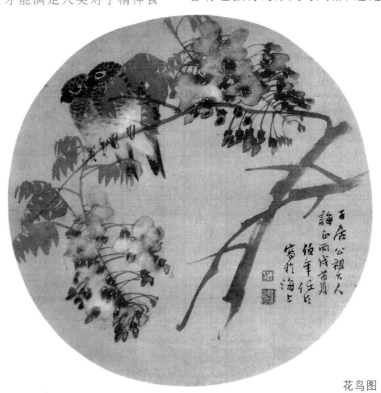

花鸟图　清　任伯年

财富，是至可珍贵的。我们应继承祖先的成果，细心慎重地加以培养和发展，这个责任是在东西两大统系的艺术工作者的身上的。以东方统系而说，印度与中国相近，也是一个世界有名的古文化国家。对绘画来说，它有光辉灿烂的历史成就，并与中国有相互影响的关系。然而到了近代，因欧洲绘画的影响，印度绘画的发展略比中国差。日本绘画在历史上则全分支于中国，在东方统系中是一支流。因此，中国的绘画，实处东方绘画统系中最高水平的地位，理应"当仁不让"。

（二） 统系与统系间，可互相吸取所长，然不可漫无原则

东西两大统系的绘画，各有自己的最高成就，就如两大高峰，对峙于欧亚两大陆之间，使全世界"仰之弥高"。这两者之间，尽可互取所长，以为两峰增加高度和阔度，这是十分必要的。然而绝不能随随便便地吸取，不问所吸收的成分是否适合彼此的需要，是否与各自的民族历史所形成的民族风格相协调。在吸收之时，必须加以研究和试验。否则，非但不能增加两峰的高度与阔度，反而可能减去自己的高阔，将两峰拉平，失去了各自的独特风格。这样的吸收，自然应该予以拒绝。拒绝不适于自己需要的成分，绝不是一种无理的保守；漫无原则地随便吸收，绝不是一种有理的进取。中国绘画应该有中国独特的民族风格，中国绘画如果画得同西洋绘画差不多，实无异于中国绘画的自我取消。

（三） 小统系风格、个人风格与大统系民族风格的关系

东方绘画统系，可分为中国风格、日本风格、印度风格等等。在中国传统绘画的民族风格之下，历史上又有南宗、北宗、浙派、吴派、江西派、扬州派等许多不同的风格派别。而各派别下的各作家又有各人不同的风格面目，例如南宗下之四大家的黄、王、倪、吴，北宗水墨苍劲派下的马远、夏珪、戴文进、吴小仙、蓝瑛等等，扬州派的郑板桥、李复堂、金冬心、罗两峰、高南阜、华新罗等等，上海派的任伯年、吴昌硕等等。这许多作家的面目虽各有异，但仍有许多基本的共同点，这些共同点也就形成了各派

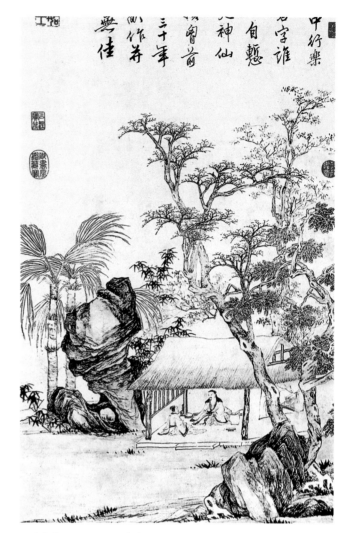

西洲话旧图　明　唐寅

别的风格，进而又由派别风格中的共同点汇成大统系的民族风格。因此，大统系的民族风格是通过小派别和个别作家的风格来体现的，故可以说：各民族真正杰出的艺术家，同时亦应该是民族风格的体现者。

然体现民族风格不等于同古人一样，还要有发展。例如郑板桥极崇拜徐青藤，他曾刻有一方印章说"徐青藤门下走狗郑燮"。板桥虽崇拜青藤、学习青藤，而能变青藤的风格而成为板桥自己的风格，故至今在画史上有他相当的地位。近时最有声望的齐白石老先生，一向极崇拜吴昌硕。他曾咏诗曰："青藤雪个远凡胎，老缶衰年别有才。我欲九原为走狗，三家门下转轮来。"齐老先生的绘画之所以被人们重视，就是因为能从青藤、八大、老缶三家门下，转出他自己的风格来。否则学青藤似青藤，学八大似八大，学老缶同老缶，学列宾似列宾，学格拉西莫夫同格拉西莫夫，这就成了一个绘画复制人员，而无多大

意义了。

然而从历史上看，从事学画的人，要创出自己的风格来是不容易的事。因为个人往往要受到智力、学力、功力及各种环境条件的限制。在成千成万的画家中，往往只有少数人能在继承传统的基础上前无古人地创出自己的特殊风格来，并为画坛与社会所肯定，为历史所承认。而这特殊风格的成就，进而为其他人所学习模拟，又由学习模拟，成一时之风气，而渐渐造成一种派系了。又由这种所成的派系辗转学习创造，推动整个民族绘画逐渐进展、不断变革，而能推陈出新、不断前进。这也是各种文艺形式向前发展的共同规律。所以，毛主席在今年全国最高国务会议第十一次扩大会的讲演中说："百花齐放、百家争鸣的方针，是促进艺术发展和科学进步的方针，是促进我国的社会主义文化繁荣的方针。艺术上不同的形式和风格可以自由发展，科学上不同的学派可以自由争论。"这是发展文学艺术的极正确的原则。

（四） 独特风格的创成，是一件不简单的事

吴缶庐曾与友人说："小技拾人者则易，创造者则难，欲自立成家，至少辛苦半世，拾者至多半年，可得皮毛也。"画家要创出自己的独特风格，绝不是偶然俯拾而得，也不是随便承袭而来。所谓独特的风格，在今天看来，一要不同于西方绘画而有民族风格，二要不同于前人面目而有新的创获，三要经得起社会的评判和历史的考验而非一时哗众取宠。此之所以不容易也。

画家须独创风格，在学习绘画上，是一种不秘的宝贵枢纽。画家必须以勤恳学习的态度，学习古人的传统技法，打好熟练的基础，并注重写生的技法，以大自然为师；再结合"读万卷书"的丰富学识、"行万里路"的生活体验；当然，还要政治观点正确、作风正派。这样各方面的因素结合起来，画家才能渐渐地形成自己的风格来，才不会"闭门造车，出不合辙"，既不至于脱离我们中华民族的传统风格，也不至于脱离新时代的精神和要求。中国画系的同学在校学习期间，主要还是一个打基础的阶段，通过写生和临摹的训练，学习写生的技能和体会民族绘画的优良传统，尚未到独创风格的阶段，这是要加以注意的。否则，在缺乏基础训练的情况下，一入手就乱创风格，必然会徒费时间精力而无所成功。

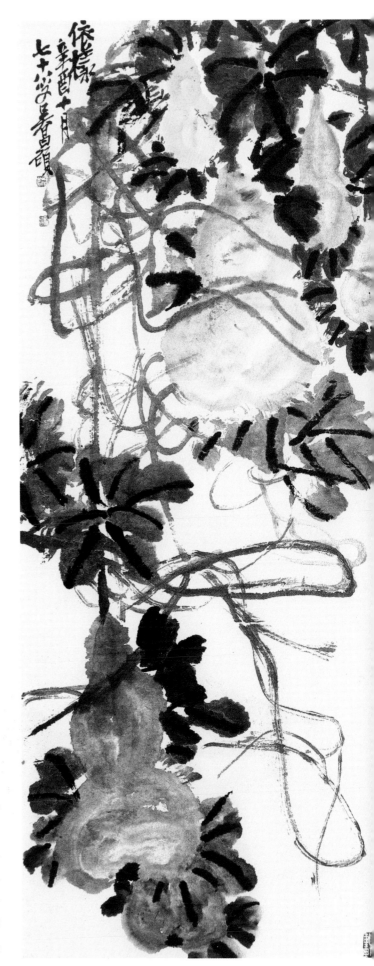

依样　吴昌硕

三、中国传统绘画的风格特点

风格，是相比较而存在的。现在姑且将中国绘画与西方绘画所表现的技法形式做一相对的比较，或许可以稍清楚中国传统绘画风格之所在。

东方统系的绘画，最重视的是概括、明确、全面、变化以及动的神情气势等。中国绘画，是东方统系中的主流统系，尤重视以上诸点。中国绘画，不以简单的"形似"为满足，而是用高度提炼强化的艺术手法，表现经过画家处理加工的艺术的真实。其表现方法上的特点，主要有下列各项。

（一） 中国绘画以墨线为主，表现画面上的一切形体

以墨线为主的表现方法，是中国传统绘画最基本的表现方法。笔在画面上所表现的形式，不外乎点线面三者。中国绘画的画面上虽然三者均相互配合应用，然用以表现画面上的基础形象，每以墨线为主体。它的原因：一、为点易于零碎；二、为面易于模糊平板；三、用线则最能迅速灵活地捉住一切物体的形象，而且用线来划分物体形象的界线，最

为明确和概括。又中国绘画的用线，与西洋画中的线不一样，是经过高度提炼加工的，是运用毛笔、水墨及宣纸等工具的灵活多变的特殊性能，加以充分发挥而成。同时，中国绘画的形成又与中国书法艺术的用线有关，以书法中高度艺术性的线应用于绘画上，使中国绘画中的用线具有千变万化的笔墨趣味，形成高度艺术性的线条美，成为东方绘画独特风格的代表。

西方绘画主要以光线明暗来显示物体的形象，用面来表现形体，这是西方绘画的传统技法风格，从艺术成就来说，也是达到很高的水平而至可宝贵的。线条和明暗是东西绘画各自的风格和优点，也是东西绘画相互区分的重要所在，故在互相吸收学习时就更需慎重研究。倘若将西方绘画的明暗技法照搬运用到中国绘画上，势必会掩盖中国绘画特有的线条美，中国绘画就会失去灵活明确概括的传统风格，而变为西方的风格。倘若采取线条与明暗兼而用之的办法，则会变成中西折中的形式，就会减弱民族风格的独特性与鲜明性。这是一件可以进一步研究的事。

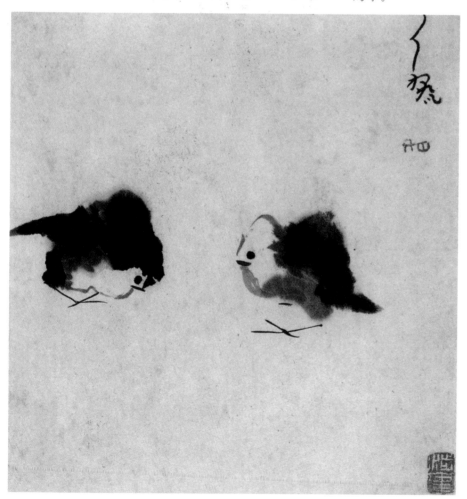

小鸟图　清　八大山人

（二）尽量利用空白，使全画面的主体主点突出

人的眼耳等器官和大脑的机能，是和照相机录音机不同的。后者可以同时把各种形象、声音不分主次、不加取舍地统统记录下来，而人的眼睛、耳朵和大脑会因为注意力的关系对视野中的物体和周围的声音加以选择地接收。人的眼睛无法同时看清位置不同的几件东西，人的耳朵也难以同时听清周围几个人的讲话，这是因为大脑的注意力有限。比如，当人的眼睛注意看某甲时，就不注意在某甲旁边的某乙、某丙，以及某甲周围的环境等等；注意看某甲的脸时，就会不注意看某甲的四肢躯体。人的眼睛在注意观看时，光线较暗的部分也可看得清清楚楚；不注意观看时，光线明亮的部分也会觉得模模糊糊。故人的眼睛，有时可以明察秋毫，有时可以不见舆薪。这全由人脑的注意力所决定。俗话所说的"心不在焉，视而不见"，就是对人类这种生理现象的极好概括。

注意力所在的物体，一定要看清楚，注意力以外的物体，可以"视而不见"，这是人们在观看事物时的基本要求和习惯。中国画家作画，就是根据人们的这种观看习惯来处理画面的。画中的主体要力求清楚、明确、突出；次要的东西连同背景可以尽量简略舍弃，直至代之以大片的空白。这种大刀阔斧的取舍方法，使得中国绘画在表现上有最大的灵活性，也使画家在作画过程中可发挥最大的主动性，同时又可以使所要表现的主体点得到最突出、最集中、最明豁的视觉效果，使人看了清清楚楚、印象深刻。倘若想面面顾及，则反而会掩盖或减弱了主体，求全而反不全。比如画梅花，"触目横斜千万朵，赏心只有三两枝"，那就只画两三枝。梅花是梅花，空白是空白，既不要背景，也可不要颜色，更不要明暗光线，然而两三枝水墨画的梅花，明豁概括地显现在画面上，清清楚楚地映入观者的眼睛和脑中，使他们觉得这两三枝梅花是可赏心的，这样也就尽到了画家的责任了。又例如黄宾虹先生晚年的山水，往往千山皆黑，竟是黑到满幅一片。然而满片黑中往往画些房子和人物，所画的房子和房子四周却都是很明亮的。房子里又常画有小人物，总是更明亮。人在重山密林中行走，人的四周总是留出空白，使人的轮廓很分明，故人和房子都能很空灵地突出。这就是利用空白

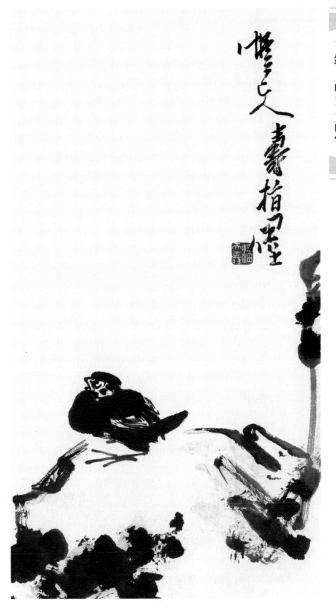

仿八大山人笔意

使主题点突出的办法。黄先生并曾题他的黑墨山水说"一烛之光，通体皆灵"，这"通体皆灵"的"灵"字，实是中国绘画中直指顿悟的要诀。

（三）颜色尽量应用明豁的对比，且以墨色为主色

中国画的设色，在初学画时，当然从随类敷彩入手。然过了这个阶段以后，就需熟习颜色搭配的方法。《周礼·考工记》说："设色之工；画、缋、钟、筐、㡛。画缋之事，杂五色，青与白相次，赤与黑相次，玄与黄相次。"这种配色的方法，是从明快对比而来的。民间艺人配色的口诀，也从以上的原则与所得经验相结合而产生，如说"红配绿，花簇簇""青间紫，不如死""粉笼黄，胜增光""白比黑，分明

极"等。这种强烈明快的对比色彩，汉代重色的壁画，全是如此用法。印度古代重色佛像，也是这样用法，可说不约而同。又中印两国，在古代的绘画中，除用普通的五彩之外，还很欢喜用辉煌闪烁的金色、银色，使人一看到，就产生光明愉快的感觉。这可以说是五彩吸引人的伟力，也可证明东方人民喜欢光明愉快的色彩的特性。故中国画家对于颜色的应用，也根据上项的要求进行作画，只需配合得宜，不必呆守看对象实际的色彩。吴缶庐先生喜用西洋红画牡丹，齐白石先生喜用西洋红画菊花，往往都配以黑色的叶子。牡丹与菊花原多红色，但与西洋红的红色不全相同，而花叶是绿色的，全与黑色无关。但因红色与墨色相配，是一种有力的对比，并且最有古厚的意趣，故叶子就配以墨色了，只要不破坏菊花与牡丹的神形俱到就可。这就是吴缶庐先生常说的"作画不可太着意于色相间"，是为东方绘画设色的原理。此也即陈简斋墨梅诗所说的"意足不求颜色似，前身相马九方皋"的意旨。故此中国的绘画，

到了唐宋以后，水墨画大盛，中国画的色彩趋向更加简练的对比——黑白对比，即以墨色为主色。我国绘画向来是用白色的绢、纸、壁面等画成，极古的时代就是如此。孔老夫子说"绘事后素"，可为明证。白是最明的颜色，黑是最暗的颜色，黑白相配，是颜色中一种最强烈的对比。故以白绢、白纸、白壁面，用黑色水墨去画，最为明快，最为确实，比用其他颜色在白底上作画，更胜一筹。又因水与墨能在宣纸上形成极其丰富的枯湿浓淡之变，既极其丰富复杂，又极其单纯概括，从艺术性上来讲，更有自然界的真实色彩所不及处，故说画家以水墨为上。中国绘画的用色常力求单纯概括，而胜于复杂多彩，与西方传统绘画用色力求复杂调和、讲究细微的真实性有所相反，这也是东西绘画风格上的不同之点。

（四）　合于观众的欣赏要求处理明暗

人们在看一件感兴趣的东西时，总力求看得清

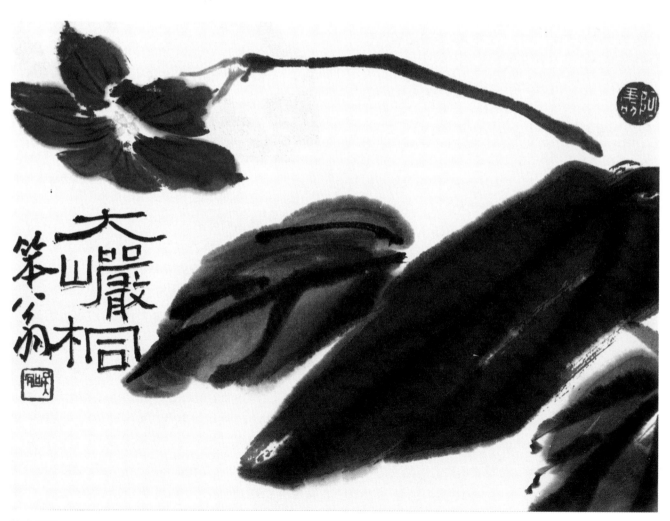

花卉册页

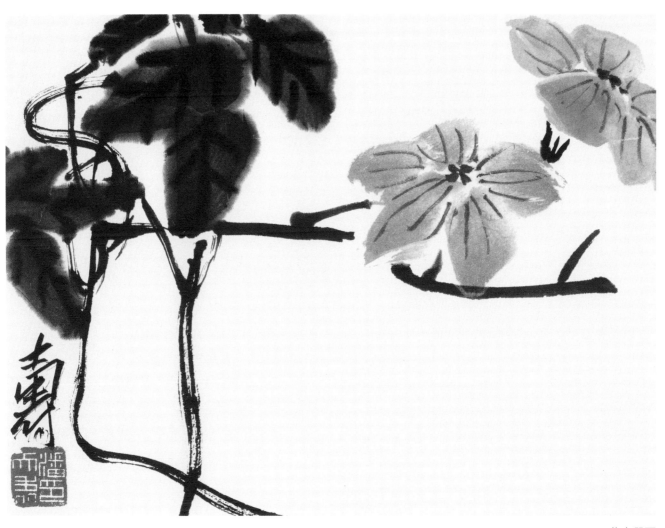

花卉册页

楚、仔细、全面，当视力不及时，就走近些看，或以望
远镜放大镜作辅助；如感光线不足，就启窗开灯或
将东西移到明亮处，以达到看清楚的目的。梅兰芳在
台上演戏，因为他的剧艺高、名声大，观众总想将他
的风情面貌与表演艺术看清楚。所以不论所演的剧
情是在白天还是在晚上，剧院都必须把满台前后左
右的灯开得雪亮，让不同座位的观众都看清楚，从
而满足全场观众的要求。倘说演《三岔口》，将全场
的电灯打暗来演，演《活捉张三》，仅点一支小烛灯
来演，那观众还看什么戏？老戏剧家盖叫天说："演
《武松打虎》，当武松捉住了白额虎而要打下拳头
时，照理应全神注视老虎；然而在舞台上表演时不
能这样，而要抬起头，面向观众，使观众看清武松将
要打下拳去时的颜面神气。否则，眼看老虎，台下的
观众都看武松的头顶了。台上的老虎，不是活的，不
会咬人或逃走。"这么一句诙谐的语句，真是说出了
舞台艺术上的真谛。事实是事实，演戏是演戏，不可

能也不必完全一样。这是艺术的真实而非科学的真
实。中国画家，画幅湘君，画个西子，为观众要求看
得清清楚楚起见，就一点不画明暗，如看梅兰芳演
戏一样，使全身上下无处不亮，也可以说是极其合理
的。画《春夜宴桃李园图》，所画的人物与庭园花木
的盛春景象清楚如同白天，仅画一支高烧的红烛，表
示是在夜里，也同样可以说是极其合理的，是合于观
众的欣赏要求的。然而，中国绘画是否全无明暗呢？
不是的。比如，中国传统画论中，早有石分三面的定
论，三面是指阴阳面与侧面而说，阴阳就是明暗。不
过明暗的相差程度不多，而所用的明暗，不是由光源
来支配，而是由作家根据画面的需要和作画的经验
来自由支配的。例如画一枝主体的树就画得浓些，
画一枝客体的树就画得淡些；主部的叶子就点得浓
些，客部的叶子就点得淡些。因为主体主部是人们
最注意的部分，故浓；客体客部是较不注意的部分，
故淡。这就是使主体突出的道理。又如，前面的一块

山石画得浓些，后面的一块山石就画得淡些，再后面的山石，又可画得浓些，这是为使前后层次分明，使全幅画上的色与墨的表现不平板而有变化罢了。故中国绘画中的明暗观念与西方绘画中的明暗观念是不一样的。西方绘画，根据自然光线来处理明暗，画月夜像月夜，画阳光像阳光，这对于写实的要求来说，是有它的特长的，也由此而形成西方绘画的风格。然中国绘画对于明暗的处理法不受自然光线的束缚，也有其独特的优点，既符合中国人的欣赏习惯，又与中国绘画用线用色等方面的特点相协调，组成中国绘画明豁概括的独特风格，合乎艺术形式风格必须多样化的原则。

（五）　合于观众的欣赏要求处理透视

对于从事绘画的人来说，透视学是不可不知道的。但是全部的透视学，是建立在假定观者的眼睛不动的基础上的。虽然人也有站着或坐着一动不动看东西的情况，但是在大多数的场合，人是活动的，是边行动边看东西的。人们在花园里看花，在动物园里看动物，总是一会儿看这边，一会儿看那边，一会儿俯视，一会儿仰视，一会儿又环绕着看，眼睛随意转，身体随意动，双脚随意走，无所不可看。初来杭州游西湖的人，总想把西湖风景全看遍才满足；既想环绕西湖看一圈，又想爬上保俶山俯视西湖全景，还想坐船在湖中游览一番等。这说明人们看东西，往往不能以一个固定的视点为满足，于是，焦点透视就不够用了。爬上五云山或玉皇山的人，由高处俯视和远望，既可看到这边明如满月的整个西湖，又可看到那边飞帆沙鸟、烟波无际、曲曲折折从天外飞来的钱江，是何等全面的景象，有何等不尽的气势。然而用西画的方法却无法把这种景象画下来，在一张画里画了这边就画不了那边。而中国绘画则可以按照观众的欣赏要求来处理画面，打破焦点透视的限制，采取多种多样的形式来完成。例如《长江万里图》《清明上河图》，就好像画家生了两个翅翼沿着长江及汴州河头缓缓飞行，用一面看一面画的方法，

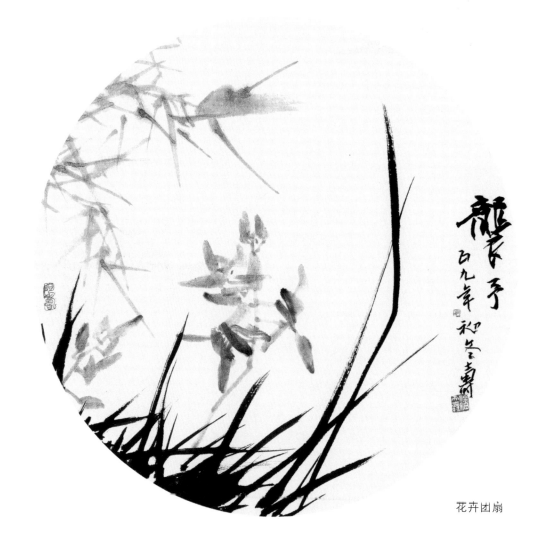

花卉团扇

将几十里以至几百里山河画到一张画面上。也有用坐"升降机"的方法，将突起的奇峰，一上千丈，裁取到直长的画幅上去。如果高峰之后再要加平远风景，则可以再结合带翅翼平飞的方法。如果要画观者四周的景物，则可以用摄影机摇头镜的方法等等。如果要画故事性的题材，可用鸟瞰法，从门外画到门里，从大厅画到后院，一望在目，层次整齐。而里面的人物，如仍用鸟瞰透视画法，则缩短变形而很难看，故仍用平透视来画，不妨碍人物形象及动作的表达，使人看了满意而舒服。如果是时间连续的故事性题材，如《韩熙载夜宴图》，故宫博物院所藏的无款《洛神赋图》，则将许多时间连续的情节巧妙地安排在一幅画面上，主体人物多次出现。中国传统绘画上处理构图透视的多种多样的方法，充分说明了我们祖先的高度智慧，这种透视与构图处理上独特的灵活性和全面性，是中国传统绘画上高度艺术性的风格特征之一。西方绘画的焦点透视，从一个不动的视点出发，固然可以将视野中的对象画得更准确、更严密、更真实，这是应该承认的，然而更真实，不一定就是艺术的最终目的。

（六）尽量追求动的精神气势

中国绘画，不论人物、山水、花鸟等等，均特别注重表现对象的神情气韵。故中国绘画在画面的构图安排上、形象动态上、线条的组织运用上、用墨用色的配置变化上等方面，均极注意气的承接连贯、势的动向转折，气要盛，势要旺，力求在画面上造成蓬勃灵动的生机和节奏韵味，以达到中国绘画特有的生动性。中国绘画是以墨线为基础的，基底墨线的回旋曲折、纵横交错、顺逆顿挫、驰骤飞舞等等，对形成对象形体的气势作用极大。例如古代石刻中的飞仙在空中飞舞，不依靠云，也不依靠翅翼，而全靠墨线所表现的衣带飞舞的风动感与人的体态姿势，来表达飞的意态。又如《八十七神仙卷》，全以人物的衣袖飘带、衣纹褶皱、旌旗流苏等的墨线，交错回旋达成一种和谐的意趣与行走的动势，而有微风拂面的姿致，以致使人感到各种乐器都在发出一种和谐的音乐在空中悠扬一般。又例如画花鸟，枝干的敧斜交错，花叶的迎风摇曳，鸟的飞鸣跳动相呼相斗等，无处不以线来表现它的动态。就以山水来说，树的高低敧斜的排列，水的纵横曲折的流走，山的来龙去脉的配置，以及山石皴法用笔的倾

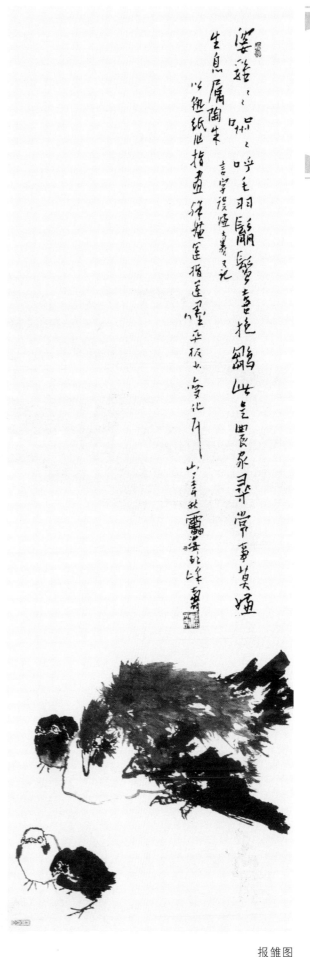

报雏图

侧方向等，也无处不表达线条上动的节奏。因为中国画重视动的气趣，故多不愿以死鱼死鸟作画材，也不愿呆对着对象慢慢地描摹，而全靠抓住刹那的感觉，靠视觉记忆强记而表达出来。因此中国画家必须去城市、农村，高山深谷名、园僻壤，在霜晨雾晓、风前雨后，极细致地体察人人物物、形形色色的种种动态，以得山川人物全有的神情与气趣。

（七）　题款和钤印更使画面丰富而有变化，为中国绘画特有的形式美

绘画是用色彩或单色在纸绢布等平面上造型的一种艺术，不像综合性的戏剧那样，能曲折细致地表达内在的思想与情节。绘画的这种局限性，往往需要用文字来做补充说明。世界上的绘画大多有画题，这画题亦就是一幅画最简略的说明。此外往往还有

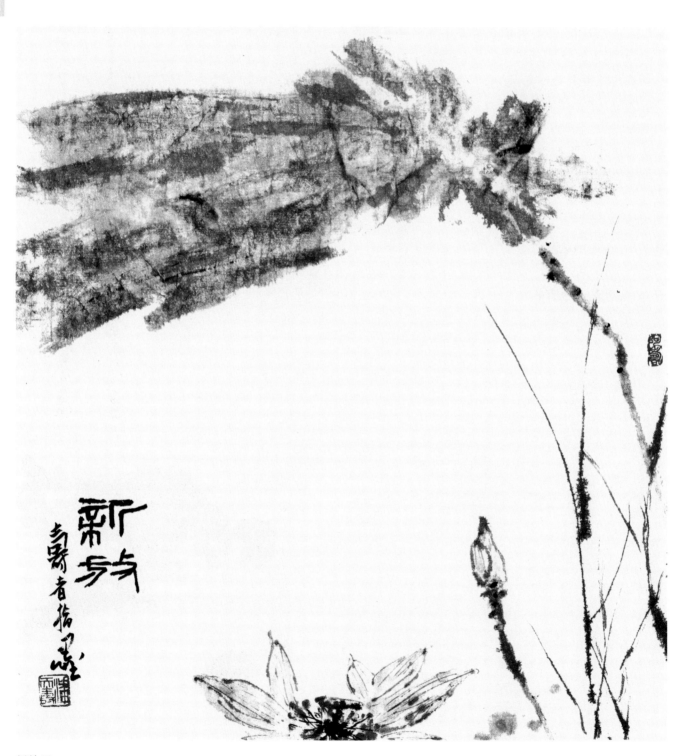

新放图

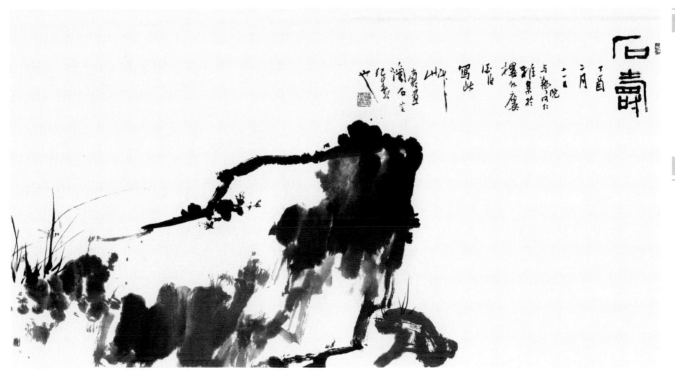

石寿图

署名及创作年月。然中国绘画与西方绘画不同之点是，西方绘画的画题往往题写在画幅之外，而中国绘画则往往题写在画幅之内。不仅在画幅中写上画题，还逐渐发展到题诗词、文跋以扩大画面的种种说明，同时为便于查考，都题上作者名字和作画年月。印章也从名印发展到闲章。中国绘画的题款，不仅能起到点题及说明的作用，而且能起到丰富画面的意趣、加深画的意境、启发观众的想象、增加画中的文学和历史的趣味等作用。中国的诗文、书法、印章都有极高的艺术成就，中国绘画熔诗书画印于一炉，极大地增加了中国绘画在艺术性上的广度与深度，与中国的传统戏剧一样，成为一种综合性的艺术，这是西方绘画所没有的。

另一方面，题款和印章在画面布局上发挥着极大的作用。唐宋以后，如倪云林、残道人、石涛和尚、吴昌硕等画家往往用长篇款、多处款，或正楷、或大草、或汉隶、或古篆，随笔成致。他们或长行直下，使画面上增长气机；或拦住画幅的边缘，使布局紧凑；或补充空虚，使画面平衡；或弥补散漫，增加交叉疏密的变化等。故往往不甚妥当的布局，一经题款，成一幅精彩之作品，使布局发生无限巧妙的意

味。又中国印章的朱红色，沉着鲜明热闹而有刺激力，在画面题款下用一方或两方的名号章，往往能使全幅的精神提起。起首章、压角章也与名号章一样，可以起到使画面上色彩变化呼应，画材与画材承接气机，以及补足空虚、破除平板、稳正平衡等效用。这都是画材以外的辅助品，却能使画面更丰富，更具有独特的形式美，形成中国绘画民族风格中的又一特殊发展。

以上种种，就是东西绘画不同的表现形式，也就是中国传统绘画民族风格的主要特点所在。这是中华民族几千年来悠久文化传统滋养培育的结果，是中国绘画光辉灿烂的特有成就。丢掉了这些传统特点，也就失去了中西绘画形式的风格区别，也就谈不上中国绘画的民族形式和风格多样化的原则了。民族文化的发展，亦是国家独立、繁荣昌盛的一种象征。我们必须很好地继承和发展我们民族的传统艺术。

（附注：此文为潘天寿1957年在浙江美术学院中国画系的讲课稿）

中国花鸟画简史

中国的花鸟画，有着悠久的历史。如古籍中《尚书·益稷》载："予欲观古人之象，日、月、星辰、山、龙、华虫，作会；宗彝、藻、火、粉米、黼、黻、绨绣，以五彩彰施于五色，作服。"《周礼·春官》载："九旗之物名，各有属，以待国事。日月为常，交龙为旂，通帛为旜，杂帛为物，熊虎为旗，鸟隼为旟，龟蛇为旐，全羽为旞，析羽为旌。"《周礼·春官》又载："周礼春官司尊彝，掌六尊、六彝之位。"郑氏注云："鸡彝、鸟彝，谓刻而画之为鸡、凤凰之形。稼彝，画禾稼也。山罍，亦刻而画之为山云之形。"在画迹方面来说，近时在长沙楚墓上出土的长方形帛画中，下截描绘着纤腰的仕女，上截就描绘着夔龙和凤凰在天空飞翔，做斗争的情状，姿态极为夭矫。华虫就是雉鸡、隼鸡、凤凰及雉，均为鸟类；藻，就是水藻；禾稼，即农种的五谷作物。以上均系花鸟画的画材，足以证明吾国的花鸟画在虞、夏、殷、周的时代，已早开始，而且打定了很好的基础。此后作家辈出，如秦代烈裔，善画鸾凤，轩轩然惟恐飞去；汉代陈敞、刘白、龚宽并工牛马飞鸟；宋代顾景秀、刘胤祖并工蝉雀、杂竹，陈顾野王之长花木草虫。到了唐代，作家尤多，如边鸾的蜂蝶蝉雀、山卉园蔬；刁光胤的湖石花竹、猫兔鸟雀，滕昌祐的花鸟蝉蝶、折技蔬果，穷毛羽之变态，夺天工之芳妍。此外薛稷的鹤，姜皎的鹰，张璪、韦偃的松，萧悦、张立的竹，李约的梅等，均有所专擅。到了五代，徐熙、黄筌并起，此为吾国花鸟画的大完成时期。徐熙擅写生，凡花竹草虫以及蔬果药苗，无不入画，先以墨色写其枝叶蕊萼，然后敷色，故骨气风神，为古今第一，称水墨淡彩派，发展于南唐、北宋两院之外。黄筌集薛稷、刁光胤、滕昌祐诸家的长处，先以墨笔勾勒，再敷彩色，浓丽精工，世所未有，称双勾体，有名于五代之末和北宋初年，发展于南唐、北宋画院之内。黄有次子居宝、三子居寀，均画艺敏瞻，妙得天真。徐有孙子崇嗣、崇勋、崇矩，也均以画艺克承家学。崇嗣并以祖父的技法，创造新意，不华不墨，叠色渍染，号没骨画，在他祖父的水墨淡彩以外，别开新派，与黄派并驾驱驰，无分先后，成为我国花卉画上的两大统系。此后学习花鸟画的作家，不入于徐，则入于黄。继黄派的则有夏

侯延祐、李怀衮、李吉等，均系黄派嫡系。傅文用、李符、陶裔，均仿黄派。至崔白、崔悫、吴元瑜等出，始变黄派格法。因为崔氏兄弟，体制清瞻，笔益纵逸，遂删除院体精严的风习。然绍兴、乾道间的李安忠父子和王会，花竹翎毛最长勾勒，为黄派直系。继徐氏水墨淡彩一派的，则有崇勋、崇矩、唐希雅孙宿与忠祚以及易元吉等，所作乱石丛花、疏篁折苇，可归为徐氏一系。继徐氏没骨派的，则有赵昌、刘常、黄道宁、林椿、王友等，均擅写生，妙于设色。又陈从训之着色精妙，李迪的雅有生意，也属这一派。

又吾国梅兰竹菊、枯木竹石的墨戏画，是吾国花卉画的另一支流，也由萧悦、张立的墨竹和徐派水墨淡彩的因缘，大为兴起。墨竹则由文与可、苏东坡二家，汇集它的技法，继文、苏而起的，则有黄斌老、李时雍、杨吉老、程望、田逸民等，墨梅自僧惠崇、仲仁以后，则有杨无咎、汤正仲、赵孟坚等等。其余如郑思肖的善墨兰，温日观长于水墨葡萄，倪涛的水墨草虫

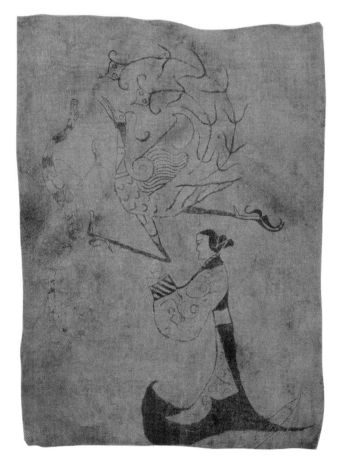

龙凤仕女图（帛画）　战国

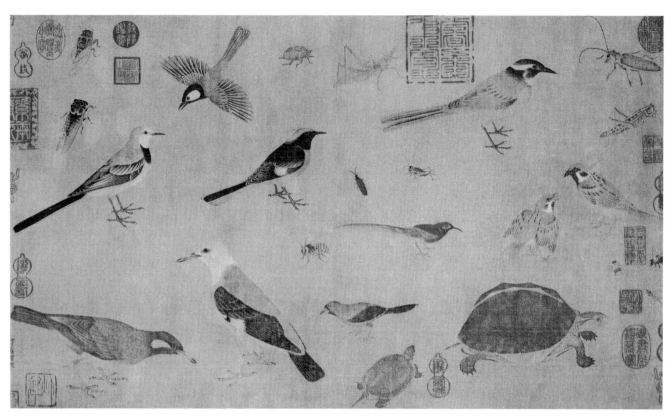

写生珍禽图　五代　黄筌

等，真大有不胜屈指之概，已开元、明大写花鸟的先锋。原来花鸟画自五代徐、黄并起，分道扬镳以后，骎骎乎有与人物画并驾齐驱，欲夺取人物画中心地位而代之的趋势。元代，虽时间不长，而于花鸟画亦人才济济。钱舜举工山水，人物尤长，花卉妍丽，师法赵昌，同时赵孟頫、陈仲仁、陈琳、刘贯道等，均以兼擅花鸟有名。仲仁，江右人，精长花鸟，师法黄筌，含毫命思，追配古人，为学黄派的健者。其直承黄派而为元代花鸟画巨擘的有王渊。王渊，字若水，花鸟肖古而不泥古，尤精水墨花鸟竹石，堪称当代高手。又赵孟坚师钱舜举，往往迫真，谢佑之的仿赵昌，设色深厚。臧良之师王渊，盛懋之师陈仲美，亦均以花鸟有名。

元代墨戏画的作者尤多，以画材而说，以"四君子"为最盛，花鸟次之，枯木窠石又次之。"四君子"以墨竹为盛，墨梅次之，墨兰、墨菊为下。当时画家中兼擅墨竹者，如赵孟頫，不以墨竹名，而以金错刀法写竹，为古人所鲜能。高克恭，墨竹学黄华，不减文湖州。侯世昌的墨竹是学黄华而别成家法。倪云林、吴仲圭，虽以山水负盛名，而于竹石均极臻妙品。专长"四君子"的则有管道升，晴竹新篁，笔意清绝。李衎墨竹，冥搜极讨，用意精深。柯九思，烟梢霜樾，丘壑不凡。杨

维翰，墨兰竹石，潇洒精妙。其余工墨兰的有邓觉非、翟智等。长墨菊者有赤盏希曾等，均有声望于当时。

明代花鸟画，虽亦宗述徐、黄二体，然比之元代则有所振展。沙县边文进，宗黄派而作妍丽工致的风调，实为明代院派花鸟的祖先。鄞人吕纪，继承他的体格，浓郁灿烂，尤臻妙境。继承边、吕以后的，有钱永善、俞存胜、邓文明、陆锡、童佩、罗素、唐志尹等。无锡陈犀，花鸟入黄筌古纸中，几不能辨。诸暨陈老莲，奇古厚健，推有明代第一，亦属黄派。鄞人杨大临花鸟佳者，绝胜吕纪，亦直承此派。其他如王榖祥、朱子朗、张子羽、孙漫士设色浓艳，足与黄、赵乱真，以及吴郡唐子畏等，均属精妍工丽的体格，似赵昌而别开生面，而与黄派相并行。华亭孙克弘，写生花鸟，可以抗衡黄、赵。南昌朱谋谷、江阴朱承爵，秀润潇洒，是追踪徐派的。广东林良，以他精致巧整的功力，更放纵其笔意，遂开院体写意的新格。休宁汪肇，山水、人物学戴文进，而写意花鸟，豪放不羁，颇与林良相似。又吴县范启东，道逸处，颇有足观。石田翁高致绝俗，山水之外，花鸟虫鱼，草草点缀，而情意已足。陈白阳一花半叶，淡墨敧毫，愈见生动，是循徐氏水墨淡彩而稍简纵的一路。山阴徐文长，涉笔潇洒，天趣灿发，可称散僧

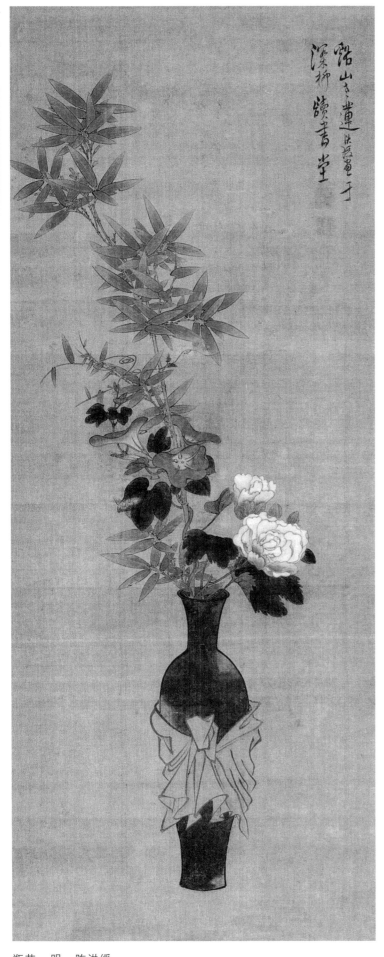

瓶花　明　陈洪绶

入圣，殊无别派可言，归其统系，实近于徐氏而与林良同为大写一派。又吴县陆包山，花鸟得徐氏遗意，不是白阳之妙而不真。长洲周之冕，勾花点叶，设色鲜雅，最有神韵，是能撮取白阳、包山二家之长，均有明代花鸟画中能得新意而有独特成就的。

总之明代的花鸟画，可说新意杂出而作家亦特多，然主要归纳起来，也不过边文进、吕纪的黄氏体，林良、徐渭的大写派，陈白阳的简笔水墨淡彩派，周之冕的勾花点叶体四大统系。

墨戏画，原以水墨简笔的梅兰竹菊以及枯木窠石等为主材。有明水墨花鸟大盛以后，大部的墨戏花卉，每可划入写意花鸟范围之内，它的界限，不易如宋元时的清楚。例如徐文长的水墨简写诸作品，着笔草草，实系一有力的墨戏画家，然而诸史籍，均将他划在花鸟大写派的范围之内。因为水墨写意花鸟，实渊源于墨戏画而长成的。

明代墨戏画，亦墨竹墨梅为最盛，作家亦极多。以墨竹著名的长洲宋克，字仲温，雨叠烟森，萧然绝俗。无锡王绂，号九龙山人，能在遒劲纵横之外而见姿媚。昆山夏昶，字仲昭，烟姿雨态，偃仰疏浓，动合矩度。钱塘鲁得之，远宗文湖州、吴仲圭，是翰墨中精猛之将。长墨梅的有诸暨王冕，王冕字元章，墨梅历绝古今，潇洒绝俗。毗陵孙隆，字从吉，墨梅与夏㫤齐名。擅墨兰的有长洲周天球、华亭朱文豹、长洲陈元素，墨花横溢而秀媚却近衡山。秦淮马守真，得管仲姬法，尤有秀逸之趣。墨菊，则有浮梁计礼，余姚杨节，均以草书法画墨菊，超妙不落凡近。此外如溧县岳正、鄞县王养濛，擅墨戏葡萄；瑞金丁文进，长枯木禽鸟；僧大涵，长水墨牡丹：均为明代墨戏画的有名作者。

清代的绘画，以花卉画为最有特殊光彩，不但变化繁多，而且气势直驾人物、山水画之上。清初僧八大、石涛承白阳、天池，谓写意派之长，孤高奇逸，纵横排奡，为清代大写意派的泰斗，开江西、扬州二派的先河。康熙年间恽南田，以徐崇嗣画派为归，全以颜色渲染，独开生面，为纯没骨体，一时学习的人很多。如马扶曦、张之畏、杜卡美，以及恽南田的女儿恽冰等，称为常州派。当时蒋南沙承黄筌的勾勒法，并影响周之冕的勾花点叶体，自成格调，称为蒋派。又当时王武花鸟介于恽、蒋之间而略近于蒋，亦是庄重的一个派路。除恽、蒋、王三家外，乾隆间有邹一桂、吴博垕，为近似忘庵而独辟门户的作家。又乾隆间，兴化李复堂为蒋南沙弟子，兼受天池、石涛写意派的影响，一变面目，而成大写意一派，与当时同侨居扬州的金冬心、罗两峰、陈玉几、李晴江、高南阜、边寿民，同称为扬州派。又有张敔、张赐宁与高南阜同工，亦为当时有名的花鸟画家。又铁岭高其佩，以指头作画，间写花鸟草虫，纵横奇古，不可一世，实为清代花鸟画的特派，继起者他的外甥朱编瀚等。

原来清初花卉，恽南田以徐崇嗣精妍秀逸之体树立新帜，为花鸟画正宗，学习的人，风靡一时。同时蒋南沙、王忘庵亦精工妍丽，树范于康、雍间为世人所宗法，其势不亚南田之盛。乾隆间，李复堂以天池、石涛意致，大肆奇逸，一变清初花鸟画的风趣，足与南田抗衡，学南沙、忘庵的人，大为减少，然而自放太过，不免流于粗犷，及华新罗出，又领为秀逸，这是清代花鸟的又一变化。故乾、嘉以后，学习花鸟画的人，不学南田，就追迹青藤，或规范复堂，师法新罗，而南沙、忘庵二派，几乎成为废格了。咸、同间，会稽赵撝叔，宏肆古丽，开前海派的先河；山阴任伯年继之，花鸟出陈老莲，参酌小山、撝叔，工力特胜，允为前海派的突出人才。光、宣间，安吉吴昌硕，初师撝叔、伯年，参以青藤、八大，雄肆朴茂，称为后海派领袖，齐白石继之，花鸟草虫，特重写生，风韵独擅，使近时花卉画，得一新趋向。

清代花鸟画，自写意派大发展以后，写意诸花鸟画家，均能以游戏的态度作简笔的水墨花卉，以及梅兰竹菊等等，则墨戏画，竟全并入水墨写意花卉范围之内。仅有专门水墨的"四君子"作家，未能列入，而仍归于墨戏画范围。清代墨梅画家，有吴县金俊明，曲折纵横，出于杨无咎；仁和金冬心，密蕊繁花，极为雅秀；甘泉高西唐、休宁汪巢林、扬州罗两峰、通州李

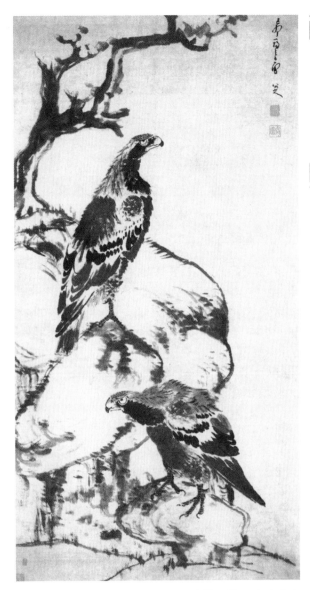

双鹰图　清　八大山人

方膺，均以墨梅有名于当时。墨竹、墨兰作家，除大写意派的石涛、吴昌硕诸家特擅墨竹以外，则有兴化郑板桥，随意挥洒，苍劲绝伦；仁和诸曦庵，动利匀整，得鲁千岩法，以及汪静然、何其仁等，均系兰竹能手。

吾国花鸟画，从以上简略的历史看来，至少有近四千年的悠长时间，它的发展过程，是无人可以比拟的。它的崇高成就也是无人可以比拟的，是极乐天国中的一株灿烂的奇葩；是吾国六亿人民所喜闻乐见的，也是全世界群众一致所爱好的。换言之是我们东方民族的宝物，也是全世界群众的宝物。我们是中国绘画工作者，必须在党的"百花齐放，推陈出新"的总方针指导下，在花鸟画已有的灿烂基础上，做进一步的辉煌发展，自然没有丝毫怀疑的了。

（附注：此文约写于1959年）

中国画系人物、山水、花鸟三科应该分科学习的意见

几天的会议中，对于中国画系的许多问题，大家都能各抒己见，因而使各项问题愈谈愈明确。

我希望中国画系人物、山水、花鸟三科能分科学习，因为从中国绘画的发展来看，在唐代以前，人物画已很兴盛，艺术的水准也达到很高的高点，早完成它人物画的独立系统。初唐以后，山水画、花鸟画也大为发展，有与人物画并驾争先之势，自成山水、花鸟的独立体系，计算它自成体系的时间，也有一千二百余年以上。既然我们传统的绘画，早有着人物、山水、花鸟三个独立的大系统，并且都受广大群众所欢迎喜爱，那么，在今天我们将怎样把它发展起来？然而要发展，就得有造就人物、山水、花鸟的专门人才。造就专门人才，就得在中国画系中分科专精地培养。因为这三科的源流，远有着四五千年历史，成就极为精大，故能占有世界绘画大统系上东方系统领先的地位，绝不是很简短的时间、很粗率的训练，就能打定各科的坚实基础的。也就是说：三科的学习基础，在技术方法上，各有不同的特点与要求，各有不同的组织与布置等等。例如从形象的要求说：人物科人物形象的要求与山水科山水树石、花鸟科花鸟虫鱼的形象要求不同，山水科山水树石形象的要求与花鸟科花鸟虫鱼的形象要求又不同。熟练了人物形象不等于熟练了山水树石、花鸟虫鱼的形象，也就是说，学习三科中的任何一科，都必须熟练这一科所必要的专门形象与技巧，才能不依赖对象，随意构思，画成创作。这是中国画创作时必须具有的条件。故三科必须分开练习分开教学，才能合适。它的优点，有以下诸项：

（一）可使学习的青年，对于三科随自己的爱好，做自由的选择；

（二）学画青年，选定某一种以后，在思想上有个专一的目标，不至杂乱；

（三）在专一的目标下，便于进行专业有关的辅助科目，先后轻重，有条不紊。

例如人物画专业，往往需要以山水为背景，应当排有适当的山水课；有时候也以花鸟为穿插，也适当地排有一些花鸟课。山水画专业，往往以人物为点景，应当排有适当的人物课；有时也以花鸟为点缀，也适当地排些花鸟课。花鸟画专业，往往以山石流水等为背景，应当排有适当的山水课；有时候，也与人物有关联，也适当地排些人物课。然以某专业为主体，某科为副体，某科为次副体，十分明白与清楚，然而副科、次副科也必须达到能够做初步简单的独立创作。既重专业，也不亡辅助科的先后轻重的关联，这实在也就是贯彻党所规定的百花齐放、一专多能的文艺方针，否则百花齐放恐怕要偏向于一花独放，一专多能恐怕要偏向于无所不能了。这是不妥当的。

（四）各科各课程在教学的时间上，有主次轻重的适当比例及安排。

例如三科专业基础课，初年级临摹与写生的比例，人物科，写生应多于临摹，花鸟科，临摹与写生可以参半，山水科，临摹可多于写生。因为课堂教学，不论哪种科目，每一段落，至长时间不超过半天。很多艺术院校，校舍附近没有真山真水可以写生，又不能将真山水搬进教室来教学，而且长江以南的真山水，因天气温暖，除寒冬外，满山满谷，都草木蓬勃，见不到山土山石，找不到轮廓皴法，故低年级学生对真山水的写生往往感到困难。他们只能在先写些学校附近的树石以外，多临摹古近人画稿，并以之基础，一面并安排较集中的时间，到山水名胜区域，做真山水的写生练习，才较适合。高年级的临摹与写生的比例，也应随三科情况的不同，而有所异样，才能合于党所教导我们的实事求是的原则。

（五）在进行教学上，便于不同的施设与不同的指导

例如花鸟科对于形象准确的训练，在重视千花万卉的认真写生以外，特别需重视禽鸟虫鱼形象的写生与动态的变化。故花鸟画科，必须多购置花鸟虫鱼的标本，最好还需要有禽鸟虫鱼的小动物园，为花鸟科学生写生和观察的应用，才能得到禽鸟虫鱼动静游息的状态和姿致，不能与山水科作同等的对待。

又中国的绘画，不论人物山水花鸟，到了创作的时候，必须力求排除对象的束缚，这是中国绘画创作时的传统办法，这办法，既是传统绘画的创作特点，也是东方绘画的创作特点。例如"忽思蜀道嘉陵江山水，遂假吴生驿驷，令往写貌。及回日，帝问其状，奏曰：臣无粉本，并记在心。后宣令于大同殿图之，嘉陵江三百里山水，一日而毕"，这是吴道子对嘉陵江三百里山水的写生办法，也就是顾闳中画《韩熙载夜宴图》的办法。就是说，中国画的写生，到了一定高度的时候，完全要用记忆来写生。用记忆来写生，必须对对象或临摹的画本有纯熟默写的训练，才能同样地抓住对象与临本上的形神动态气势等等，在创作落笔时就能随心所欲地创作出来。这是学习中国画的重要一关。然三科的默写训练，尤须以人物、动物为重，山水花卉次之，训练比例，应该有所高低，不能一律。原来教学工作是十分细致的，必须遵循多方的经验，以实事求是的精神，脚踏实地去履行，才能使后一代的学习多快好省而不走弯路。

原来中国的人物画，到了唐代以后，渐见衰退，我们必须加以振兴。在社会主义建设的新时代，为反映轰轰烈烈、蓬蓬勃勃的现实生活，更好地为人民服务，人物画还必须加以高度地发展，这是无疑的。因此中国画系的人物画亦以单独分科教学为好，以使它的基础训练时间及教学上的安排等等，更有利于教学质量的提高。同时在招生时，人物科的培养名额自然也应多些，例如人物招生二十名时，山水花鸟可各招十名，或者山水十二名，花鸟八名，等等，可根据各校情况由大家来研究。然而三科，不论学生名额多寡，必须达到尽可能的高质量而无废品。就如农业合作社的粮食生产，浙江的农业社，大多以产水稻为主，然而也不能不种地瓜六谷，既种地瓜六谷，虽种的地亩少些，也不能不精耕细作、不足肥料，达到地瓜六谷的丰收，这是应该的。中国画的人物山水花鸟三科，在历史发展的过程来说，古代以人物画发达，近代以山水花鸟画发达，三科都为广大人民群众所欣赏与爱好，有同等的意义与价值，这同米麦之与地瓜六谷又有区别。中国画的成就，向来是东方绘画系统的标兵者；中国传统山水花鸟画的成就极高，曾经是标兵中的标兵。我们国家在这次世界乒乓球赛中得到了胜利，不但全国人民欢欣鼓舞，并且全世界的朋友也同样地欢欣鼓舞，予我们以崇高的奖誉和钦佩，是何等光荣！中国传统绘画在东方绘画系统中保有世袭锦标的地位，我们更应该以何等的勤勉，做何等的努力，精益求精，保持永久锦标的光辉，照耀于全世界之上！这是从事中国绘画工作者必不可少的责任。今天我在这里，讨论中国画系分科的问题，也感到十分光荣与骄傲。

以上是我对中国画人物、山水、花鸟三科分科教学的意见。希与会同志，予以细致的研究。

（附注：此文为1961年4月在全国文科教材会议的发言）

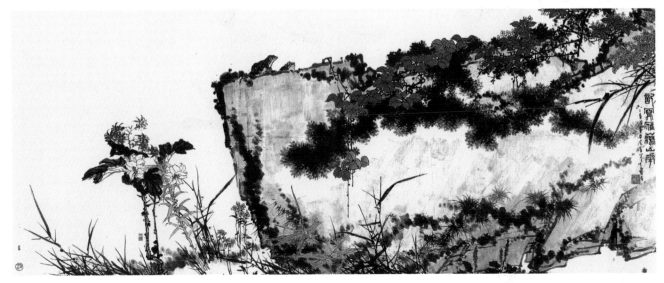

记写雁荡山花图

赏心只有两三枝

我先谈"素描"名称问题。去年各美术院校讨论教学方案的会议上，中国画专业的方案中也有素描课程而没有白描、双勾课。当时我就提出：素描的含义和范围究竟怎样？"素描"这名称是否适合为中国画的基本训练？

全世界各民族绘画，不论东西南北哪个系统，首先要捉形，进一步就要捉色，总得要捉神情骨气，只是方法有所不同罢了。西洋素描是油画造型的初步基本训练，主要是用明暗的方法来捉形的（新派的素描，也要讲线条结构）。但中国画捉形，却是用线勾大轮廓而不用明暗，这是中西不同之处。学西洋素描，画一张石膏头像或半身像要画三个星期，有的甚至要画四五周，一学期只画三张或四张，一年画六张或八张。油画系这样训练是好的。中国画系这样画，我不敢说绝无好处，但是作用不大，费时太多，我表示反对。中国画系除共同的理论课以外，其他的项目很多。如诗词、书法、篆刻、画理、题跋等等，是油画、雕塑等系所没有的，哪有很多时间费在专摸明暗的素描上？单讲学字的课程，学一辈子也不一定学得好。

"素描"这名词是否从日文翻译过来的，我不清楚。就字面说，一种说法，"素"是"荤素"的"素"，就是单色画，"荤"是彩色画（这是我想当然，绝无根据）。还有一种说法，素者白也，素原是用普通原色蚕丝织成的一种织物，它的底色是近乎纯白的。所以《论语》说"绘事后素"，这个"素"字就是作白字解。就是说，绘画是用五颜六色画在白底子上面，故说绘画后于素底了。也有人解释说，这是先画五颜六色，然后填上白色的底子。但不管次序的先后怎样，"素"指的是白色。我国向来称为白描的一种画，就是用毛笔墨线勾描对象的轮廓，作为绘画的大结构，是画的骨子，也可以说是尚未填彩的画（填了色就为绘画了）。这种画，唐代张彦远《历代名画记》中称之为"白画"，因为墨线轮廓之内未曾填彩，全系空白的缘故。白描、白画的名称，就是这样来的。这白描、白画就是中国画捉形的基本训练。如果西洋素描的"素"字作为白字解释，那么中国的白描、双勾，也都是素描，这也对。但是西洋素描是黑多白少，作为白描解释不通。我想，素描的"素"字，还是作为"荤素"的素字解释比较通。素描可以用黑

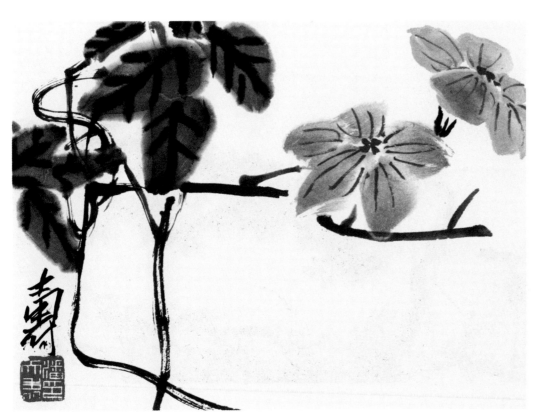

凌霄花图

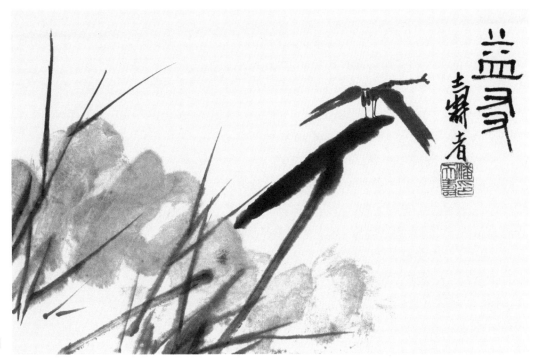

益友图

色，也可以用红色、咖啡色等等，只是单色画罢了。然而中国大写意的水墨画，不是基础训练的单色画，以"素描"二字作为单色基础训练课也不全对。

我一直觉得中国画造型基础的训练，不能全用西洋素描的名称。但是在讨论教学方案时，有人说素描课也可以画白描、双勾，因此中国画系造型基础训练的课程名称，也可用"素描"二字。然而一般人认为素描就是西洋的素描一套，白描、双勾是不在内的。因此，中国画基础训练的课程名称，将"素描"二字用上去，一般人执行教学时，就教西洋的素描而不教白描、双勾了。而且，种种"西洋素描是一切造型艺术的基础"说法的人，以为这样做，是最名实相符的。这种误会，现在的各艺术院校是存在的。为了避免这种误会，我主张不用"素描"的名称，经过反复讨论，这名称才不用了。

当然，我不是说中国画专业绝对不能教西洋素描。作为基本训练，中国画系学生，学一点西洋素描，不是没有一点好处。因为在今天练习捉形，西洋捉形的方法也应知道一些。然而中国古代捉形的方法，必须用线捉得，与西洋捉形方法有所不同。中国古代画家，也是写实的、面对对象写生的，但写生即勾写神，临摹是后来的事。晋代顾恺之就做过以形写神的总结，即以对象之形，写对象之神。写形是手段，写神是目的。绘画不能不要形而写神，但要提高形的艺术性，形就要有所增强或减弱，要有所变动。

变动，是形、神的有机概括，绝不是随便变动，变动的目的是在于概括地写神。不然，变得不像，把老虎画成了狗，老虎的神当然是捉不住了。中国画很注意这一点，就是淮南子所说的"画西施之面，美而不可悦，画孟贲之目，大而不可畏，君形者亡焉"。生气，为人形之精英，没有生气，就是没有神了。古代有些画家，到自然界去捉形象，太注意外在形象，往往艺术性弱，也就是说神性特点还捉得不够，到古人画本中去临摹，去找形象，艺术性却比较强。因为古人的作品，经过长期锻炼，捉神是捉得好的，艺术性是高的。唐宋以后的画家，常常照老本子摹，因此渐渐脱离对自然捉形象，却画得不大妥当，这就成为缺点了。今天，中国画系学生要画白描、双勾，但画些西洋素描中用线多而明暗少的细致些的速写，确实是必要的。一是取其训练对象写生；再是取其画得快，不浪费摸明暗调子的时间；另外则是取其线多，与中国画用线关联。这可以使学生以快速的手法用线抓对象的姿态、动作、神情，有助于群像的动态和布局。这就是用西洋素描中速写的长处，来补中国画写生捉形不够与对象缺少关联的缺点。这可以加强中国画的基本训练，我是十分赞同的。但是有人说画速写必须先画明暗的素描。我觉得初画速写，不能太快，是事实，若说必须先画明暗素描，才能画速写，我却有怀疑，可以研究。我的经验是：专在画本上捉形，有缺点，但也有好处；专在自然对象上捉形，有好处，但也有缺点。

今天，不只是讨论油画系的素描，还要讨论五个系的素描。五个系的素描有没有共同点，可以研究。我过去一直反对有些留学西洋回来的先生所认为的"西洋素描是一切造型艺术的基础""绘画都是从自然界来的""西洋素描就是摹写自然最科学的方法"等说法。自然的形和色，不等于就是画。人们说"西湖风景如画"，不能说西湖风景就是画，这意思就是"画"是艺术，画出来的西湖可以而且应该比自然的西湖更美，是高于自然的。故西湖风景虽好，只能说"如画"。人类必须有艺术，艺术是根据人类必要的追求，用人类各不相同的智慧、感情、劳动、工具、环境以及历史的积累等各种条件创造出来的。中国有句古话："造化在手。"造化就是宇宙，一切自然界，都是宇宙创造出来的，也就是说是造化创造出来的。画家画中的一切，虽以自然界中万有形色为素材，然而表现于画面上的万有形色，却是画家各人手中所创造成的万有形色，故曰"造化在手"。

人类绘画的表现方法，不外乎点、线、面三者。线明确而概括，面较易平板，点则易琐碎。中国画即注意于用线，更注意空白，常常不画背景，以空白作为画材的对比，即使画背景也注意空白，以显现全幅画材及主体突出。故线和空白的处理，就是中国画

的明确因素，这是中国画的特点，也为工艺美术具备了好条件。当然，宇宙万物都是有背景的，西洋画家以为不画背景不合现实，必须把背景画得很满。但这容易拉平，主体不突出，容易有啰唆之感。也就是说不够明豁，不够概括。有两句古诗说得好："触目纵横千万朵，赏心只有两三枝。"中国画就只画赏心的两三枝，不画其他，非常清楚而且突出。因为画是用眼睛看的，而眼睛的注意力，有一定的限度，故孔子曰："心不在焉，视而不见。"中国绘画空白概括的原理，是全根据眼睛能量的要求的。摄影非绘画，很大程度上，就在于这点。

张文通说："外师造化，中得心源。"宇宙的形形色色都是画家的素材，但画家必须用脑子去概括素材、溶化素材，而后得之心源，才能创造出独到的作品。这是艺术的要求。由此可见，绘画就是在画家如何去溶化素材、处理素材，而使宇宙所创造成的万有形色，在画家的手中去创成独特风格的绘画。培养艺术家是很不容易的，我们学院办了三十多年了，培养了多少较突出的艺术家来？我教了四十多年的中国画，也没有教出几个好的中国画家来。这实际是不简单的，须加细心曲折的研究，不要囫囵吞枣的武断。

画画必须要有艺术处理，这里面就有艺术科学的问题，但它不同于纯科学。纯科学讲效能而不讲形

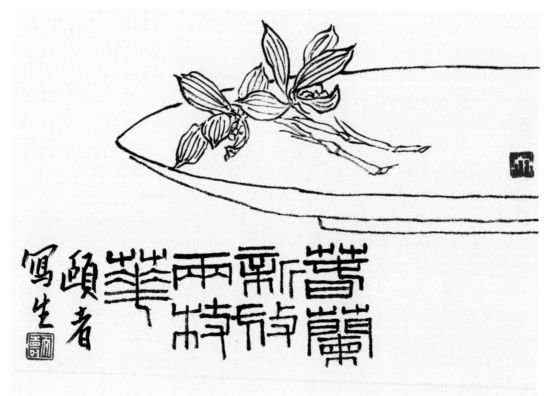

花卉册页

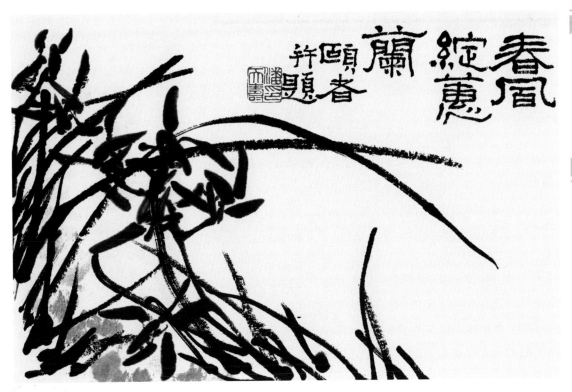

春风绽蕙兰图

式和精神。电灯是爱迪生发明的，别人也可以仿造，仿造品的效能同等，其价值也同等，并不分这是美国的形式或精神，那是法国的形式或精神。艺术却不然，同一题材，必须有不同的处理，这个画家画成这个样子，那个画家画成那个样子，十个画家会画得各不相同。不同题材是艺术。画家捉形象的原则虽同，捉形象的方法、工具却不尽相同。西洋画用木炭、铅笔，中国画用黑墨与毛笔；西洋画用面表现明暗，中国画用线画轮廓，全不相同。专画花鸟的画家，就要训练捉花鸟形色的能力。牡丹与芍药不同，蜡嘴和鹦鹉不同，这朵牡丹和那朵形色不同，这只鹦鹉和那只形色、姿态、神情等不同，画家要有捉住它们不同特点的本领。倘使培养花鸟画专门人才，不训练捉花鸟的基本形象与色彩，而画西洋人体素描的手足、头像、全身，这对于描绘花鸟的形象色彩、姿态神情有什么关联？中国近代人物画家如任伯年没有学过木炭素描，肖像也画得极像，而且也极有神气。当然，有许多中国画家捉形象，只落在临摹的旧套中，对对象不能直写默写，是不够的，但也不能因此说所有的中国画家，没有画过西洋素描，就不能捉形。郭子仪的女婿赵某，先后请韩幹、张萱画肖像，郭子仪觉得两张画得都很好，尤从评其高低。有一天，他的女儿回家来了，郭子仪就问她哪张画得好些，女儿说两张都很像，而后画的一幅，连赵郎的声音言笑之姿都画出来了。这批评是很尖锐的。前者就是以形捉形，后者则是以形捉神了。韩幹和张萱画的形象，不是用西洋素描法捉的，但画家对对象是要捉形的，是要捉以形写神之形，不是捉形不管神，也不能捉神不管形，从一开始观察对象，这两者就联系在一起，是一体的两面。

我们讨论素描，是否可以各系分别讨论？另外，附中美术课的基础训练，是为各系培养新生的造型基础，是否和油画系的素描一样教法，也可以讨论。对西洋素描，也要研究，不要只停留在现有的几种教法上。油画是来自西洋的，它必须以明暗来捉形象，故油画系捉形的基本训练，必须画西洋素描，是完全对的。但我认为高低年级应分阶段。低年级要画得准确、细致些，是打好扎实的捉形象的基础阶段；高年级是重结构、重神气的阶段，是注意艺术性的阶段。据说法国等美术学院，初步教素描的，多是老教授，训练学生基础是从稳稳实实做起，这可以使学生老老实实地学好基础。我同意这样的办法。然而在第一阶段以后，要百花齐放、百派争流，不必限定某种教法。以上种种，是无素描经验的个人想法，是否合于实际，希加讨论。

（附注：这是潘天寿1962年12月14日在浙江美术学院素描教学问题学术讨论会上的发言，曾载于《美术论丛》第七期）

杂论

天有日月星辰，地有山川草木，是自然之文也。人有性灵智慧，孕育品德文化，是人为之文也。原太朴混沌，浑茫无象，三才未具，无自然之文，亦无人为之文也。然无为有之本，有为无之成，有其本，辄有其成，此天道人事之大致也。

人系性灵智慧之物，生存于宇宙间，不能有质而无文。文艺者，文中之文也。然文，孳乳于质，质，涵育于文，两者相互而相成。故《论语》云："志于道，据于德，依于仁，游于艺。"其为人之大旨欤艺术产生于人类之劳动，为人类所共有也，非为某个人、某部族、某阶级所私有也。原始公社后，渐转变为奴隶社会、封建社会、资本主义社会，因此工农劳动者，渐被摈于艺园之外矣。是艺术也，非人类初有之艺术也。

奴隶社会、封建社会、资本主义社会，掠夺剥削之社会也。掠夺剥削者，无处不千方百计以满足其占有欲，其对物质之食粮也如此，其对精神之食粮也亦然，以致共有之绘画，为掠夺剥削者所霸有矣。然《中国积弱溯源论》曰："剥极则复。"今日之社会，无掠夺剥削之社会也，绘画，亦应由掠夺剥削者之手中，恢复归于人民。

艺术为人类精神之食粮，即人类精神之营养品。音乐为养耳，绘画为养目，美味为养口。养耳、养目、养口，为养身心也。如有损于身心，是鸦片、鸩酒，非艺术也。

物质食粮之生产者，农民也。精神食粮之生产，文艺工作者也。故从事文艺工作之吾辈，乃一生产精神食粮之老艺丁耳。倘仍以旧时代之思想意识从事创作，一味清高风雅、风花雪月、富贵利达、美人芳草，但求个人情趣之畅快一时，不但背时，实有违反人类创造艺术之本旨。

艺术为思想意识之产物。意识形态之转变与进展，全表里于社会政治经济之情况。故文艺工作者，必须追求思想意识之赶上或赶先于时代，不落后于时代。

艺术不是素材的简单再现，而是通过艺人之思想、学养、天才与技法之艺术表现。不然，何贵有艺术？

吾国绘画之孕育，远在旧石器时代。近时周口店所发掘之削刮器，虽加工粗糙，然大致具备形象之对称美、线条之韵律美，成原始绘画刻画之雏形。至新石器时期，始有彩陶绘画之发明，以黑色粗简之线条，描绘水波纹、云雷纹、几何纹，及鹿、鱼、鸟、蛙、半身人像等以为装饰。然尚

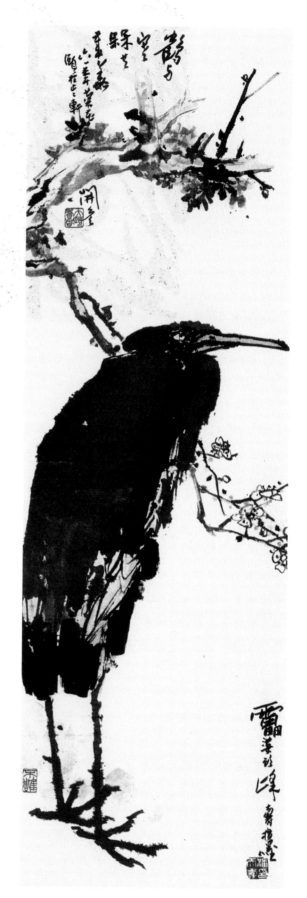

梅花鹤图

未有简单文字之发现。至商代青铜器、殷墟龟甲之呈现后，始见有象形文字之刻铸与书写，则绘画先于文字矣。然考吾国初期文字，以黑线为表达、象形为组成，与原始绘画实同一渊源。故吾国文字学者及绘画史论家，均有书画同源之说，以此也。是后虽分道扬镳，独立体系，仍系兄弟手足，有同气连枝之谊，至为密切，迄今犹然。

绘画，不能离形与色，离形与色，即无绘画矣。

宇宙间之万物万事，均可为画材、剧材。然无画家、戏剧家运用而表达之，则仍无以成艺术。原宇宙间之万物万事，本不为画人、戏剧家而存在，特画人、戏剧家，从旁借为素材而已。

有万物，无画人，则画无从生；有画人，无万物，则画无从有。故实物非绘画，摄影非绘画，盲子不能为画人。

画者，画也，即以线为界，而成其画也。笔为骨，墨与彩色为血肉，气息神情为灵魂，风韵格趣为意态，能具此，活矣。

济山僧（石涛）《画语录》云："太古无法，太朴不散，太朴一散，而法立矣。"故无法，画之始，有法，画之立，始与立，复融结于自然，忘我于有无之间，画之成，三者一以贯之。

法自画生，画自法立。无法非也，终于有法亦非也。故曰：画事在有法无法间。

画中之形色，孕育于自然之形色；然画中之形色，又非自然之形色也。画中之理法，孕育于自然之理法；然自然之理法，又非画中之理法也。因画为心源之文，有别于自然之文也。故张文通（璪）云："外师造化，中得心源。"

自然之理法，画外之师也。画中之理法，心灵中积累之画学泉源也。两者融会之后，进而以求变化理法，打碎理法，是张爱宾（彦远）之所谓"了而不了，

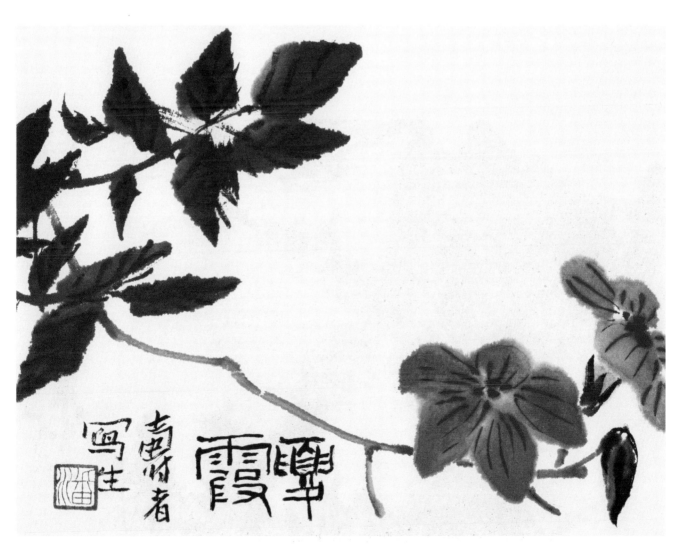

夏霞图

不了而了也"，然后能瞑心玄化，造化在手。

学画时，须懂得了古人理法，亦须懂得了自然理法；作画时，须舍得了自然理法，亦须舍得了古人理法，即能出人头地而为画中龙矣。

画事除"外师造化，中得心源"外，还须上法古人，方不遗前人已发之秘。然吾国树石一科，至唐，尚属初期，技术法则之积累极为低浅，故张文通氏答毕庶子宏问用秃笔之所受，仅提"外师造化，中得心源"，而未及法古人一项耳。

顾长康（恺之）云"以形写神"，即神从形生，无形，则神无所依托。然有形无神，系死形相，所谓"如尸似塑"者是也，未能成画。

顾氏所谓神者，何哉？即吾人生存于宇宙间所具有之生生活力也。"以形写神"，即表达出对象内在生生活力之状态而已。故画家在表达对象时，须先将作者之思想感情移入于对象中，熟悉其生生活力之所在；并由作者内心之感应与迁想之所得，结合形象与技巧之配置，而臻于妙得。是得也，即捉得整个对象之生生活力也，亦即顾氏所谓"迁想妙得"者是已。

顾氏所谓"以形写神"者，即以写形为手段，而达写神之目的也，因写形即写神。然世人每将形神两者严划沟渠，遂分绘画为写意、写实两路，谓写意派，重神不重形，写实派重形不重神，互相对立，争论不休，而未知两面一体之理。唐张爱宾《历代名画记》云："古之画，或能移其形似，而尚其骨气，以形似之，外求其画，此难可与俗人道也。今之画，纵得形似，而气韵不生，以气韵求其画，则形似在其间矣。"张氏所谓"移其形似""尚其骨气"，即以形似为体，以骨气为用者也。张氏所谓"以气韵求其画"是"即用明体"而形似自在，仍系两面而一体者也。张氏又云："夫象物必在于形似，形似须全其骨气，骨气、形似皆本于立意而归于用笔。"即整体形神一致之表达，是由立意、形似、骨气三者，而归总于用笔之描写，实为东方绘画之神髓。

"以形写神"，系顾氏总结晋代以前人物画形神相互之关系，与传神之总的，即是我国人物画欣赏批评之标准。唐宋以后，并转而为整个绘画衡量之大则。

顾长康所云"迁想妙得"，乃指画家作画之过程

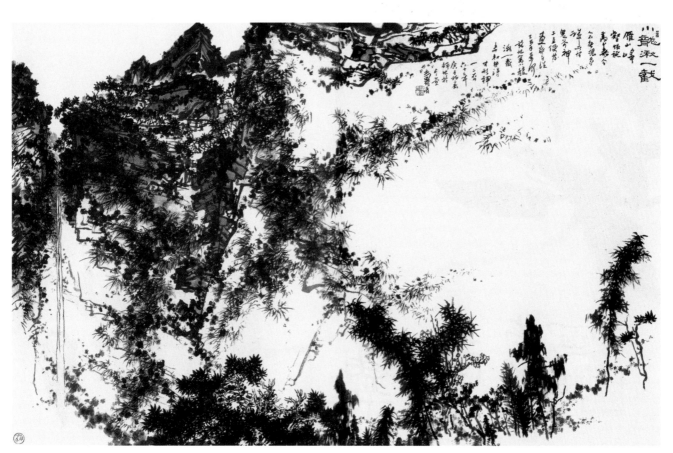

小龙湫一截图

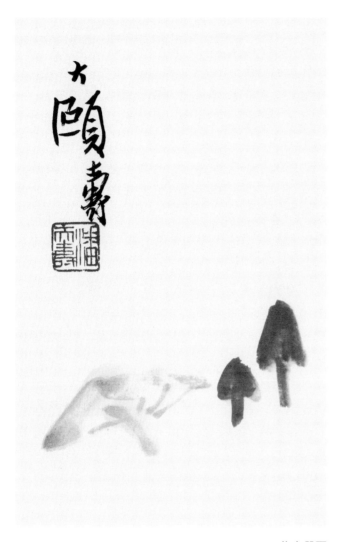

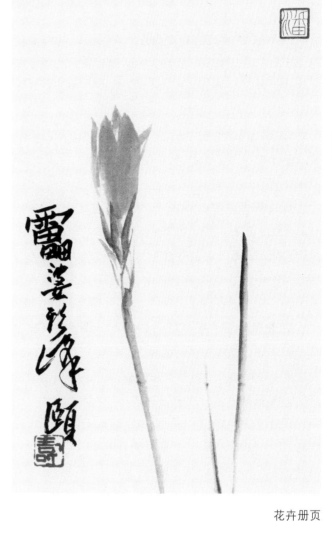

花卉册页

花卉册页

也。"迁"系作者思想感情，移入于对象。"想"系作者思想感情，结合对象，以表达其精神特点。"得"系作者所得之精神特点，结合各不相同之技法，以完成其腹稿也。然"妙"字，系一形容词，加于"得"字上，为全语之关纽。例如长康画裴楷像，当未下笔时，对"迁""想""得"三字功夫，原已做得周至，然画成后，觉精神特点，有所未足；是缘裴楷美容仪，有识具，若仅表现其容仪之美，而不能达其学识和才干之胜，则非妙也。故须重加考虑，得在颊上添画三毛，始获两者俱胜之妙果。此妙果，既非得于形象上，又非得于技法中，而得之于画家心灵深处之创获。是妙也，为东方绘画之最高境界。

凡事有常必有变。常，承也；变，革也。承易而革难，然常从非常来，变从有常起，非一朝一夕偶然得之。故历代出人头地之画家，每寥若晨星耳。

《周易》曰："天行健，君子以自强不息。"这说的是做人之道，亦治学作画之道。

名利之心，不应不死。学术之心，不应不活。名利，私欲也，用心死，人性长矣。画事，学术也，用心活，画亦活矣。

画事须有天资、功力、学养、品德四者兼备，不可有高低先后。

画事须有高尚之品德、宏远之抱负、超越之识见、厚重渊博之学问、广阔深入之生活，然后能登峰造极。岂仅如董华亭所谓"但读万卷书，但行万里路"而已哉？

石涛上人云："画事有彼时轰雷震耳，而后世绝不闻问者。"时下少年，谁能于此有所警惕？

绘事往往在背庆无理中而有至理，僻怪险绝中而有至情。如诗中之玉川子（卢仝）、长爪郎（李贺）是也，近时吾未见其人焉。

画事以奇取胜易，以平取胜难。然以奇取胜，须先有奇异之秉赋、奇异之怀抱、奇异之学养、奇异之环境，然后能启发其奇异而成其奇异。如张璪、王墨、牧谿僧、青藤道士、八大山人是也，世岂易得哉？

以奇取胜者，往往天资强于功力，以其着意于奇，每忽于规矩法则，故易。以平取胜者，往往天资并齐于功力，不着意于奇，故难。然而奇中能见其不奇，平中能见其不平，则大家矣。

药地和尚（弘智）云："不以平废奇，不以奇废平，莫奇于平，莫平于奇。"可谓为"奇""平"二字下一注脚。

世人每谓诗为有声之画，画为无声之诗，两者相异而相同。其所不同者，仅在表现之形式与技法耳。故谈诗时，每曰"诗中有画"；谈画时，每曰"画中有诗"。诗画连谈时，每曰"诗情画意"。否则，殊不足以为诗，殊不足以为画。

晋王羲之《笔势论》云："每作一画，如列阵之排云；每作一戈，如百钧之弩发；每作一点，如危峰之坠石；每作一牵，如万岁之枯藤。"是点画中，皆绘画也。唐张彦远《论画六法》云："夫象物必在于形似，形似须全其骨气，骨气形似，皆本于立意而归乎用笔，故工画者多善书。"是形似骨气中，皆书法也。吾故曰："书中有画，画中有书。"

荒村古渡，断涧寒流，怪岩丑树，一峦半岭，高低上下，欹斜正侧，无处不是诗材，亦无处不是画材。穷乡绝壑，篱落水边，幽花杂卉，乱石丛篁，随风摇曳，无处不是诗意，亦无处不是画意。有待慧眼慧心人随意拾取之耳。"空山无人，水流花开。"惟诗人而兼画家者，能得个中至致。

荒山乱石间，几枝野草，数朵闲花，即是吾辈无上粉本。

看荒村水际之老梅，矮屋疏篱之寒菊，其情致之清超绝俗，恐非宫廷中画人所能领略。

风日晴和时，游名山水，看古诗词，读古书画，均足以启无穷画思。

看山，须有云雾才灵活；画山，须背日光才厚重。此意范中立（宽）、米襄阳（芾）知之。近时黄宾虹，可谓透网之鳞。

杨诚斋（万里）《舟过谢潭》诗云："碧酒时倾一两杯，船门才闭又还开。好山万皱无人见，都被斜阳拈出来。"是画意也，亦画理也。原宇宙万有，变化无端，惟大诗人与静者，每往无意中得之，非匆匆

赶路者所能领会，亦非闭户作画者所能梦见，故诚斋翁有"好山万皱无人见"之叹耳。

黄岳之峰峦，掀天拔地，恢宏奇变，使观者惊心动魄，不寒而栗；雁山之飞瀑，如白虹之泻天河，一落千丈，使观者目眩耳聋，不可向迩。诚所谓泄天地造化之秘者欤。

画家中之范华原（宽）、董叔达（源）、残道人（髡残）、个山僧（朱耷）、瞎尊者（石涛），是泄人文中之秘者也，其所作，可与黄岳峰峦、雁山飞瀑并峙。盖绘画与自然景物合之，本一致，分之，则两全。

山水画家，不观黄岳、雁山之奇变，不足以勾引画家心灵中之奇变。然画家心灵中之奇变，又非黄岳、雁山可尽赅之也。故曰：画绘之事，宇宙在乎手。

山无云不灵，山无石不奇，山无树不秀，山无水不活。

作画时，须收得住心，沉得住气。收得住心，则静；沉得住气，则练。静则静到如老僧之补衲，练则练到如春蚕之吐丝，自然能得骨趣神韵于笔墨之外矣。

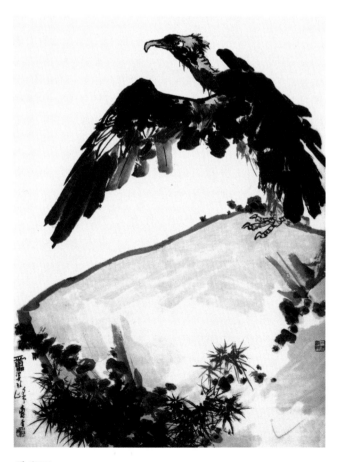

秃鹰图

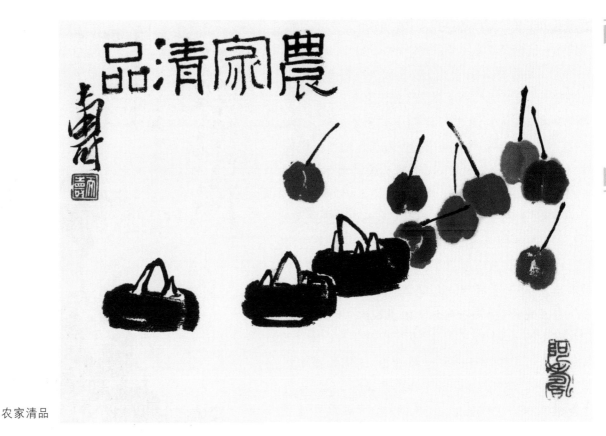

农家清品

运笔应有天马腾空之意致，不知起止之所在。运意应有老僧补衲之沉静，并一丝气息而无之。以静生动，以动致静，得矣。

石谿开金陵，八大开江西，石涛开扬州，其功力全从蒲团中来。世少彻悟之士，怎不斤斤于虞山娄东之间。

戴文进、沈启南（石田）、蓝田叔（瑛），三家笔墨，大有相似处。尤为晚年诸作，沉雄健拔，如出一辙，盖三家致力于南宋深也。黄宾虹画语录云："明代文、沈之作，虽渊源唐宋，情多南宋。衡山（文徵明）近师刘松年而追摩诘（王维），石田师夏珪以入元人，于范中立、董、巨、二米犹少，故枯硬带俗。"又云："文沈只能恢复南宋之笔法，而墨法未备。"原有明开国，辄恢复画院，其规制大体承南宋之旧。马、夏画系，亦随之复兴。当时院内外马、夏系统作家，如王履、沈希远、沈遇、庄瑾、李在、周鼎、周文靖、倪端、戴文进、吴小仙等，人才蔚起，声势特盛，其中以戴氏为特出，时称浙派。同时受其影响者，如周东村（臣）、谢时臣、唐六如辈，无不周旋于此派之下，可谓盛矣。原学术每不易脱去继承之关联，沈氏在此盛势之下，致力于马、夏独深，非偶然也。蓝氏直承戴氏，上溯南宋，远追荆、关，允为浙派后

起，浙地多山，沉雄健拔，自是本色；沈氏吴人，其出手不作轻松文秀之笔，实在此焉。盖其来源同，其笔墨亦自然大体相同耳。胡世人于吴、浙间，一如诗家之于江西、桐城耶？

董华亭（其昌）倡文人画，主"直指顿悟，一超直入如来地"，其着想，自系文人本色。《画禅室随笔》论文人画云："若马、夏及李唐、刘松年，又是李大将军之派，非吾曹易学也。"则董氏对"积劫方成菩萨"一点，自觉有所未迨耳。故其绘画论著中，非但未曾攻击马远、夏珪、赵伯驹、伯骕诸家，并对当时吴派末流随意谩骂浙派，加以严正之批评。《画禅室随笔》云："元季四大家，浙人居其三。王叔明（蒙），湖州人；黄子久（公望），衢州人；吴仲圭（镇），钱塘人；惟倪元镇，无锡人耳。江山灵气，盛衰故有时。国朝名手，仅戴文进为武林人，已有浙派之目。不知赵吴兴（孟頫）亦浙人。若浙派日就渐灭，不当以甜邪俗赖者，尽系之彼中也。"殊属就学术论学术，不失其公正态度。

董氏书画学之成就，平心而论，不减沈、文。其论画之见地及鉴赏之眼光亦然。其对浙派戴文进氏画艺之成就，不但未加轻视或贬抑，且曾予以公正之称扬。其题戴氏《仿燕文贵山水轴》（此画现藏上

海博物馆）云："国朝画史，以戴文进为大家。此仿燕文贵，淡荡清空，不作平时本色，尤为奇绝。"董氏绘画，原系文人画系统，戴氏则为画院作家，其绘画途程，与董氏有所不同。然董氏之题语，劈头即肯定戴氏为"国朝画史大家"；其结语，亦谓"淡荡清空，尤为奇绝"。可知董氏全以戴氏之成就品评戴氏，不涉及门户系统之意识，有别于任意谩骂之吴派末流多矣。

画事，精神之食粮也，为吾人所共享。画事，学术也，为吾人所共有。如据一己之好恶，一己之眼目，入者主之，出者奴之，高筑壁垒，互相轻视，互相攻击，实不利百花齐放之贯彻。

世人尚新者，每以为非新颖不足珍，守旧者，每以为非故旧不足法，既不问"新旧之意义与价值"，又不问"有无需要与必要"，遑遑然，各据新颖故旧之壁垒，互为攻击。是不特为学术界之莽人，实为学术界之蟊贼。此种现象，绘画界中，过去有吴浙之争，亦有中西之争，如出一辙，殊可哀矣。寻其根源，是由少读书，浅研究耳。

凡学术，必须由众多之智慧者，祖祖孙孙，进行不已，循环积累而得之者也。进行之不已，即能"日日新，又日新"之新新不已也。绘画，学术也，故从事者，必须循行古人已经之途程，接受其既得之经验与方法，为新新不已打下坚实之基础，再向新前程推进之也。此即是"接受传统""推陈出新"之意旨。

"新""旧"二字，为相对立之名词，无旧，则新无从出，故推陈即以出新为目的。

新，必须由陈中推动而出，倘接受传统，仅仅停止于传统，或所接受者，非优良传统，则任何学术，亦将无所进步。若然，何贵接受传统耶？倘摒弃传统，空想人人作盘古皇，独开天地，恐吾辈至今，仍生活于茹毛饮血之原始时代矣。苦瓜和尚云："故君子惟借古以开今也。"借古开今，即推陈出新也。于此，可知传统之可贵。

接受优良传统，倘不起开今作用，则所受之传统，死传统也，如有拘守此死传统以为至高无上之宝物，则可请其接受最古代之传统，生活到原始时代中去，不更至高无上乎？苦瓜和尚云："师古人之迹，而不师古人之心，宜其不能出一头地也，冤哉！"想今日之新时代中，定无此人。

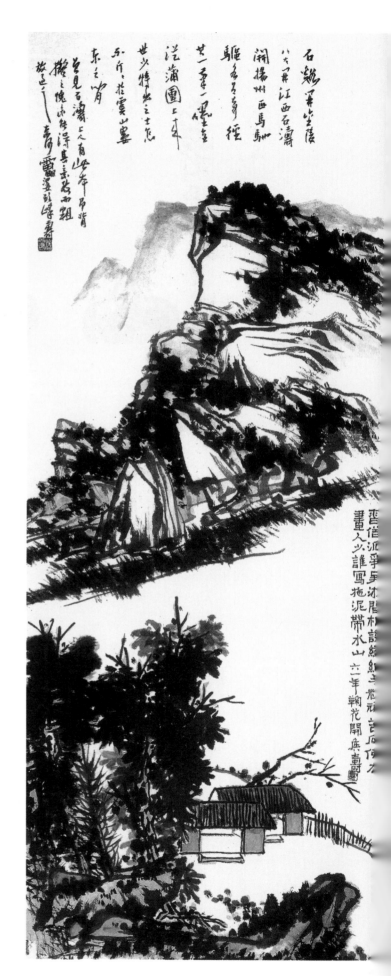

晴峦积翠图

学术固须接受传统，以为发展之动力。然外来之传统，亦须细心吸取丰富营养，使学术之进步更为快速，更为茁壮也。然以文艺言，由于技术方式、工具材料、地理气候、民族性格、生活习惯之各不相同，往往在某部分某方面，有所不融和者，应不予以吸收，以存各不相同之组织形式、风格习惯，合群众喜见乐闻之要求，不可囫囵吞枣，失于选择也。否则，求丰富营养，恐竟得反营养矣，至须注意。

学术之成就愈高，其开新亦愈困难，此事实也。然学术之前程无止境，吾人智慧之开展无限度，进步更有新进步也。倘固步自封，安于已有，诚所谓无雄心壮志之庸俗懒汉。

任何学术，不能离历史、环境二者之关联；故习西画者，须赴西洋，习中画者，须在中华之文化中心地，以便于参考、模拟、研求、切磋、授受故也。倘闭门造车，出不合辙，焉有更新之成就？《论语》云："温故而知新，可以为师矣。"原"新"之一字，实从"故"中来耳。画学之故，来自祖先之创发。祖先之创发，来于自然之相师。古与今，时代不相同；中与西，地域有差别；故画学之温故，尚须结合古人，结合时地，结合自然，结合作者之思想智慧，而后能孕育其茁壮之新芽。

一民族有一民族之文艺，有一民族之特点，因文艺是由各民族之性情智慧，结合时地之生活而创成者，非来自偶然也。

中国人从事中画，如一意模拟古人，无丝毫推陈出新，足以光宗耀祖者，是一笨子孙。中国人从事西画，如一意模拟西人，无点滴之自己特点为民族增光彩者，是一洋奴隶。两者虽情形不同，而流弊则一。

一民族之艺术，即为一民族精神之结晶。故振兴民族艺术，与振兴民族精神有密切关系。

吾国唐宋以后之绘画，先临仿，次创作，创作中，间以写生。西方绘画，先写生，次创作，创作中，亦间以临仿。临仿，即所谓师古人之迹以资笔墨之妙是也。写生，即所谓师造化以资形色之似是也。创作，则陶镕"师古人，师造化"二者，再出诸作家之心源，非临仿，亦非写生也。其研习之过程，不论中西，可谓全相同而不相背，惟先后轻重间，略有参差出入耳。

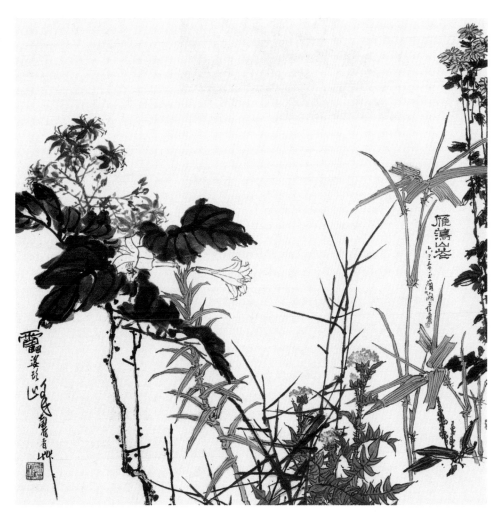

雁荡山花图

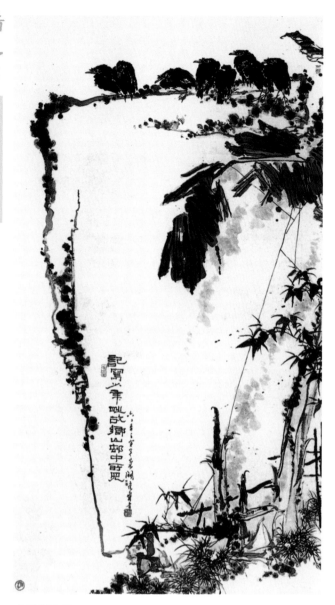

八哥崖石图

曩年与日本西京之名南画家桥本关雪氏相值于海上，彼曾语予曰："中华为南画祖地，仆毕生研习南画，而非生长于中华，至为可惜。故每在一二年中，辄来中华名胜地游历一次，以增厚南画之素养也。"关雪氏，有才气，能汉诗，其为人亦豪爽。所作南画，亦为东瀛诸南画家中有特殊成就者。然其一点一画间，无处不露其岛国风貌，与吾国南宗衣钵相距殊远，以其于南宗素养，稍减深沉故也。缶庐（吴昌硕）题其画册亦云："若再挥毫愁煞我，恐移泰华入扶桑。"可以知之矣。然其所言，尚有自知之明，故拟借多游中华以减其弱点，确为见症之药。唯时地有限，来往之机会不多，未能偿其意愿耳。

一艺术品，须能代表一民族、一时代、一地域、一作家，方为合格。

画须有笔外之笔、墨外之墨、意外之意，即臻妙谛。

画事之笔墨意趣，能老辣稚拙，似有能，似无能，即是极境。

笔有误笔，墨有误墨，其至趣，不在天才功力间。

"品格不高，落墨无法"可与罗丹"做一艺术家，须先做一堂堂之人"一语，互相启发。

吾师弘一法师云："应使文艺以人传，不可人以文艺传。"此可与唐书"人能宏道，非道宏人"一语相证印。

有至大、至刚、至中、至正之气，蕴蓄于胸中，为学必尽其极，为事必得其全，旁及艺事，不求工而自能登峰造极。

吾国元明以来之戏剧，是综合文学、音乐、舞蹈、绘画（脸谱、服装以及布景道具等之装饰）、歌咏、说白以及杂技等而成者。吾国唐宋以后之绘画，是综合文章、诗词、书法、印章而成者。其丰富多彩，均非西洋绘画所能比拟。是非有悠久丰富之文艺历史、变化多样之高深成就，曷克语此。

印章上所用之文字，以篆书为主，亦间用隶楷。故治印学者，须先攻文字之学与夫篆隶楷草之书写。其次须研习分朱布白与字体纵横交错之配置。其三须熟习切勒锤凿之功能，如庖丁解牛，游刃有余，无所滞碍。其四须得印面上气势之迂回、神情之朴茂、风格之高华等，与书法、绘画之原理原则全同，与诗之意趣亦互相会通也。兼以吾国绘画，自北宋以来，题款之风渐起，元明以后尤甚。明清及近时，考古之学盛兴，彩陶、甲骨、钟鼎、碑碣、钱币、瓦当等日有所显发，笔墨之密钥，无蕴不宣，为画道广开天地。治印一科，亦随之蓬勃开展。因此印学，亦与诗文、书法密切结合于画面上而不可分割矣。吾故曰："画事不须三绝，而须四全。"四全者，诗、书、画、印章是也。

无灵感，即无创造；无技巧，即无绘画。故灵感为绘画之灵魂，技巧为绘画之父母。然须以气血运行而生存之，气血者何？思想意识是也。画事须勇于"不敢"之敢。

（附注：此文摘自于《听天阁画谈随笔》）

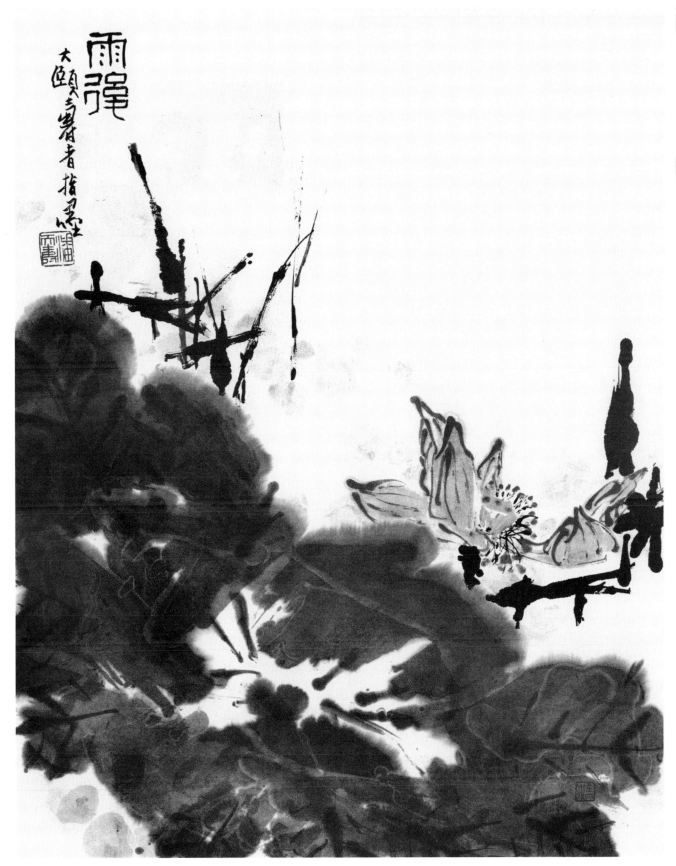

雨后图

指头画谈

一、指头画的创始

指头画的创始，在清代初年。清初以前，略与指头画相关联的史实有唐代张彦远（注1）所著的《历代名画记》中，其记张璪（注2）传有以下一段话：

"初，毕宏（注3）擅名于代。一见惊叹之，异其唯用秃毫，或以手摸绢素。因问璪所受，璪曰：'外师造化，中得心源。'宏于是搁笔。"

自《历代名画记》有了这一段记载以后，一般论画者，每以张璪为我国指头画的始祖。清代方薰（注4）所著的《山静居画论》中，就有指头画起于张璪的说法。他说："指头画起于张璪。璪作画或用退笔，或以手摸绢素而成。"

实则张璪所作的树石山水，专以擅长运用秃笔，虽间或在笔线上有未称心的地方，就用手指去涂抹绢素，以为挽救。如所绘称意时，就无容补救，这是他作画时的情况，原意并不是要用他的指头替代毛笔，来画成松树等创作的。故《历代名画记》记载它的措辞，既重用一个"唯"字，又随用一个"或"字。张彦远系唐人，距张璪的时代不远，所记录的史实，当有所根据。方兰士所写的张璪的故实，自然是从张彦远的《历代名画记》中摘取而来，然而他将"唯"字改为"或"字，使与第二个"或"字并用，因此就断定指头画起于张璪，是有些牵强而不符实际。因而在清代以前的古名画中看不到指头画的画迹，在清代以前的古画论中，也见不到指头画的名称和评论，自然不是偶然的事了。所以我认为，以张璪手指摸绢素，作为指头画的先绪是可以的，作为指头画的创始，不但过早，而且是不恰当了。

究竟指头画创始于何时何人？张庚在《国朝画征录》中又有一段记载，曾说清世祖顺治爱新觉罗"能书画，间写山水，以赐近臣，得到他画的人，珍逾珠贝。又曾用指头蘸墨，印他的罗纹作渡水牛，神肖多姿"。因下评语，认为高其佩（字且园）所擅长的指头画，是开始于顺治。

关于这一则论断，那是值得商榷的。

原爱新觉罗氏顺治，系满族，并且是清代开国的第一个封建主，刚从关外进入中国，在位仅十八年，诚

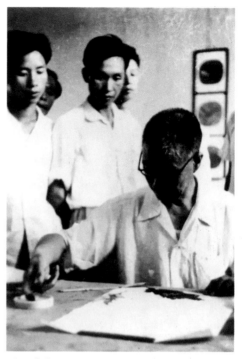

潘天寿指画图

所谓戎马倥偬，百般伊始，即有万机之暇，能否有此闲逸时间，习书作画，并以指罗纹印制渡水牛是可怀疑的。然以便于统治汉族关系，如慈禧以缪嘉蕙、阮玉芬供奉福昌殿，为慈禧代笔的例子，说顺治能汉书汉画，是一种微妙的政治手法，不难想象，故一般研究指头画起源的人，宁愿远溯源于张璪，而不把指印罗纹渡水牛的事件来作为史实的根据了。考《国朝画征录》作者张庚，写成此书是在雍正十三年，这是高其佩去世的第二年，又次年，便是乾隆元年，也正是张庚举博学鸿词之年，就以这些情况和他所著的《画征录》来看，不免对封建帝王有所奉迎，这也是无容怪异的。

事实上，关于指头画的起源，在史书上比较确实可查考的画家是清初康熙间的高其佩（注6）。辽阳高秉（注7）所著的《指头画说》中有较详细的记述，摘录如下：

"恪勤公八龄学画，遇稿辄模，积十余年，盈二簏。弱冠即恨不能自成一家，倦而假寐，梦一老人，引至土室，四壁皆画，理法无不具备，而室中空空，不能模仿，唯水一盂，爱以指蘸而习之，觉而大喜。奈得之于心而不能应之于笔，辄复闷闷，偶忆土室中用水之

法，因以指蘸墨，仿其大略，盖得其神，信手拈来，头头是道，职此遂废笔墨焉。曾镌一印章云：'画从梦授，梦自心成。'中年画推篷册十二页，自题此意于首幅。伯兄惠畴，宝藏家画中，以此为第一神品。"

高秉，是其佩从孙，曾从其佩多年，时见其佩制作指头画和亲赏其佩所作的推篷画册，并得抄录推篷指头画册中，对于指头画创始过程的记事题语等等，绝不出于虚构。又据其佩所镌的图章"画从梦授，梦自心成"，结合题语中的"弱冠即恨不能自成一家"与"奈得之于心而不能应之于笔，辄复闷闷"等句子参阅起来，不难了解到高其佩之所以热衷于指头画，是因为自己在笔画方面未能独成一家，因而闷闷于心，所以形之于梦。俗语说"日有所思，夜有所梦"，是常有的事情，并且由梦中的情况，触引机绪，而完成他的指头画罢了。

此外，李在亭也说指头画的开始者是高其佩。他虽未说明他的缘由及根据，但是一定根据他所知道的史实资料与当时的情况而加以肯定的。兹将《在亭丛稿》中题赵成穆指头画菊的题句于下：

"以指为画，始于高铁岭使君韦之。凡人物花木禽兽草虫，不假思索，骈指点黟，顷刻数十幅，随意飞动，无不绝人。继之者其乡甘冈知士调、宣城刘其侃湛园、江都吴宏谟两山、如皋马芳不群，各擅一体，鹿坪赵子，则写花草云。"

赵成穆，吴人，字敬仪，号鹿坪，擅指画。《历代画史汇传》说他是其佩的弟子，并说指头画人物花卉，吴宏谟等都是颇穷其技。《画史汇传》是清彭蕴璨撰，此书作于嘉庆年间，距其佩不远，故他对高氏的创始指画与其发展，以及继高氏而起的指头画家，历历如数家珍，如果他不是占有了丰富的资料，并对指头画进行深入的研究，就不能有条有理地写出它简要的轮廓来，并成为后代编撰指头画变迁史重要的参考材料。

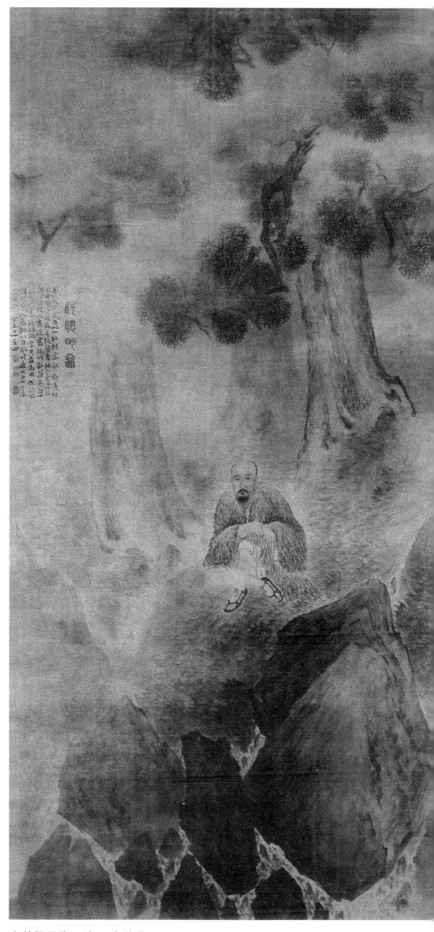

高其佩画像　清　沈聪明

二、高其佩后的指头画家

指头画自高其佩创始以后，继起的人殊多，骎骎乎形成一独特系统，列举如下。

（一）高其佩亲承弟子

甘怀园，籍隶汉军正蓝旗，其佩弟子，擅指头画，见《熙朝雅颂集》。

赵成穆，吴人，字敬仪，号鹿坪，其佩弟子，擅指画，专工花草，深得其佩之一体。

（二）工指头画而直接继承高其佩的作家

高璪，辽阳人，其佩从子，字敬一，侍从其佩有四十年之久，工指画，稍变其佩法，自有创意。

高潢，其佩从孙，写苍岩，工山水，指头画深得家传。

李世倬，三韩人，隶汉军籍，字汉章，号谷斋，为其佩外甥，山水、人物、花果均佳，指画得舅氏法。

朱伦瀚，明宗室，隶奉天正红旗汉军籍，或作历城人。字涵斋，又字亦轩，号一三，康熙壬寅武进士，高其佩甥。擅指头画，得舅氏且园法，一丘一壑虽奇自正，设色冲淡，而气自厚。喜作巨幛，名闻高丽国王，甘士调，辽阳人，擅指画，继同里高其佩。

傅雯，奉天广宁人，字紫来，号凯亭，工指画，得高其佩法，擅画摩诘，佛像亦妙。京师仁慈寺有奉敕画的胜果妙因图，纸本大幅，帧高丈许，阔二丈，中写如来天王罗汉，约百余等，备极神彩。

（三）工指头画曾受高其佩风格影响的作家

蔡兴祖，长沙人，号墨村，擅指头画，得其佩用墨法。

刘锡玲，浙江人，字梓谦，号聋道人，工指画。山水、竹石、人物、花卉、翎毛，有高其佩意。

明福，满族人，字亮臣，号雪峰道人，工指头画，人物鬼判，具高其佩意趣，尤工画马。

（四）工指头画有特殊成绩的作家

萨克达氏，女，满族人，字介文，号观生阁主人。工指画，作山水人物，花木虫鸟，无不精能，盈丈者运指继以运掌，一日可作数幅，纤细者用指甲，写形毕肖。

俞珽，婺源人，侨姑苏，字君仪，号笋斋，工篆刻，擅

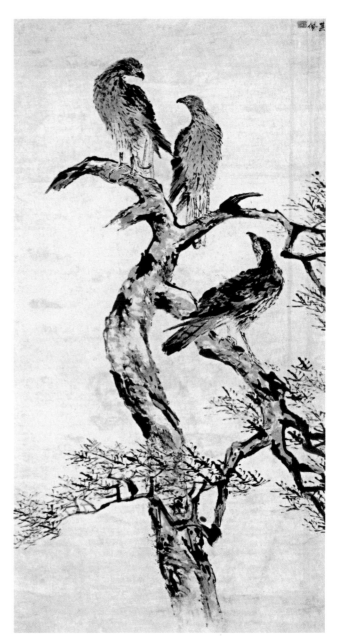

鹰木图　清　高其佩

指画，可颉颃高其佩。

觉罗西密·杨阿，满族正红旗，字文晖，工指头画，奇情逸趣，信手而得，所作山水杂卉尤佳，为高其佩后的杰出人才。

瑛宝，满族长白人，正白旗，姓拜都氏，字梦神，号闻菴，工山水，尤擅指画，所作山水花鸟果品，均以简贵胜人，题识颇自矜许，在高其佩后当首屈一指。

（五）与高其佩系统无关而工指头画的作家

吴宏谟，字两山，康熙时扬州人，擅指头画，常作松鹰，间有双勾竹。

刘其侃，雍正时宣城人，字湛园，工指头画，喜画竹。

马芳，如皋人，字不群，擅指头画。

丁书岩，武林人，工书，擅指头画。

方翼，歙人，字子飞，工指画山水花鸟。

王德善，字长名，工指画，曾见其有荷花册页，甚精。

任楷文，宜兴人，擅指画，画松柏尤苍劲。

任元玮，宜兴人，字声批，工篆隶，擅指画。

杜鳌，金华人，字海山，号一斋，工诗，擅书，擅指头画。山水花卉极精雅，画石亦妙。

何龙，休宁人，字禹门，工指画，长人物，随意点染，情致宛然。

徐起，华亭人，字小海，号紫石，精篆刻，工指画，曾见其有草虫条幅，甚佳。

卢点，海宁人，字觐颜，工指画。

韩润，黟人，字愚村，工指画。

僧定志，六合人，字鹰巢，金陵承恩寺方丈，善诗，工指头墨戏。

蓝正芳，浙江人，字香樨，号晓江，工指画，所作花鸟灵机活泼。

苏士墉，字安堂，工指画，长写山水及梅。

（六）工笔画，兼工指头画的作家

郑德凝，归安人，字炘斋，擅花鸟、山水、仕女，无不精妙，后专指头画，亦造妙境，以柳条署款，不用毛笔。

郭徽，晋江人，字彦英，号虚谷，画人物、山水、花卉、禽鱼，曲尽妙境，尤工指画及水墨牡丹。

厉志，定海人，字骇谷，善书画，工行草，兼画指头画，曾在西湖昭庆寺指画巨松，见者惊为奇迹。

李山，钱塘人，宁紫琅，号一石，擅指墨，兼长毛笔画，清劲奇古，马得骨肉之全，有古法。

吴振武，秀水人，字威中，朱彝尊甥，工山水，尝受业于麓台，花卉草虫，笔意雅秀，兼长指画。

钱元昌，嘉兴人，学云林、子久笔意，中年时曾作指墨，别有新意。

孙镐，昭文人，字丰谋，号芑溪，工诗，善山水人物及指画。山水笔意松秀，墨气华湛，奄有思翁南田风格。

倪涛，昆明人，字修梅，善山水，别饶意趣，兼工指画。

蒋璋，丹阳人，居扬州，字铁琴，工人物，擅大幅，兼长指头画，学他的人，被称为蒋派。

苏廷煜，安徽蒙城人，号虚谷，工梅兰竹菊，兼工指画。

朱朴，嘉善人，擅写山水，间作指画亦佳。

师念祖，泰新人，字宗德，癸卯进士，擅指画花卉，亦用笔写山水。

张铎，鄞县人，字纯叔，擅画，有士气，兼擅指画。

杨泰基，平湖人，字瞻岳，号梅农，擅山水，宗马远，苍古简淡，都用秃笔，兼擅指画。

自乾隆嘉庆以后及近代兼工指画的作家，因为逐渐增多，不胜详举，所以从略。但是从一般画艺来看，特出的指头画家不多，其主要原因，在于斤斤指头画的规矩法则，能入而不能出，或求指头画与笔画相似，难以得到指头画的特趣和神化的境地。

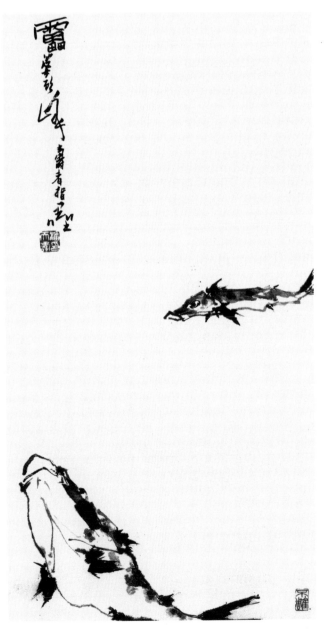

指墨鱼乐图

三、指头画的优缺点

(一)指头画的缺点

指头画自康熙后既已流行于画林,当然应看作是我国民族绘画之一,从百花齐放的精神来体会,指头画这一画种,自然也是一朵艺术之花。

指头画有别于笔画,所以指头画是有它的特点的。这个特点,就是它独立存在的基本价值。然而它的缺点也不少。所谓缺点,就是指头画在表现上有着很大的局限性。现在做简单的叙述如下:

(甲)我国向以毛笔作画,极为方便,不用毛笔,改用指头来作画,在工具方面确受极大的限制。因为我国毛笔,有大笔、小笔、尖笔、秃笔、硬笔、软笔,以及许多专用的兰竹笔、须眉笔、衣纹笔、叶筋笔、排笔等等,种类既多,随时可自由选择应用。用指头作画,要画细线时,虽可以用修尖的小指甲来画,但不可能过细。要画粗线时,虽可以用中指、拇指、无名指,三指并下,或用全掌涂抹,但终究不如毛笔的随意,此其一。

(乙)又毛笔的笔头中,能含多量的墨和水分,笔尖着纸后,所含的墨和水分,缓缓地从笔尖流出,既不易泛滥,又不易枯竭;可以随意作长线,也可以随意画慢线。指头既不能含较多的墨和水分,蘸一点墨和水,就在指端上集成一点,一着纸,全部的墨和水就一齐着纸,易于泛滥,而整个指头也就完全枯竭。既不相宜画慢线,作长线更无办法。画长线时,只得连续不歇地蘸水和墨,由短线接成长线,既麻烦,又厌气,此其二。

(丙)在用墨方面,毛笔可在调色盆中调配浓淡。调配浓淡之后,笔尖需要加些浓墨,就加些浓墨,笔尖需要掺些清水就掺些清水,都可随便使用和控制。指头却没有这个条件,只好先调好浓淡适度的墨水,盛在小杯子里,用指头蘸用,绝不能像毛笔一样,可在调色盆中随笔调合,灵便非常。尤其在山水画方面,自唐提倡“水墨为上”以来,用墨方面,发展多种多样的方法,如渲、染、擦、积等等,运用指头去完成渲染擦积,往往无能为力,此其三。

(丁)色彩方面,用熟纸熟绢创作时,浅色衬染,用指头画也能办到,但比毛笔麻烦。用生纸生绢着色时,往往凝滞不匀,非常困难。故高其佩也常用笔设色,以开方便之门。用指头着重色尤不易精工匀净,所

以指画自创始以来,能作重彩的,直如凤毛麟角,此其四。

指头作画有以上的局限性,也就是说毛笔作画有以上的优点。因此一般人有疑问:为什么要用指头来作画呢?而且也有人疑心以指头作画为好奇炫异,而非正路。实际说来,应该有这样的疑问,其中也自然存在着一些好奇的意义,然而也具有些优点。故指头画自高其佩创始以后,延续到现今,已有三百多年的历史,始终未被群众淘汰,自然有它不被淘汰的原因。

(二)指头画的优点

(甲)指头画在画线画点方面,全是用指头,除一般用细线的小幅以及不能不用细线的大幅需用较尖的小指甲画成以外,一般都是指甲指肉并用,落指是圆的,收指也是圆的。就是高秉记其佩的指法墨痕,如玉筋篆文,是指画用线的优点之一。又因指头不能蓄水,故长线全由短线接成,因之每条线条的画成,往往似断非断,似续非续,似曲非曲,似直非直,或粗或细,如锥画沙,如虫蚀木,如蝌蚪的文字,如屋

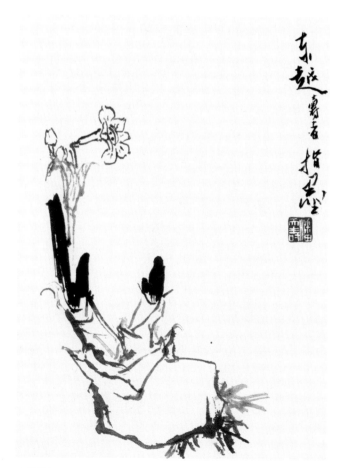

水仙图

漏的痕迹，特具一种凝重古厚的意味，极为自然，殊非毛笔所能达到，也非人力所能强成，这就是指头画最独具的特点，此其一。

（乙）指头不能像毛笔一样能含多量的墨水，而且指上所有的墨水，很快从指尖流下，不能如毛笔笔尖出水那样慢，故用墨往往不是太湿就是太枯。因此极宜于发挥枯墨法、焦墨法、泼墨法和积墨法等等，是毛笔所不易达到的，这是指画特点之一。

（丙）指头画用指，不能如用笔一样很听指挥，有时竟是很不听指挥。作者正可利用它很不听指挥的特点，使所画的种种，得到似生非生、似拙非拙、似能非能以及意到指不到、神到形不到、韵到墨不到等的好处，就是高青畴所说的"以笔难到处，指能传其神，而指所到处，笔勿能及也"的事实，此其三。

（丁）指头画，不论作大幅或小品，在取材上、布局上、设色上，都有它相当不同的配合和构成，与毛笔画有所异样。因此指头画自高其佩创始以后，至今仍流行着，这不是偶然的，这也就是指头画的特有价值，此其四。

综上所述，不论指头画有其局限性，或是有它的特出的优点，然而画家想要创作一幅作品时，最先考虑的还是画什么题材，即是表现什么，对这些表现抱什么态度，怎么样表现得更深些。这与画家的世界观与艺术观点是有直接密切的关系。前面所谈的都不过是指头画在表现上的技术问题。只要根据党的百花齐放的原则，我们可以充分发挥自己的智慧，使我们的指头画表现得更巧妙、更出色，就是对人民的服务更多些。然而指头画对中国传统绘画来说是一个小支流，是不太重要的，但是要想在指头画上有所成就，必须先认真学习毛笔画。如果不在毛笔画扎下稳固的基础，而错误地认为指头画新奇，或者以为用指头来画可以取巧，可以来好奇炫世，不愿在笔画上下苦功，这是不对的。而且有了毛笔画的基础，还得对指头画有个循序渐进的学习过程。学无偷巧，必须踏踏实实，才能更好地创作指头画，放出这朵美丽的花，为工农兵大众欣赏。

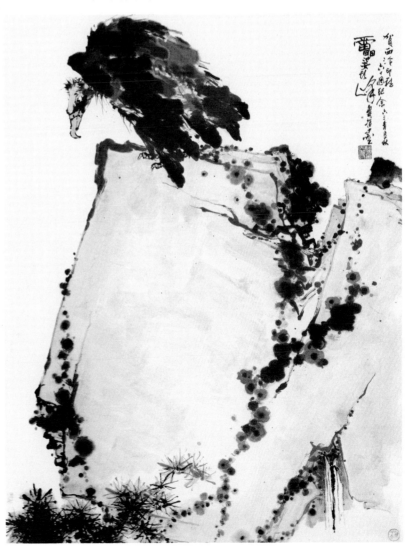

灵鹫俯瞰图

四、指头画的技法

关于指头画技法的问题，我想分两个方面来谈：一是谈配合指头画的用具用材及其他，这只是做简略的介绍；二是谈指头画的技法，这是本题，根据我所知道的加以扼要的阐述。

（一）关于配合指头画的用具与用材

指头画虽以指头为主要的画具，然而在烘染设色方面，却可备几支羊毫笔，代指设色，较为方便，高其佩氏亦常用毛笔设色，见《指头画说》中：

"设色毛笔，普通羊毫笔均可代用，大小合备五六枝，紫狼毫性硬，不甚相宜。"

纸绢方面与笔画同，熟纸熟绢及生宣皮纸无不可应用，然以生宣皮纸为主，不论熟纸熟绢生宣皮纸，以陈为佳。《指头画说》云："指画断难施于新纸。"因它性梗，用墨用色，不易明审和古趣。

关于纸的问题，因涉及的方面较大，现在还想略做阐明，不妨听取一下古人用纸的经验谈。如高其佩作指画，多用普通生纸皮纸，但也用矾纸。他在《指头画说》中谈道：

"平生指画，无一宣纸矾纸者，一时机到神来，欲作一二画，案头适无他张，而兴不可遏，遂权用矾纸成之，而气韵亦宛如生纸之作，然此偶尔事也。若谓矾纸可作指画，则大谬矣。至每岁重午，画朱砂钟馗像则唯用矾纸，纸尽而有余兴，或权用生纸足之，然生纸行朱，颇不易易，故亦偶然。"

上段记载中，中间却插一句"而气韵亦宛如生纸之作"，是很显明地说明画矾纸不容易画出气韵来。也就是矾纸用墨，不能渗化，易蹈于平板光滑的流弊。然而高其佩用朱砂作画用矾纸。这因朱砂是有重量的矿物质颜色，必须配以重胶调用，才能经久不脱，用生纸画重胶朱砂，自然极易腻指而有困难是毫无疑问的，而末了也举一句"张纸行朱，颇不易易，故亦偶然"。在这里我们可以觉悟到，每一画家的作画，必须熟悉各种画材画具的性能，并掌握它的性能。使用任何画材画具，都能头头是道，无不左右逢源了。那么也自然不会争执着作指头画必须要用矾纸和用生纸的问题了。

熟纸是用生宣纸加矾制成，故名矾纸。一般的特点是不会渗透水分，易流于平板光滑，我们可尽量利

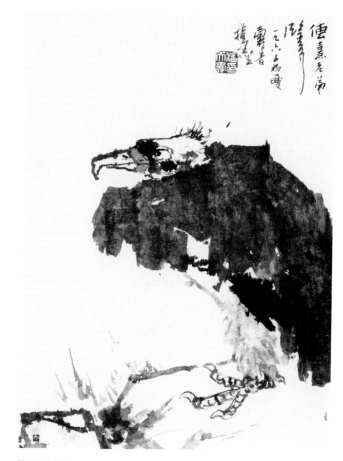

指画灵鹫图

用大焦墨，或淡枯墨，使指意化刻露为松动，化平板为灵活，化光滑为凝沉，这样也可以得到它独特的气韵神情，不过比生纸不易处理和掌握罢了。熟绢与熟纸大体相同，不加详述。

又过去笺扇店里出售的熟纸，种类殊多，以普通生单宣加重矾制成的，是为普通矾纸，质地较毛，殊合指头画应用。普通生单宣加以较轻的矾水制成的，是半熟普通矾纸，这种矾纸质地仍能渗水，墨色能变化，不过渗化的程度比较弱些，用它作指头画是比较好的。其余如用煮硾笺加重矾制成的，名雪月笺和冰雪笺，以较薄的六吉纸加重矾制成的叫蝉衣笺，都全不渗水，比较光滑，不及普通生单宣制成的矾纸质地较毛，易于使用。自然指画的用纸，与画的工细写意有所不同，与作画的技法派系也有所不同，知道它的性能，灵活应用，对于用墨用色的配合，无不得心应手了。

生宣纸，纸身松，渗透水墨的力量大，尤其新宣纸，浆性未脱，纸性不软熟，指头着纸，落水落墨，骤而且重，比较难以掌握，故高青畴有"指画断难施于新纸"的说法。普通生纸（如高丽纸、发笺等）和普通

的各种皮纸，渗化力较生宣纸弱，故高其佩不多用生宣，喜用旧纸，也是这个原因。熟绢虽不太渗水，但有时还能渗一些水，质地也较不光滑，比砑过的矾纸为大好，但价格稍贵些罢了。

生宣纸虽渗透力强，将大焦墨法、大枯墨法、大泼墨法，相互应用，特有变化，可以得水墨淋漓、生气蓬勃、气象万千之妙。然非有艺术才能，久年经验，则容易流于一塌糊涂的境地，需注意。

以上是关于纸绢的问题。

墨与色的研磨溶解，大体上与笔画相同，唯溶色及研墨时需溶研得多些及浓些。石砚也与笔画同。

调色盒，除与笔画所用相同外，唯须增配调墨、调色小杯五六只，调配墨与色，以便要浓蘸浓，要淡蘸淡，随意调和应用。

其余如水盂、镇纸、衬纸衬布、画桌等等，均与笔画全同。大画不能在桌上绘制时，只能在地上平铺绘制，因指头画大幅，每每因用水较多，贴在壁上绘制，墨与色容易延流下来，需要注意。

（二）　关于指头画的表现技法

关于指头画艺术，因具有它自己的特点，所以在技法表现上，亦与毛笔画有所不同，现在就根据指画表现要求，作简要的分述。

（甲）运指的方法

作画的指头，指甲不宜过长，也不宜过秃。指甲过长，运用时则有碍于指肉，只可全用指甲，而不能兼用指肉，所作的线条，往往不能圆浑。指甲过秃只可全用指肉，不能兼用指甲，则无助于指力，所作的线条，又往往肥浮、软弱，不见骨力。指甲与指肉两者必须相辅而相成，使能达到圆浑沉着而有骨力的效果。故高其佩曾刻有印章说："传神写照，在半甲半肉间。"然而在作工整较细的花鸟人物，必须要较细的线条时，只可单用指甲，以成全它的工细，这不是经常的。高青畴《指头画说》云：

"公作细画人物花鸟，利用甲也。数幅后，甲渐秃，画泼墨山水及屏障巨幅、人物龙虎，而乘指甲将秃未秃时画成。"

原来指头画是不宜于画工细小品的，偶然为之，当然可以。然主要的，还在于作泼墨的屏障巨幅，才合于指头的条件。一般的写意指头画，以用大指、食指为中心，故高其佩所说"甲肉相半间"，实为运用食指及大指的技法而说的。

指画的用指，最常用的是食指，食指着纸，不是甲背，也不是罗纹的前端，而是用指头前端的左、右侧面，甲肉并下，这是

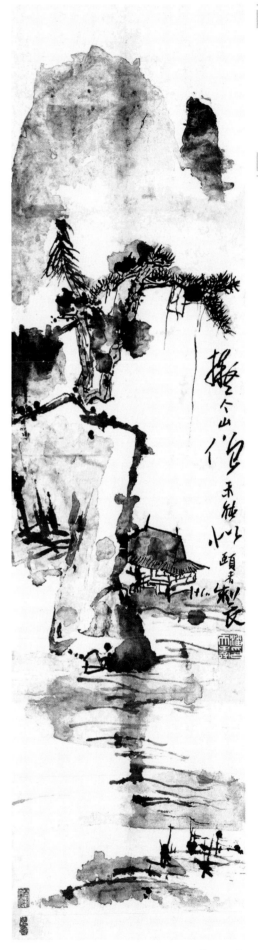

指画山水

最正常的用法。倘专用食指指甲的时候，只需用食指侧下，稍向指甲方面一些就可。又如以食指作指画，需要线条画较粗时，可用食指前一节侧下稍向指甲方面一些，勾推来往应用，其线条的粗细，往往可以抵联笔。此种指法，近于卧笔，不能圆挺，是一缺点。大指的用指法，大体与食指同。

食指除以上的用法以外，还有一种用法，就是食指罗纹的前端全部按下，成一罗纹椭圆点，为花卉人物点苔之用。

指头画除用食指以外，小指与大指亦常常应用。小指多用指甲作细线，与大指、食指稍异，所作线条略比食指所作线条稍细。

除以上大小指及食指以外，中指及无名指是不常用的。然而有时画泼墨破荷叶等，可用食指与中指无名指合并应用。倘嫌不够阔大时，可用全掌贴纸绢涂抹，那么，横涂竖抹，无不自由畅快了，它的阔大程度，已在匾额笔的程度以上了。

指头画的基础作画工具，不外五个指及六种掌，然《指头画说》中却载高其佩能用拳写扁额大字，用拳写匾额大字究竟如何写法，既未目睹书写情况，也未经试验过。以意推想，用拳作大字比用指作绘画更为困难，想不出用拳作线的优点，也觉得好奇的意义更重，应存而不论了。

指头画工具虽较为简单，然而应用指头的技却变化多端。高其佩画小人物及花鸟，常将无名指及小指互用，作大幅常将无名指中指并用。倘使勾行云流水，则三指并用。兹录《指头画说》中的记载，以供参考：

"画小人物花鸟，无名指小指互用足矣。大幅必是两指同用，若画行云流水，则三指并用，故头绪似乱而实清，无板滞之病，省修饰之烦。秉所藏小册风竹，则兼用大指，向外撇之。神哉！神哉！"

又高其佩画细苔，用无名指、小指双点；大丛苔棘及树叶，则三指连并，以指背拓成；小幅枯柳新柳却专用指甲。《指头画说》云：

"细苔用无名指小指双点，饶有生枝枯枝之趣，攒三聚五，何其拘执。大丛苔棘，则三指连并，以指背拓之，浅深浓淡，浑然天成，自有郁葱之致。树叶亦用此法。巨幅枯柳用两指急扫，或重或轻，或淡或浓，任其自然，但不得增减一丝耳。小画枯杨新柳，则专用指

甲，其急如风，其细如发，其健如钢，其锐如针，银钩铁画，远不逮也。是岂笔之所能为哉！"

指头画自高其佩创始以后，其发展殊蓬勃，作家也殊多，而用指的方法亦各有不同，因无记载，也无从加以详考。例如同治中，番禺人罗清，字雪谷，弃家游日本，工指头画。《岭南画征略》等说他作画时，于指甲中藏棉花少许，故他的指画，与笔画无异云云。按高其佩用指作画，是依据梦中土室中用指之法，因以指蘸水仿其大略而来，定不至在指甲中藏少许棉花。不知雪谷在指甲中藏少许棉花，使指头不发生时时枯竭之病，都不知道如何藏法？然雪谷的指画，由于藏了棉花的关系，致所画的指头画，与笔画无异，实失指画的特点，殊无意义。然而过分强调指画特点，也容易落于机械，需要在指头画的特点之外，捉住指头画的神情气韵，才不失用指头作画的意义。

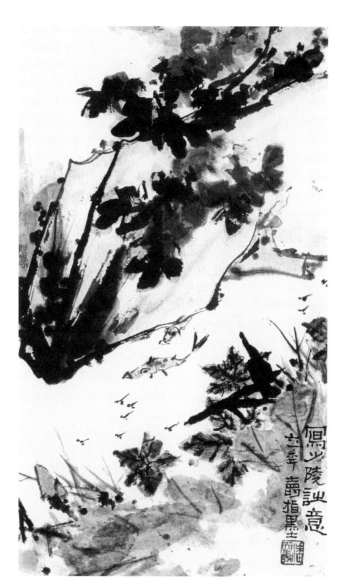

少陵诗意图

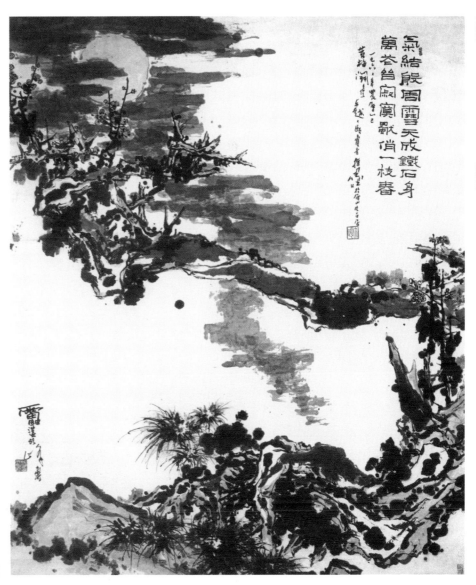

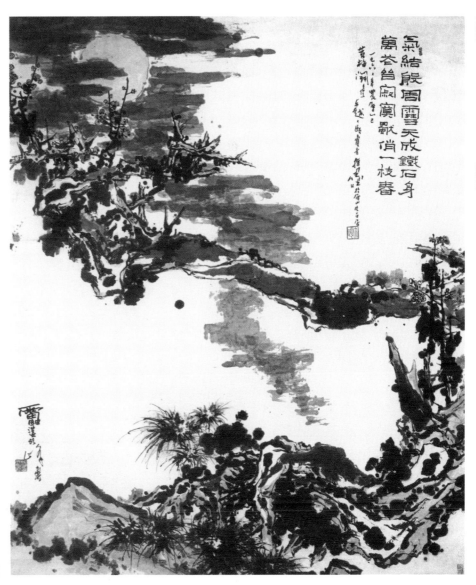

气结殷周雪未成铁石身
岩谷自奇奇献俏一枝春

梅月图

（乙）用墨的方法

指头画用墨方面，已在上面用纸、运指各段大体谈到，即是宜用大焦墨、大湿墨、大泼墨以及枯墨、积墨等。指画画大泼墨时，用指蘸墨，往往苦于水墨的分量太少，可用小杯子先调好浓淡的墨水，将墨水倾倒于宣纸上，用无名指中指拇指三指并用，轻快涂抹，极能得到墨迹淋漓之妙。指画用破墨法，往往以浓破淡为多，以淡破浓较为艰难。焦墨、枯墨，全用枯干指头落纸，每感画时滞腻不爽，不易掌握，需要注意墨色清醒。

总之，指画的用墨法，与笔画完全不同，而且枯湿墨之变化，比笔画难控制，必须有熟练的经验，才能如老将用兵，颐指气使，无不如意。

（丙）烘染设色的技法

指头画虽也可以作较精工的画件，然不可能过于精工，故可说是属于写意画的范围。高青畴也认为：笔多工细，指多写意。从写意画自然重在写意的笔致，以及写意的用墨用色烘染等这一面说，指画在它的一点一画中，不可能离开写意的特有意致，否则就束缚住指画的独特性能了。又，写意画应以墨色为主，烘染设色为辅。自然指头画也以墨色为主，以烘染设色为辅。反一面说，用指头来烘染设色，不论重烘染、重设色，还是轻烘染、轻设色，有指头独具的缺点，难以与毛笔作同等的要求，这是无可讳言的。又指头画以墨色为基底，即以指头所表现的特点已纳入墨色基底之中，即烘染敷设，实已表现出指头画的特性与价值。烘染设色不过是辅助墨底精神的神情气韵罢了。故设色与烘染两者，往往可以用毛笔来代替，不相妨碍。

《指头画说》云：

"公生平作画，以绢本亲笔烘染者，与笺册手卷为神品。公指画过多时，必须倩人烘染。昔宦游两浙时，延请华亭陆晦，邗上袁文涛江，虎林沈禹门鳌，皆能自树一帜者；以公之指墨草创，而用三君秀笔妙染，且当壮盛之年。每一画出，如天上神仙，非烟火食者所能望见。"

然而写意指头画与工致指头画的设色，两者画法有所不同，设色要求也不同，应分别对待。《指头画说》云：

"写意可以意到笔不到，花青赭石，红黄青绿，俱不碍稍艳，随意点染，但得神味机趣足矣。工致则浅深浓淡，毫发不苟，斯为合作。"

又，指画的烘染着色，不用毛笔而全用指头，也是可以的。《指头画说》云：

"指头蘸色晕墨，作没骨花鸟，幽艳古雅，已称独绝。复写人物，用赭石涂面，不事勾勒，而生气逼人，尤夺造化。"

细看以上三段记载，指头的烘染设色，不论用指用笔，都无关系，而是在要染得好、设得好，以配合指画独特性能与要求。现将《指头画说》中关于高其佩指头画烘染设色的记载摘录于下，以供参考。

"画家极重笔墨，而渲染亦未可忽。公之染法，极变化莫测。等一树石，而形色气韵迥殊；等一云水，而浅深态度各异。如人之面目声音，无一不同，无一相同，斯之谓人。公之染法如是，斯之谓画。设色不难于鲜艳，而难于深厚，尤所不易得者，唯旧气耳……公染山水，配合诸色，往往令人难辨，故迥异乎人。

用墨设色，宜轻宜淡，忌重忌浓。轻淡则清而秀，浓重则浊而俗。奈指画纸本，只宜浓墨重用，一或破水，则穿透矣。故不能轻而淡也。墨气既浓且重，则设色亦如之，过于轻淡，则不相称。然浓且重，未见其浊

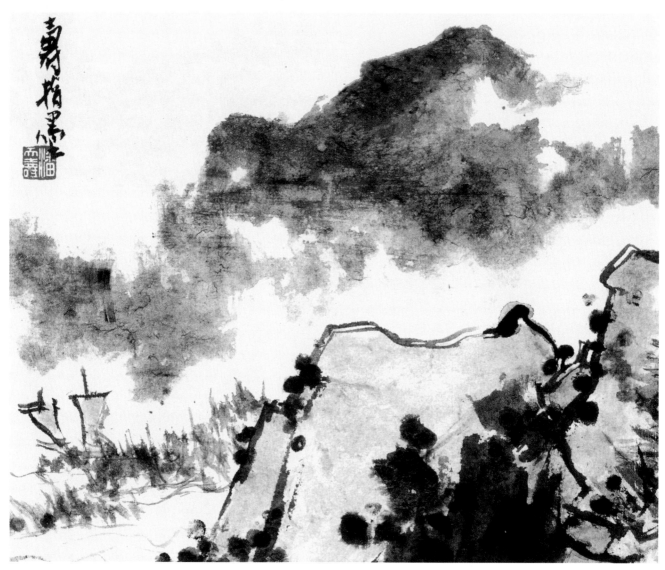

烟云飞帆图

而俗何也?腕底指下有书卷气于其间也。如米家父子,画愈重而愈觉其润泽,仿之则浊且俗矣。绢本册箑,墨中俱可破水,故墨气极轻而淡,而设色亦如之。故纸本与绢本册箑,如出两手,况皆亲笔渲染,故尤不同。然轻且淡,未见其薄而弱,何也?指下画中具有神气元气于其间也。如云林画愈淡而愈觉其秀雅,仿之则薄且弱矣。"

看了上面的几段记载后,人们可体会到,高其佩用毛笔替代指头设色或用指设色,其主点在于与指头画特点配合,而得一种特殊情调,使观众欣赏画内主题和神情韵味,更有深远的吸引力罢了。

(丁)指头画的选材构图题款及其他需注意之点

指头画的选材,大原则与笔画相同,但宜乎简单概括,多取近景的材料,少取远景的材料,才合指头画的表现。因为取近景物体大,材料简,落指可粗;取远景,物体小,材料多,处理需细。以山水人物花鸟而论,人物花鸟多取近景,山水多取远景,故近三百年中的指头画家,以人物花鸟的作者为多。尤其是山水,如董叔达、文衡山,以及清初四王山水诸派系,多取远景,细密重叠,更难以取胜,即使勉强画它,也无法出人头地。《指头画说》云:

"公指画群仙宫娥,信手涂抹,粗服乱头愈形其美。"

这"粗服乱头愈形其美",自然与指头画的工具宜粗不宜细,有极大关系的。指头画的构图,要不落常套,这原则即毛笔画也是如此。过去一般画家的布局,常是下重上轻,现在的一般作家却常是上重下轻,可说恰恰相反,都是落了套子。欲求不落常套,需要多参加社会实践、多读书本、多看名作、多游历山川、多运用思考,融会贯通,偶然妙得,自然能别开蹊径而不蹈雷同了。明屠隆《画笺》说:"昔人评大年画,谓得胸中万卷书更奇古。"释道济《画语录》说:"山川使予代山川而奇也,山川脱胎于予也,予脱胎于山川也,搜尽奇峰打草稿也,山川与予神遇而迹化也,所以终归于大涤也。"高青畴记高且园布局说"公凡所作,皆生平经历山川真境,故丘壑无或雷同,个中人徒叹难及,门外汉惟诧奇异。数十年中,绝无一人勘透此关。"故高且园所作指画,成就极大,无怪在近三百年来直无人可和他并驾齐驱了。

绘画的取材,应根据各时代现实生活的不同特点,加以作家的学问智慧与独有的技法,作更深沉精到的反映,才能达到无一雷同的境地。

至于指头画在画面上的题款,这与毛笔写意画一样,非常重要。画面上用印章,也与笔画上题款一样重要,须十分加以重视与研究。原来我国绘画发展到元明时代,题款、盖章与画面发生极密切、极复杂的配合关系,是大家所知道的。尤其在写意画方面更是这样。指头画以写意为主,以指头为工具的关系,取材布局,宜于简古,在画面上的题款用章,尤比毛笔写意画为更有重视的意义。《指头画说》:

"古人有落款于画幅背面树石间者,盖缘画中有不可多着字迹之理也,近世忽之。公落款常书二三字于角上,或书于实处,或加年月,书数字于侧边,皆与画意洽和而不可增损移易。或用一私印,或加一二闲章,亦与画意大有关合。"

毛笔画的题款在末了处,必须题姓名或字号,姓

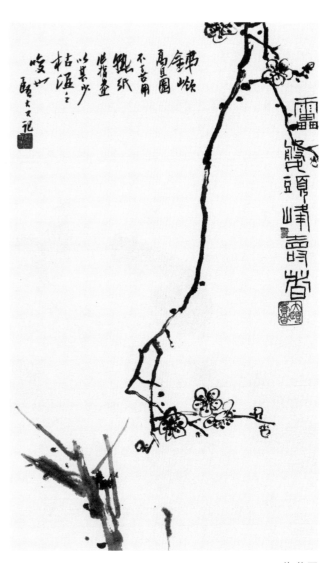

梅花图

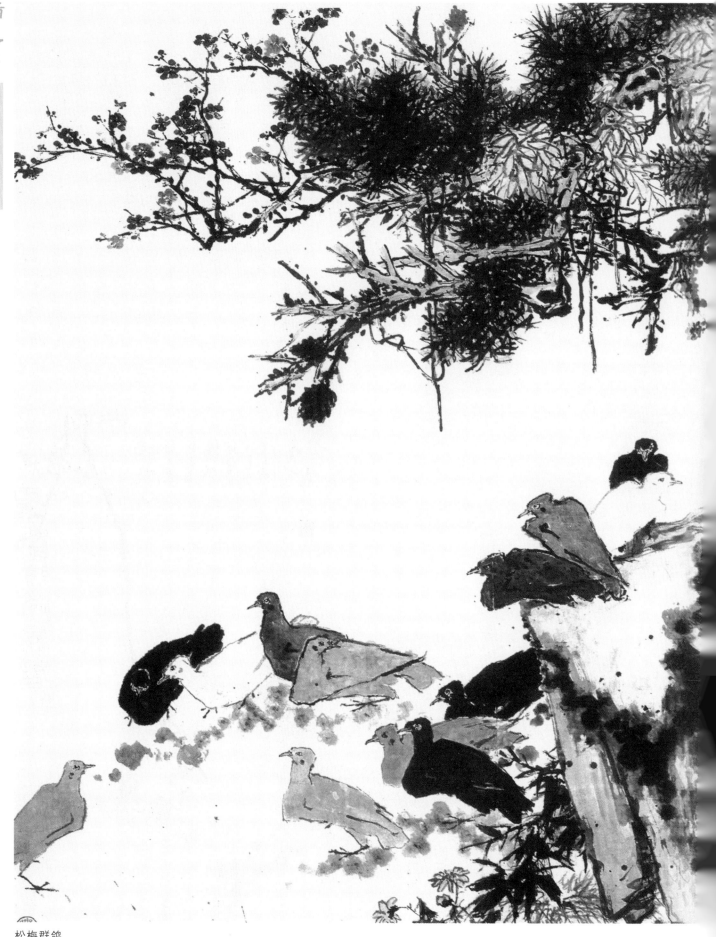

松梅群鸽

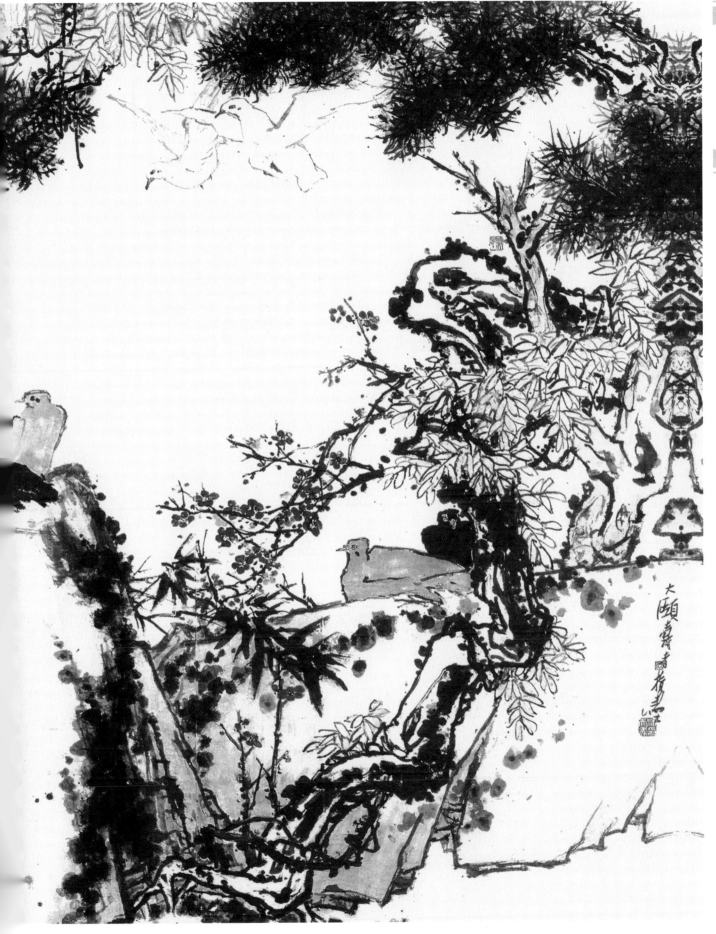

名或字号题完后，可说已完成了。然而指头画还不够，就是在姓名字号下，还需加题"指墨"或"指头画"等字样才算完成，因为毛笔画是人人知道的，不需要写明毛笔画，而指头画不写明指头画，每每使赏鉴的人，不知道是指头画，而当作毛笔画看，对于赏鉴和评价来说，往往发生误解，是所必然的。倘使在题款末了的姓名或字号下，不写明指头画时，也必须加盖"指头画"或"指墨"等图章，以为识别。《指头画说》云：

"号下书'指头画''指头生活'字样者，则多用名号印，或加一二闲章。落单款者，必用'指头画''指头生活''指头蘸墨'等章，款与印章亦弗重复。"

又我国绘画自高其佩创始指头画以后，同时又有指头书法出现，简称曰"指书"，何人创始无从稽考。然而《指头画说》中载高其佩能用拳写匾额大字，那么这指头书法，同创始于高其佩，也未可知。然而这种书法，在我国书法上的价值如何、地位如何，因不在本文范围之内，姑且存而不论。但是造型艺术，每需注意统一，是一重要条件，因之高其佩以后的许多指头画家，往往用指书题款，以合统一原则，是必要的。然而指书全以指头为书写的工具，写胡桃大小的字为适合，如小于胡桃的字，只能用小指甲书写，必然锋芒毕露，圭角横生，难以写得美好，是一事实。又郑德凝所作指画，每用柳条题款，他的用意自然在画面上的

统一，但用柳枝写字，不易美好，而且写时也不方便。

高其佩的指画，都用毛笔题款，也不觉到太不统一，因此指头画的题款，可用毛笔书写，殊感好处多，缺点少，应该从权沿用的。

五、结束语

关于指头画的问题，所述大体如前。

根据党的"百花齐放"的方针，指头画应该说是中国绘画的一朵花，虽不能说是花王，作为一朵花来争艳，这也未始不可。因为我们党的文艺方针，就是要求文艺为工农兵服务的原则下，鼓励不同画种、不同题材、不同体裁、不同风格、不同艺术形式的多样化的发展。我今天之所以谈这个问题，也就是本着这个意思来说的。

对于指头画的创作，我还得重复说几句：要学指头画，还得从毛笔的基础入手，不能以指头画可以取奇偷巧而来玩玩墨趣。我们必须从内容出发，下功夫去创作。而且对于指头画这一传统艺术，我们也得根据时代的要求，发挥我们的智慧，一方面加以继承，另一方面要加以革新和创造。石涛说"凡事有经必有权，一知其法，即工于化"，道理便是如此。总之，我们应该积极地要求使指头画发展得更好，为人民服务得更见效能。

注释：

注1：张彦远，晚唐河东人，字爱宾，擅书画，著有《历代名画记》行世。

注2：张璪，唐，吴郡人，字文通，擅山水树石，高低秀绝，咫尺深重，所说南宗山水，由摩诘传至张璪，而递五代的荆、关。初毕宏以画松石擅名当代，一见文通所作古松，惊异他唯用秃笔，或以手摸绢素，问他所受，曰："外师造化，中得心源。"宏因之搁笔。

注3：毕宏，盛唐河南偃师人。大历中为给事中，改京兆少尹，为左庶子。树石奇古，擅名当代，尤长古松，杜甫尝为毕宏作《双松图歌》有"天下几人画古松？毕宏已老韦偃少"的句子。评论家说："树木改步变古，自毕宏开始。"后见张璪画松，因之搁笔。

注4：方薰，清乾嘉时浙江石门人，字兰士，山水结构精微，风度闲逸，花卉亦娟洁明净，绰有余韵，著有《山静居画论》行世。

注5：张庚，清雍正时秀水人，字浦山。

注6：高其佩，清，铁岭汉军人，字韦之，号其佩，又号南村，以父爵荫官，自知州至侍郎都统。天资超迈，工诗，工指画，凡花木鸟兽人物山水以及龙虎虫鱼，无不精妙，雨烟远树，蓑笠野翁，云气拂拂，更为奇极。秦逸芬说他的笔墨山水沉着，人物生动尽致。深得吴小仙神趣。世人但知道他的指头画。雍正十二年甲寅卒。

注7：高秉，字青畴，号泽公，辽阳人，高其佩从孙，工指画，著有《指头画说》行世。

关于生活问题

你们就要下乡了，因时间关系，先不讲构图问题，待大家下乡回来后，根据所提出的问题再做系统讲授。现在就你们这次下乡，谈谈下乡须注意之点。

下乡注意点自然第一在思想改造，第二在体验生活，第三在锻炼身体，第四在收集画材。在收集画材时碰到布局问题，这是锻炼构图的好机会。但是构图前的步骤，重点在思想性，思想性是密切结合实际的。董其昌说"行万里路"，就是体验生活。古代画家尚如此重视体验生活，现在更应如此，不过内容和含义不同了。文艺是人们意识形态的产物，也就是说：文艺作品是人们思想意识的反映。自然界中的一切形象与色彩，是没有思想性的。例如一棵树或一朵花，本身没有思想性，但是画画的人是有思想性的，因此，无思想的对象经过画家的眼和脑，也自然有了思想性了。古代人看自然，与今天的人民群众看自然有所不同，因为时代不同了，人们的思想意识也随着时代变迁而不同了。艺术家深入生活和反映生活，不是自然主义的看到什么就表现什么，而要抓住当时生活中的主流思想来表现，既要看到眼前的美景，又要看到进步的未来，要有美好的幻想，才能深入一步，先进一步，而后起到引导群众向前进步的作用。有人说花鸟画是没有思想性的，古今画家画牡丹花，总是牡丹花，没有什么分别。我说却不然，花鸟画同样有思想性，也同样有着各个不同时代画家的思想意识，反映不同的观点。过去的人，以为牡丹是大红大绿，既艳且丽，有着富贵的象征，因此称它为富贵花。不论看画的人作画的人，

一看到牡丹，就想到他们所希求的前景，代表富贵，既富且贵，这是封建时代所追求的观念。如牡丹和猫蝶同画，以"猫蝶"谐音"耄耋"，叫作"耄耋富贵"（年八九十称耄，年七八十称耋。"耄耋富贵"即长命富贵的意思）。画牡丹与玉兰合画谓之"玉堂富贵"，画水仙与牡丹合画谓之"富贵神仙"，画牡丹和菖蒲谓之"贵寿无极"等。今天看牡丹、看玉兰、看水仙、看菖蒲是全不同了。牡丹是粗枝大叶大红大绿的美丽花朵，它象征着繁荣美丽的景象，也就是可以用它来象征新社会欣欣向荣、无限光辉的现实，这就是今天牡丹花的思想性。花鸟画如此，山水画亦如此。如元代倪云林画山水，往往是空山无人，只画山水不画人，画中景象荒疏冷落，这是由于他生活于元代末年，大乱将起，一切无所希望，只想逃避现实，感受着荒寒冷落空山中的情味，终于一棹扁舟于湖海中，过他的隐逸生活，故在画面上仅画些枯木竹石，极度地表示他内心的寂寞，这不是倪云林的思想吗？今天的山水画与花鸟画与古代的山水画花鸟画，在笔墨技法上虽然变化不多，但是随着我们思想的进步，生活方式的与古代不同，国际交往的开展，画家生长于现代生活中，对事物的观察，其深度与广度也随着提高。深山中的山村情况、舟车桥梁、花鸟中的新出品种，自然不能与古代相同。即便对故有的平凡题材，也绝不能与古有的想法相似。自然画起来也不会和古人一样。这就是一个思想性问题。你们下乡去，倘使碰到了特有姿态的花花鸟鸟，或古人未曾画过的新画材，你们都可用

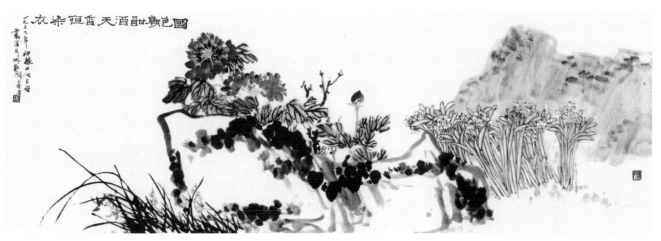

国色天香

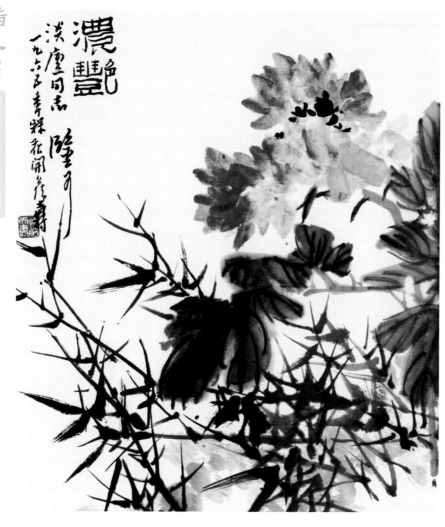

浓艳图

你的画笔画起来，那就往往能出现新鲜的作品，有时也可以用平凡的题材配以不平凡的配景，也能创成与众不同的作品。倘使仅仅抄袭古人，移东搬西，不能变化，怎能创得出社会主义新风格出来？

我们在初步抓形象时，应多多画些素材，这是不错的；但它的重点，要在注意对象的组织规律及气势与神情，以打好创作的基础。换句话说：抓形象就是为创作做准备。故搞花鸟的素材时，在花房里画静止的东西，只能注意形象的组织与变化，对于姿态、气势往往极平板的。但是去山野乡村时，自然不同于花房里了，须注意花鸟自然生动的姿态，并配以环境中疏篱乱石的活泼与自然天真的气势等等。这就是花鸟生活的体验，只有这样，才能发现与一般不同的花鸟材料，画起来也自然不落常套了。同时在收集素材时，也应注意诗的境界，如"空山无人，水流花开"一诗的意境甚高，这种景象在花园里是没有的。倘若对诗没有欣赏能力的人，对于这种诗句，情趣上毫不发生关联，怎能画出这句诗意来呢？清代康、乾间的郎世宁是意大利教士，到中国后，很努力学习中国画，用了许多功力，但是毕竟是意大利人，不懂中国诗的，当然画不出有诗情的作品来。

花鸟有花鸟的环境与习性，选材和配料与花鸟的环境习性有密切的关系，这也关系到你们体验生活是否深入的问题。自然鸡有鸡的生活习惯，而非鹅与鸭的生活习惯；狗有狗的生活习惯，而非猫和猪的生活习惯。世俗间所谓"鸡飞狗上屋"是不祥的事情，因为鸡是不会高飞，狗是不会攀援的，这样的情景自然不能入画。陶渊明有"鸡鸣桑树巅"诗句，一般没有体验鸡的生活习惯的人，读了"鸡鸣桑树巅"的句子，以为陶渊明所住的地方的鸡能高飞上树。实则陶是江西柴桑人，那一带地区所种的桑树都是低桑，鸡上桑树，是用两脚一步步连飞带跳地跳上去，而不是飞上去的。懂得这一点，才可读懂"鸡鸣桑树巅"的诗句。故画鸡不能立得太高，鹰不能站得太低，画麻雀不宜立在老松树上，荷花不能与松树配在一起，可配柳树和芦草，否则就会不协调。以山水来讲，有时画大片重重叠叠的山不好看，那就不如画全景，可画部分。花卉也同样，李晴江画梅花有"触目横斜千万朵，赏心只有两三枝"的诗句，就是说画梅花可删去不必要的，选出两三枝入画的来画就是了。山水中往往把东边的树和西边的石合并成一幅画稿，每每如此实写生为出色，这也是选材的办法。石涛说："搜尽奇峰打草稿。"选集奇峰凑配奇峰，使构成不落平常的作品。这是东方绘画常用的布局办法，与对景写生有所不同。

收集材料后，如何应用材料，就得要很好地研究布局。古人有古人各不相同的手法，值得我们学习，例如石溪、八大等等。石溪的布局多茂密，题的款总是长款；八大布局很疏简，题的穷款多。以八大的花鸟而论，往往画材极少，空白很多，不但空而不空，而且觉得高远空阔，茫无边际，独树一帜，不落凡近。石溪多茂密厚重空处无多，稍有空处也常题以长款，然而让人觉得密而不密。他下笔时画不尽，我们看时也感到看不尽，而没有多余之处。八大的穷款、石溪的长款，都与他们的构图相配合。

画画的人，不能局限于画画的一面，对诗文、书法、画理、画史等方面的学识必须很好研究。学识要博，见闻要广。王石谷说自己画青绿山水三十年始知青绿的着色法，而实际上他的青绿是小青绿，从赵子昂、文徵明承袭而来，即以普通的水墨山水加小青绿而成。有人虽批评石谷的青绿不及仇十洲，石谷的青绿清新则有余，古厚则不足。因青绿是重色，应似古厚为尚。花青、赭石等色宜于清而淡，却与重色不同。所以画画不能偏于一面，对各家各派都要欣赏，画大写意的也能画点双勾重彩，搞雄健的也要搞点清逸秀丽的东西。当然也不要平均对待，看的东西不能太狭窄，范围小了就容易落常套，变不出东西来。从大写意花鸟来说，如吴昌硕、陈师曾、齐白石等为一路，这是一种风格，再上去可看赵之谦、扬州八怪、八大、青藤、林良诸家，也是大写意，但他们的风格大不同。各个时期的画家都有不同风格和特点，应做深入探讨，吸收其长处，以为创新的准备。千万不要研究某家，就只有某家好，形成"入者主之，出者奴之"的习气。初步实习创作，也要做多方面的尝试。

（此文为《关于构图的问题》讲稿的引言部分，系1963—1964年作者在浙江美院中国画系山水花鸟工作室的讲课记录稿，由叶尚青整理，后经潘天寿审阅定稿。因该部分主要谈艺术与生活的关系问题，故改题《关于生活问题》。）

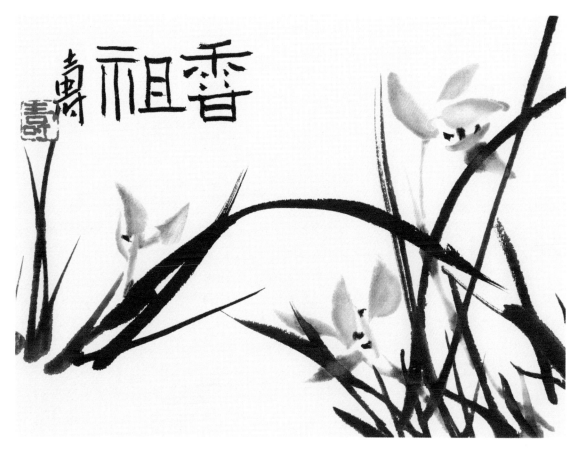

香祖图

佛教与中国绘画

艺术每因各民族间的接触而得益，而发挥增进，却没有以艺术丧亡艺术的事情。不是吗？罗马希腊虽亡，罗马希腊人的艺术却为东西各国的艺坛所尊崇推仰。这正是艺术的世界，是广大而无所界限。所以凡有他自己的生命的，都有立足在世界的资格，不容你以武力或资本等的势力来屈服与排斥；而且当各民族的艺术相接触的时候，辄发生互相吸引、互相提携的作用。东西各国的文化史中，都有这样的例证。

吾国的艺术在夏商周的时候，大体在自然地发展，未曾和外邦有所接触。属于艺术的一部分的绘画就好像一个孩子，还被拥护在母亲的身边，未曾和其他的人有过相当的社交。到了西纪前3世纪的时候，秦始皇统一六国，版图远扩于西南，从而西域的美术品，渐次输入中土，并且在始皇帝二年的时候，西域骞霄国画家烈裔入朝，能口喷丹墨，而成魑魅怪诡群物等的图像，善画鸾凤，轩轩然唯恐飞去。这是吾国的绘画与外邦有社交的开始。从秦代以后，依国势与交通等的关系，渐渐增加更多的接触机会，这也是必然的趋势。西人候儿氏（Hirth）所著的《中国美术之外化》一书，曾分中国古代之绘画为三时期：从最古到西纪前150年，不受外势影响的独自发展时代为第一期；从西纪前150年到西纪67年，西域画风侵入时代为第二期；从西纪67年以后，佛教输入时代为第三期。但是西域诸国，大都尊奉佛教，西域画风的侵入，也可以说是一部分佛教画风的输入。就是说候儿氏所分的三时期中第二、第三两个时期，都受着佛教的大影响，不过一属间接一属直接罢了。在此所以我要提起与东晋学术思想有极大影响的印度佛教和吾国绘画的关系了。

佛教东传中国，是在汉明帝时代。史载明帝曾梦白光金人，遣蔡愔到天竺求佛经及释迦像。这事在明帝永平八年，即西纪65年，就是候儿氏所划分佛教输入期的开始时。当时和蔡愔同归的，有沙门迦叶摩腾与竺法兰二人。因白马驮经，建白马寺于洛阳雍门，使二沙门翻译经典于寺中。是为吾国有佛教及佛经的始初。其实秦代与西域交通之后，在来往的痕迹中间，早已造成佛教东传的机会。一说：秦始皇的时候，曾有一沙门来朝，见于临洮，始皇因销金器作十二金人以像之。临洮是现在甘肃的巩县，在此昔地，可推测佛教在秦时代，已入中国的边境。换一句话说，就是中国最初接触佛教的势力，大约也在印度阿育王时代，因此印度的佛教绘画，也未始不可推想在这时已输入到中国的边境了。候儿氏所划分西域画风侵入时期，从西纪150年起，那时正是汉武帝元鼎二年，即班超通西域的时候。其实西域画风的输入，是在通西域之前，这恐是候儿氏不精密的地方。不过从汉代蔡愔等带入释迦像以后，才有白马寺壁上千乘万骑绕塔三匝图的中国的佛教绘画。现在虽未能考得此种式样与作者姓氏，但在画的题材上，自是抄袭印度佛院中的佛画式样，是无可怀疑的。又当时明帝将蔡愔等所带入的经典、佛像，摹写多本，藏于南宫的云台及高阳门等地方，以重广示。所谓"上有所好，下有所效"，知道当时对于此等图像早在宗教信仰的心理上引起画家与鉴赏者的重视，也可在意想中断定的。

东汉末年，炎运渐渐衰微，魏蜀吴三国，因此相继鼎立，互相纷争，有五六十年的长久。晋承三国分裂之后，于内政纷乱元气尚未恢复的时候，就遭八王的祸乱，在外方又加以夷人的侵入，酿成五胡的纷扰，终成南北分裂的局势。人民因受历年战争的困顿苦楚，渐渐助长消极厌世的色彩，一般人士，因开清谈的端绪。魏晋的时候，更增盛炽，何叔平等倡导于前，嵇康、阮籍等相继于后，尊崇老庄，排斥儒术，竞尚玄虚幽妙，以为旷达，成一时思想的大潮流，与佛氏的以达观顿觉而脱出苦乐得失烦闷人生的意旨很相适合，所以当时佛教，也随时代的思潮日渐隆盛，以达六朝的极致。原来我国从汉代以来，和西域的交通更增繁密，西域的僧人来传于内地者也日渐加多。兼之因国家的战争，困惫的社会，人民几乎未能得到一日的安逸。当着时运倾颓的季世，节义的人士也不易全他的所终。厌世的潮流，到了这个时候顿成高潮，更是佛教隆兴的大机会。故在六朝时代，佛教蔓延于中国内地，北朝的符秦姚秦都深信佛教，造塔建寺崇奉不遗余力。尤其是梁武帝萧衍，承南方偏处的平安，得尊奉佛教的更好时机。印度僧侣乘机东来的因此也极多，如禅祖十八代菩提达摩，即为武帝所欢迎。故佛教乘五胡纷乱盛入内地者，大概是从西南直入北方，以长安洛阳为中心地点，渐渐蔓延于吾国的南方。到了梁朝时代，因海运开通，印度诸僧侣多从海路东来，当时竟以建业为中心地点，从南方渐次蔓延于北方。我们从历史中梁武帝舍身等记载，便可晓得当时佛教信仰的狂热；读唐杜牧"南朝四百八十寺，多少楼台烟雨中"的诗句，足以想见当时江南佛教的隆盛。那么当时的印度美术，也自然多从海路直接输入南方内地。并且梁武帝曾命郝骞到印度模造卫邬国陀那王的佛像而归中国，因之武帝大兴寺院的壁画，竟沿用到朝廷宫阙之内。史家所传的印度中部的壁画，也在这时输入吾国，从一乘寺凹凸匾等的证明，确是不错的。故吾国自东汉以来到六朝的绘画，虽因文化发展的需要在各方面都有所进展，然在全绘画上成为最重要的主点的，却是伴佛教而传布的佛教画，这是研究吾国绘画的人所共同承认的。原来当时的佛教画家，大概为印度的宣教者或吾国的信教者，对于佛教有热烈的信仰，竟以绘画作为佛教的虔敬事业。他们所作的佛教绘画，虽不旨在艺术的本身上作何等讲究，然全体系信仰的盈溢流露于外形，自然存有不可思议的

灵力，令人起崇敬的想念。所以当时的佛教寺院，因宗教思想的灵化，差不多成为美术的大研究所。一方面因当时的天下分崩，政教失坠。在上面的一般大人先生，鸿于玄虚的清谈，便足以过他们的一生；在下的一般无知小民，蹈于妄希福利，流于迷信，而宗教的绘画，也于无形中唤起一时士人的爱好，虔敬的宗教画家自然乘机创作出种种以前所未曾见过的诸佛诸神的净土，以示他们的信念。当时吾国的画家，受此种绘画的最有影响者，如吴的曹不兴、西晋的卫协、东晋的顾恺之、刘宋的陆探微、梁的张僧繇等，都是吾国古代极有名的人物画家。一说：不兴曾在天竺僧人康僧会那里，见过从西域带来的佛画仪像及摹写。盖康僧会曾受吴孙权的信仰、建建初寺于建业，为江南佛寺的始祖，不兴的弟子卫协曾有吾国画佛家的称誉，或者同不兴从康僧会所输入的佛教仪像里，得绘画的新规范，也未始不可作臆想的推测。其余如张墨、荀易、戴逵、史道硕、陆绥、刘祖胤、蒋少由、王乞德、王由、谢赫、毛惠远、曹仲达等等，都是吾国很有名的佛教绘画家，真是非常之多。

壁画虽在周的时候，就被用于王宫祖庙等地方，然一种新式样的印度壁画，却在梁的时代输入。此种壁画，起初专为寺院装饰等应用，后来渐溶以中国

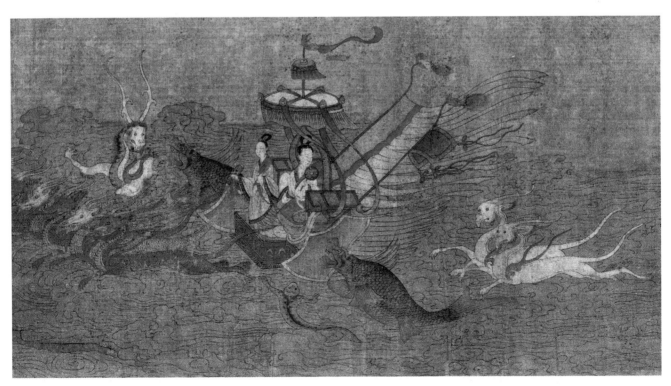

洛神赋图卷（局部） 东晋 顾恺之

化，投合国民的风尚，成一般的使用。它的式样如何，虽不能十分明了，大约与遗存于现在的印度阿旃陀窟（AGIANDA）的壁画，没有太大差异。然在梁史上所载建康一乘寺有张僧繇所画匾额，说花形称天竺的遗法，眼望眼晕如有凹凸，故又称一乘寺为凹凸寺，所说眼晕如有凹凸，定是吾国所不常用的阴影法，与印度阿旃陀窟、日本法隆寺金堂的壁画，大略相似而无疑。现摘录《日本美术史略》中法隆寺金堂壁画的说明如下：

"细按它的作法，壁面全体涂抹白粉，描线作大轮廓于画面上，次第绘以彩色，它的色料为墨朱、红、土黄、青、黛绿等，用润笔干笔，各分浓淡施色。它的画风，大与日本及中华固有的古画不同，线条几成全无意义，不过作形状及色彩的界线罢了。最特异的，以晕染的方法，作全体的阴影，浓厚而且深暗，但与埃及棺中所发现的古代肖像画和阿旃陀的图像，作十分阴影的不同，想印度晕法经中华而到日本人的手中，不期然地减薄多少，也未可知。佛像的全部，都带有印度色彩，类似阿旃陀图像中的代表作品，姿势大凡雄伟，如手指等各部分，并且非常写实，可说极有密致变化的技巧。服装方面，中间一像，全身披有多褶皱的衣服，其余各像多裸上半体而附以胸饰及腕环等，从左肩到右腋下，挂以袈裟，腰部附以极薄的裳，是以透

见两脚。在各种的装饰上，意匠于印度的式样，出于奇异的想象者不少。例如普贤菩萨所骑的象，象牙延长成两枝莲花，其中一枝婉转变成花形的灯，载普贤的脚于灯上。立于佛像中间背部的高屏风，重叠埃及古图中所见的水瓶模样，及印度阿育王时代建筑装饰上宝轮形莲花纹等，及他模样中一部分的式样带有希腊风味，和不少中华及日本菱花形与麻叶形。衣服上的花纹，有染物及织物二种。考察以上各点，可晓得此画，虽全为印度中部图画式样，多少受中华的变化，当作模范。而由日本的画工，适宜配置于金堂的壁画而画成的，实是非凡的大作品，足以证明二三百年前东西交通的事迹。"

六朝原为吾国佛教弘宣时代，天竺的康僧会、佛图澄，龟兹的罗什三藏，及求法者的智猛、宋云等，没有不以图画佛像为弘道的第一方便，尤其是擅长绘画的迦佛陀、摩罗提、吉底俱等僧侣来华，以及壁画的新输入张僧繇因先传他的手法，而成新机局者。

隋代佛教绘画，比南北朝虽无甚进展，然李雅及西域僧人尉迟跋质那、印度僧人昙摩拙叉等，都很长西方佛像及鬼神等，为隋代绘画中的中心人物。又印度僧人拔摩曾作十六罗汉图像，广额密鬐，高鼻深目，直延传到现在，还表现着高加索人种的神气。

自隋到了唐代，佛教又见异样的振作，分门立户，

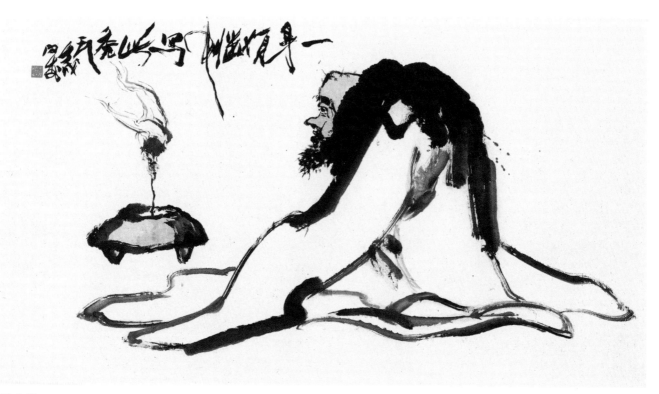

秃头僧图

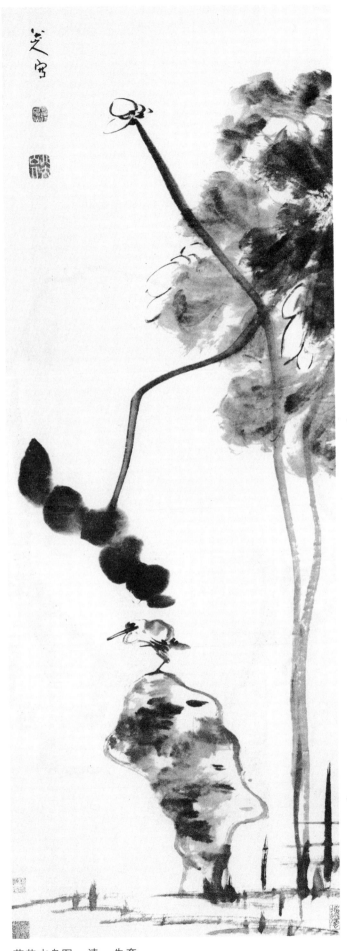

荷花水鸟图　清　朱耷

各自成派，如智者的天台宗、首贤的华严宗、善导的净土宗、道宣的南山宗、吉藏的三轮宗、不空的真言宗，真是风驰云涌，迭然竞起。并且玄奘从东印度带来的佛画佛像，和金刚智、善无畏等同时所传入的仪像，于吾国的绘画上，自然与以极大的影响。唐贞观中年，于阗国王荐尉迟乙僧至唐室，极长佛画，曾在兹息寺的塔前作观音像，于凹凸的花面中现有千手千眼大慈大悲的观音，及七宝寺降魔图千怪万状，精妙不可比喻。想他的画风，大概与梁时代张僧繇凹凸寺匾同出一手法，当时如张孝师、吴道子、卢棱伽、车道政等，都受着极深的影响。虽宋的郭若虚曾说"近代方古多不及，而亦有过之，若论道释人物、士女牛羊，则近不及古"的话，足以证明宋代及唐代末年的佛教绘画不及唐以前的隆盛，然初唐的佛教绘画在当时的绘画上尚占极大的势力，这是谁都该承认的。虽然，中国自五胡乱华以后，西北的华人都被胡人逼迫南下，留居长江流域一带，因之南下华人顿接触南方大自然景趣的清幽明媚，促成山水花鸟画的发达与完成。而且中唐以后的社会人心，与中唐以前的风尚已呈一变迁的现象。当时佛教中的论理浓艳，宗旨繁琐各宗，多与当时的社会思想不相适合；独禅宗的宗旨，高远简直，尽有清真洒落的情调。他们所有一种闲静清妙的别调语录，很适合当时文士大人文雅的思想与风味，乘此时代思潮的转运中间，自然兴起一种寄兴写情的画风，别开幽淡清香水墨淡彩的大法门，而成宋代水墨简略的墨戏。这实是当时的人民，久优悠唐代清平之下所表现的光彩。

　　五代及宋都属禅宗盛炽时期，极通行罗汉图及禅相顶礼图等，废除从前所供奉的礼拜诸尊图像，代以玩赏绘画的道释人物。此等道释人物，大概出于兼长山水等的画家，例如僧人法常所作的白衣观音像等，都在草略的笔墨中，助水墨画的发展。原来禅宗的宗旨主直指顿悟，世间的实相，都足以解脱苦海中的波澜，所以雨竹风花，皆可为说禅者作解说的好材料。而对于绘画的态度，因与显密之宗，用作宗教奴隶者不同，可是木石花鸟、山云海月，直到人事百般实相，尽是悟禅者自己对照的净镜成了悟对象的机缘。所以这时候佛教在方便的羁绊绘画以外，并迎合其余各种材料，使得当时的绘画随禅宗的隆盛，而激成风行一时，盛行文士禅僧所共同合适的一种墨戏。如僧人罗窗静宝等的山水、树、石，人物，都随笔点染，意思简当，表现不费装饰的画风；又僧人子温的蒲桃、圆悟的竹石、慧丹的小丛竹，都有名于墨戏画中。从宋以下，直到清代的八大、石涛、石溪等，都是以禅理悟绘画，以绘画悟禅理者，真可谓代有其人。

宋元以下佛教未见特出的彩色，特出的佛教画家亦不多见。徐沁《明画录》道释人物叙文里说：

"古人以画名家者，率由道释始，虽陆、张、吴，妙迹永绝，而瓦棺维摩，柏堂庐舍，见诸载籍者，恍乎若在，试观冥思落，笔倾都聚观，辇金输财，动以百万……今人既不能擅场，而徒诡日不屑，僧坊寺庑，尽汗俗笔，无复可观者矣。"

然二三千年来，佛教与吾国的绘画，极是相依而生活，相携而发展，在绘画与佛教的变迁程途中，什么地方找不到两相关系的痕迹？不过唐以前的绘画为佛氏传教的工具，唐以后的绘画为佛氏解悟的材料而不同罢了。海运开后，东西洋的交通已发现平坦的大道，未悉今后的吾国绘画，与佛教是否还会发生何种关系。

（此文原载于《潘天寿美术文集》，人民美术出版社1983年版）

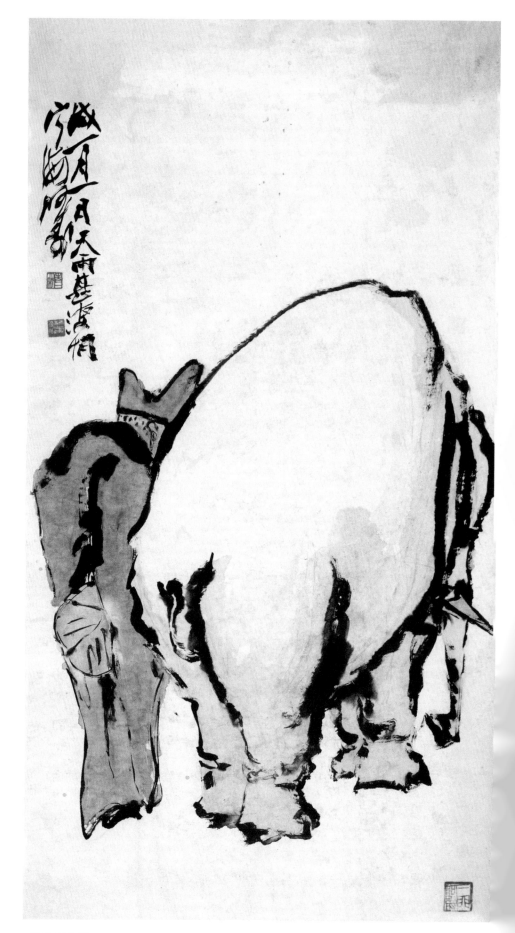

济公与象图

谈谈吴昌硕先生

我在27岁的那年到上海美专任教，始和吴昌硕先生认识。那时候，先生的年龄已近80了，身体虽稍清瘦，而精神很充沛，每日上午大概作画，下午大多休息。先生和易近人，喜诙谐，休息的时候，很喜欢有熟朋友和他谈天。我与昌硕先生认识以后，当然以晚辈自居，态度恭敬，而先生不以年龄相差有前辈后辈之别，谈诗论画，请益亦多。回想种种，如在目前，一种深情古谊，淡而弥厚，清而弥永，真有不可言语形容之概。

昌硕先生诗书画金石治印无所不长，并有强烈的特殊风格，自成体系。书法专工古篆，尤以石鼓文字成就为最高。郑太夷评昌硕先生的石鼓文说：

"邓石如，大篆胜于小篆。何子贞，只作小篆，未见其作大篆。杨沂孙、吴大澂，皆作大篆。邓、何各有成就，杨、吴不逮也。缶道人，以篆刻名天下，于石鼓最精熟，其笔情理意，自成宗派，可谓独树一帜者矣。"

有一天下午，我去看吴昌硕先生。正是他午睡初醒以后，精神甚好，就随便谈起诗和画来，谈论中，我的意见颇和他的意趣相合，他很高兴。第二天他就特地写成一副集古诗句的篆书对联送给我，对联的上句是"天惊地怪见落笔"，下句是"巷语街谈总入诗"。昌硕先生看古今人的诗文书画等等，往往不加评语。看晚辈的诗文书画等等，只说好，也往往不加评语，这是他平常的态度。这副送给我的篆书对联，自然也是昌硕先生奖励后进的方法，但是这种的奖励方法，是他平时所不常用的。尤其所集的句子，真觉得有些受不起，也更觉得郑重而宝贵，很小心地什袭珍藏，有十年多之久。抗战军兴，杭州沦陷，因未及随身带到后方而遭遗失，不识落于谁人之手，至为可念！回忆联中篆字，以"如锥划沙"之笔、"渴骥奔泉"之势，不论一竖一画，至今尚深深印于脑中而不磨灭。

昌硕先生在篆书方面的成就可说是举世皆知，无须叙述。因此能运其所成就的篆书用笔应用于绘画上面，苍茫古厚，不可一世。他自己也以为钟鼎篆隶之笔入画是其所长，故在题画诗上常常提到这点。例如挽兰匀的诗中说："画与篆法可合并，深思力索，一意唯

孤行。"又如题画梅说："山妻在傍忽赞叹，墨气脱手推碑同。蝌蚪老苔隶枝干，能识者谁斯与邕。"真不胜列举。

楷书方面，昌硕先生曾谈起"学钟太傅二十余年"。故他在80高龄的时候，尚能写小正楷扇面，笔力精毅，一丝不苟，使吾辈年轻人心生敬佩，足以知道他楷书的来路与功力的深至。他的行草书是用篆书与楷书相参而成，如枯藤，如斗蛇，一气相连，不能遏止，极与昌硕先生的画风配合，用以题写绘画，尤为妙绝，成画面上的新风格。故他作画时，也以养气为先。他尝说：作画时，须凭着一股气。原来昌硕先生对于

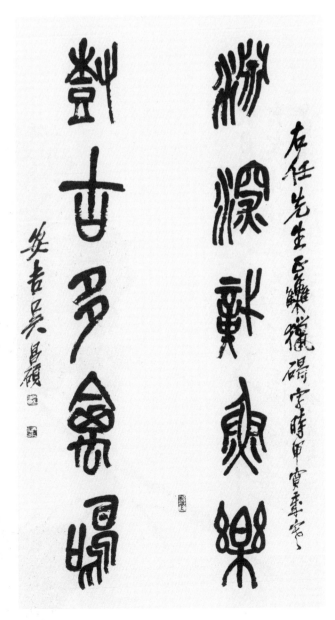

篆书　吴昌硕

诗书画治印等等，均以气势为主。故他论画诗上或题画诗上常常谈到气的方面。兹摘例句如下。

《为诺上人画荷赋长句》：

"墨荷点破秋冥冥，苦铁画气不画形。"

《沈公周书来索画梅》：

"梦痕诗人养浩气，道我笔气齐幽燕。"

《得苔纸醉后画梅》：

"三年学画梅，颇具吃墨量。醉来气益粗，吐向苔纸上。浪贻观者笑，酒与花同酿。法拟草圣传，气夺天池放。"

《勖仲熊》：

"我画非所长，而颇知画理，使笔撑槎枒，饮墨吐畏垒，山是古时山，水是古时水，山水饶精神，画岂在貌似。读书最上乘，养气亦有以，气充可意造，学力久相依，荆关董巨流，其气乃不死。"

昌硕先生的绘画，以气势为主，故在布局方面，与前海派的胡公寿、任伯年等完全不同，与石涛、八大、青藤，也完全异样。如画梅花、牡丹、玉兰等等，不论横幅直幅，往往从左下面向右面斜上，间也有从右下面向左面斜上，它的枝叶也作斜势，左右互相穿插交叉，紧密而得对角倾斜之势。他尤其喜欢画藤本植物，或从上左角而至下右角，或从上右角而至下左角，奔腾飞舞，真有蛇龙失其夭矫之概。其题款多作长行，以增布局之气势，可谓独开大写花卉的新生面。

昌硕先生绘画的设色方面，也与布局相同，能打开古人的旧套。最明显的例子，就是欢喜用西洋红。西洋红是从海运开通后来中国的，在任伯年以前，没有人用这种红色来画中国画，用西洋红，可以说开始自昌硕先生。因为西洋红的色彩，深红而能古厚：一则可以补足脂胭不能古厚的缺点；二则用深红古厚的西洋红，足以配合昌硕先生古厚朴茂的绘画风格。昌硕先生早年所专研的，是金石治印方面，故成功较早，成就

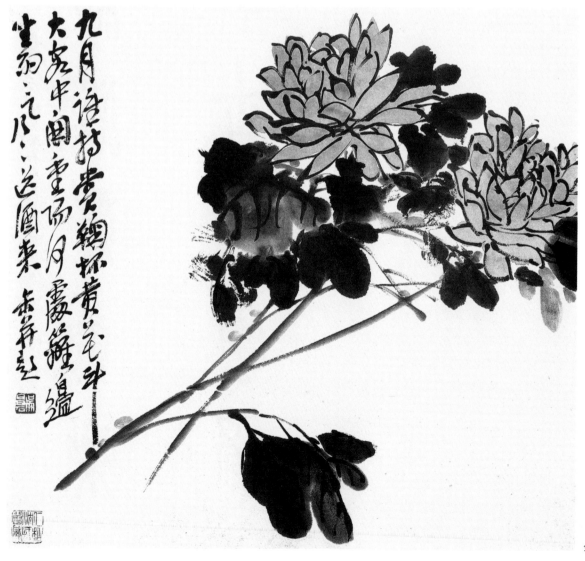

菊花　吴昌硕

亦最高，以金石治印方面的质朴古厚的意趣，引用到绘画用色方面来，自然不落于清新平薄，更不落于粉脂俗艳，能用大红大绿复杂而有变化，是大写意花卉最善于用色的能手。但是他常说："事父母色难，作画亦色难。"

他又常说："作画不可太着意色相之间。"

自然，吾国的绘画，到了近代，每以墨色为主彩，墨色易古不易俗，彩色易俗不易古，故说"事父母色难，作画亦色难"。又说"作画不可太着意于颜色之间"。这全是昌硕先生深深体会到用色的艰苦，有所领会而说的。近时白石老先生，他的布局设色等等，也大体从昌硕先生方面来，而加以变化。从表面上看，是与昌硕先生不同，其底子，实从昌硕先生支分而出，明眼人自然可以一望而知。白石先生自己在他的论画诗上，也说得十分清楚。兹录如下：

青藤雪个远凡胎，老缶衰年别有才，我欲九原为走狗，三家门下转轮来。（白石先生自注：郑板桥有印文曰"徐青藤门下走狗郑燮"。）

昌硕先生，不论诗文书画治印等均以不蹈袭前人、独立成家以为主旨。他在刻印长古中有句说：

"今人但侈慕古昔，古昔以上谁所宗。诗文书画有真意，贵能深造求其通。"

又题画梅说：

"画之所贵贵存我，若风遇箫鱼脱筌。"

又题葡萄说：

"吾本不善画，学画思换酒。学之四十年，愈老愈怪丑，莫书作葡萄，笔动蛟蚪走。或拟温日观，应之日否否。画当出己意，摹仿堕尘垢，即使能似之。已落古人后，所以自涂抹，但逞笔如帚。世界隘大千，云梦吞八九。只愁风雨来，化龙逐天狗。丞丞卷付人，春醪酌大斗。"

又白石先生自嘲诗下注说：

"吴缶庐常与吾之友人语曰：小技拾人者则易，创造者则难。欲自立成家，至少辛苦半世，拾者至多半年，可得皮毛也。"

但是有一次，我画成一幅山水之后，自己觉得还能满意，就拿去给昌硕先生看看。他看了之后，仍旧只是说好，然而当天晚上，却作了一首长古，第二天的早晨，就叫人带交给我，诗里的内容，全与平时不同，可说诫勉重于夸奖。因此可知道昌硕先生对学术过程，极重循序渐进，反对冒险速成。兹录其长古如下。

《读潘阿寿山水障子》：

"龙湫飞瀑雁岩云，石梁气脉通氤氲、久久气与木石斗，无挂碍处生阿寿。寿何状兮顽而长，年仅弱冠才斗量。若非农圃并学须争强，安得园菜果瓜助米粮。生铁窥太古，剑气毫毛吐，有若白猿公，竹竿教之舞。昨见画人画一山，铁船寒壑飞仙端，直欲武家林畔筑一关，荷蕢沮溺相挤攀。相挤攀，靡不可，走入少室峰，遇着吴刚是我。我诗所说疑荒唐，读者试问倪吴黄。只恐荆棘丛中行太速，一跌须防堕深谷，寿乎寿乎愁尔独。"

我在年轻的时候就欢喜国画，但每自以为天分不差，常常凭着不拘束的性情、趣味出发，横涂直抹，如野马奔驰，不受缰勒，对于古人的重工力严法则的主张特别轻视。这自然是

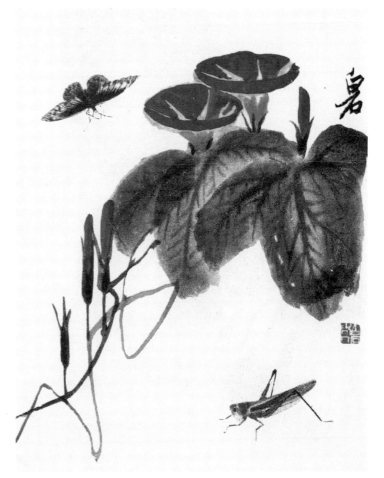

牵牛花　齐白石

一生的大缺点。昌硕先生知道我的缺点，即在这幅山水画上明确地指出我的缺点，就是长古中末段所说的"只恐荆棘丛中行太速，一跌须防堕深谷，寿乎寿乎愁尔独"。他深深地为我绘画"行不由径"而作恳至的发愁与劝勉。

昌硕先生谢世以后，每与诸旧友谈及近代诗书绘画治印等的派系与成就，一谈起就谈到昌硕先生，因此也常常引起昔年与昌硕先生过往的许多情况。我抗战中流离湘赣滇蜀，笔砚荒废，每每对昌硕先生诗书绘画治印诸项，有他卓绝的特殊风格，而为左右一代风气的大宗师，时有所怀念，也因怀念而曾咏之以诗，

兹录于下。

《忆吴缶庐先生》：

月明每忆斫桂吴，大布衣朗数茎须。文章有力自折叠，情性弥古俛清癯。老山林外无魏晋，驱蛟龙走耕唐虞。即今人物纷眼底，独往之往谁与俱。

吾国近年画坛殊感寂寞，黄宾虹先生已归道山，齐白石先生因年高，也不能多作画，在谈谈吴昌硕先生过往情况之下，吾将拭目有待于吾辈以后之可畏青年了。

（此文系1957年12月作者在杭州西泠印社举办的吴昌硕先生纪念会上的发言稿）

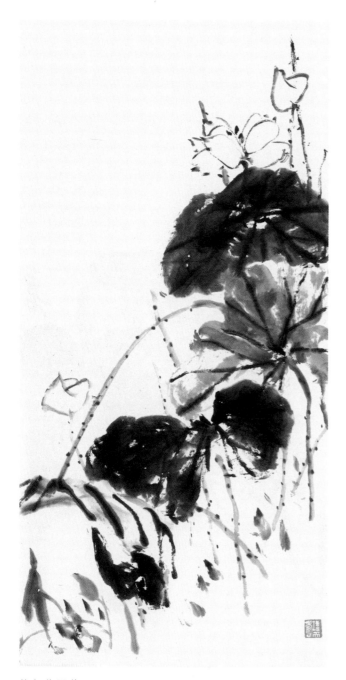

拟缶翁墨荷图

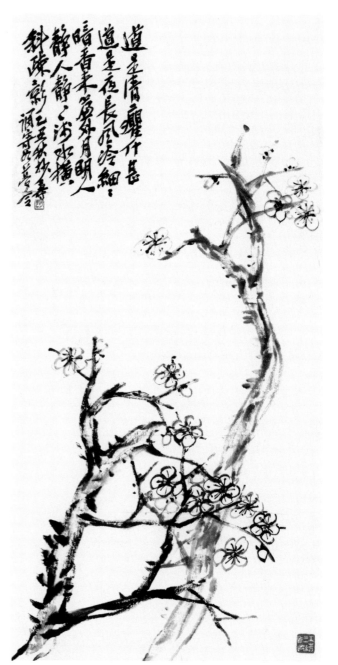

暗香冷梅图

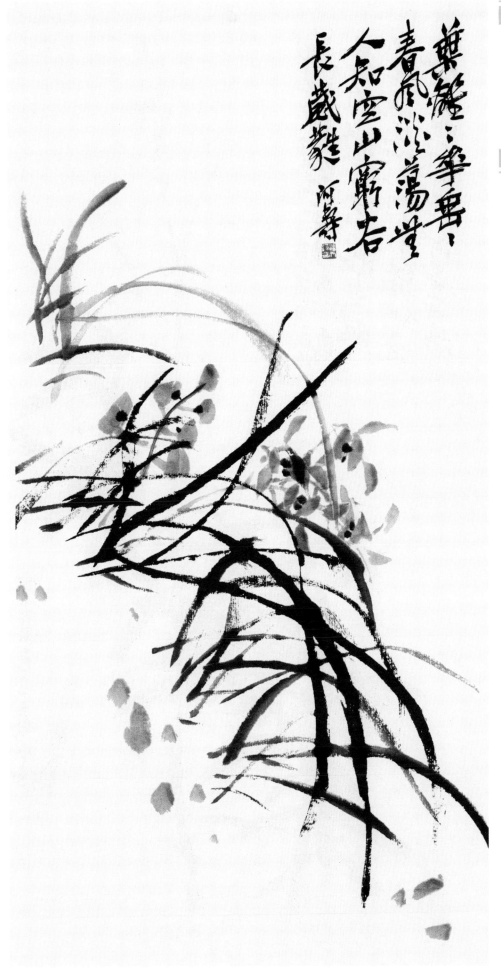

空山幽兰图

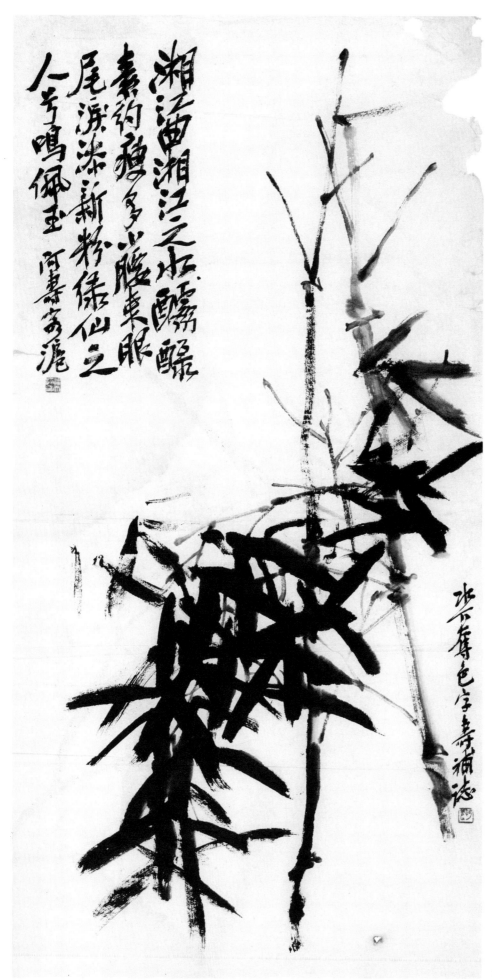

湘江瘦竹图

论画残稿

艺术为人类精神之结晶,又为人类精神之食粮。

高尚之艺术,能使人心感悟而渐进于至真、至善、至美之境地;美育,为人类精神自我完成之重要一端。

人需要有精神生活、精神寄托。儒家以仁义道德为做人的归宿。儒家不赞成无所用心,但反对做不正当的事,主张以艺术作为闲散时的欣赏消遣,因为艺术能引导人们的思想向上,鼓励人们进步。佛家以幻想的极乐世界为做人的归宿。佛家认为物质生活无止境,欲望无止境,此均为人类苦痛之渊源,故力求超脱现世生活,以"色即是空"的世界为其极境。

道德、哲学、法律、风习等等,每因时代而有变迁,宗教不离于迷信的偶像,在物质文明高度发展的将来,宗教或则改观,或则衰落。而艺术这一人类的精神创造,将随人类的进步,日新又新,以美的情趣来安慰人生,以真善美来陶冶人类崇高之襟怀品格,使人类在美的艺术境地中得到最高尚之慰藉。

宗教之意义,是假人道之力量,慰藉人生之空泛,补道德法律之不足,在人类文明未臻极度时,自有其一定价值。过此,必有其他慰藉人类之方法,起而代之,方克有济。蔡孑民氏主以美育代将来之宗教,实先得余心者。但不知此真实之极乐世界,至何时始能实现耳。

美有如火之热情,美有冷静之头脑,美有冰雪之聪明,美有自由之规律,美有无边之真诚,美有极端之善意,美有至乐之领域。

科学发达,人类欲望愈炽,衣、食、住、行四者,无不力求安适,事事为货利所驱,好竞争而不安于目前。此种生活名曰物质生活。近代西洋之生活,有归物质生活之弊。

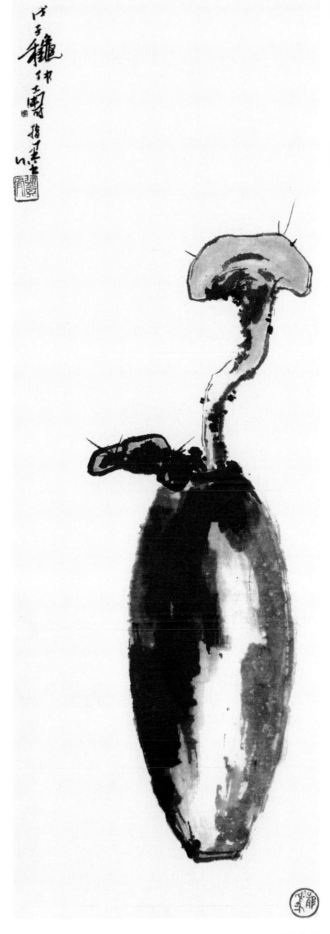

灵芝图

精神生活与物质生活相对。轻名利而重精神之修养者，曰精神生活。印度佛教徒，轻现世生活而专以精神生活为事者也。科学、文艺等，亦为精神生活。

《荀子·致仕》："美意延年。"美好之乐意，足以忘忧患而延年也。

艺术如醇酒，能使人阿醉。然须如刘伯伦之于酒，是德于酒，而非溺于酒也。

人生须有艺术，然有人生而后有艺术，故最艺术之艺术，亦为人生。

艺术家应从事艺术运动，使艺术到民间去。

我国物质文明在元明以前为世界有地位之古国，精神文明方面言，至今犹不落人后。尤以艺术范围内之国画，数千年来自有特殊之成就及深远之造诣，为全世界所不能非议者。

孙中山氏论西洋物质文明，则曰迎头赶上，绝未论及西洋精神文明，而曰迎头赶上。其一言一语，自非脑子混淆者可比。

德意志女东方美术史家孔德氏，通华语华文，曾于去岁（编者按：约1935年前后）来中华考察东方艺术，住杭州许久。特过吉祥巷寓邸，访予数四，请询中国画事甚详。伊曾谓中华绘画为东方绘画之代表，在世界绘画上占有特殊形式与地位，至可宝贵。顾近时风气，多倾向西洋绘画之努力，致国有艺术学府之杭州艺专，亦无中国画系之设立，至为可惜也云。孔氏之语，是极公正之批评，亦为极诚挚之告诫。

西人来中土学习中土绘画者（如郎世宁等），每不能得中土绘画之最高深点。□人

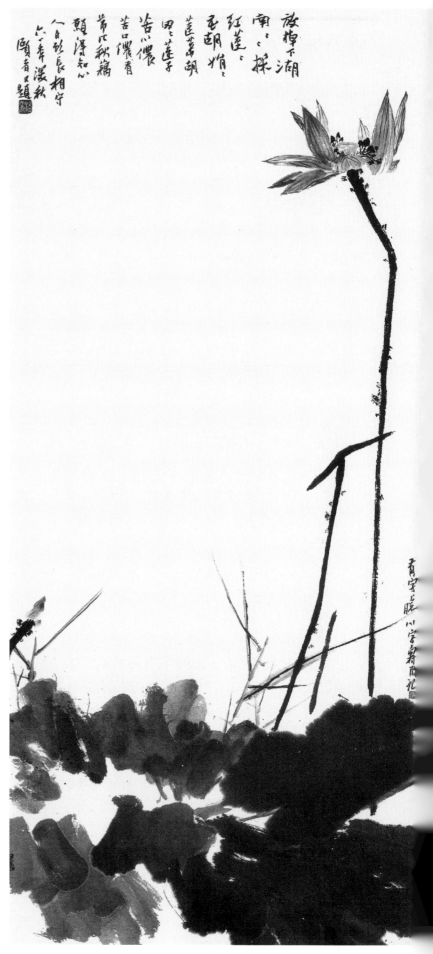

朱荷图

之赴西洋学习西画，赴中华学习南画，中国人之赴西洋研究西画，亦往往如之。盖民族性格之不同，与数千年素养遗传之各异，有以使然欤？

艺术与科学不同。艺术在求各民族各个人特殊精神与特殊情趣之贡献，科学在求全人类共同应用效能之增进。

各民族、各地域、各流派之艺术，有同有不同。同者，人类之本性、艺术之本质；不同者，环境之相异、传习之相殊。故艺事，须在同中求不同，不同间求同。

艺术之常，源于人心之常；艺术之变，发于人心之变。常其不能不常，变其不能不变，是为有识。常变之道，终归于自然也。

得中土文化之精粹，则常有基也；感天地时势之化易，则变有起也。不学，无以悟常；不变，无以悟变。然此中关纽，还在心胸耳。

学术须先研究而后批评，方不失批评之价值。近时风气，专喜批评，不加研究，是学术精神颓废之表征。

中画不研究文史、金石、书法等，吾知其只能抄袭些古时人旧样，不易有深沉之新创获。西画不研究文史、光学、色彩、心理等，吾知其亦只能抄袭些古时人旧样，不易有深沉之新收获。因现代之中西画，不如古时之写实、自然诸主义时代，只须天才技巧、求诸对象而已足也。

画为心物熔冶之结晶。

自然之景物可以如画，然究非真画也；摄影之景物可以如画，然亦非真画也。故画之贵乎师造化、师自然者，不过假自然之形相耳。无此形相不足以语画，然画之至极则，终在心源。

艺事触于目，蕴于心，发于外，不期然而然耳。是以董华亭有读万卷书、行万里路之说也。然非参书画

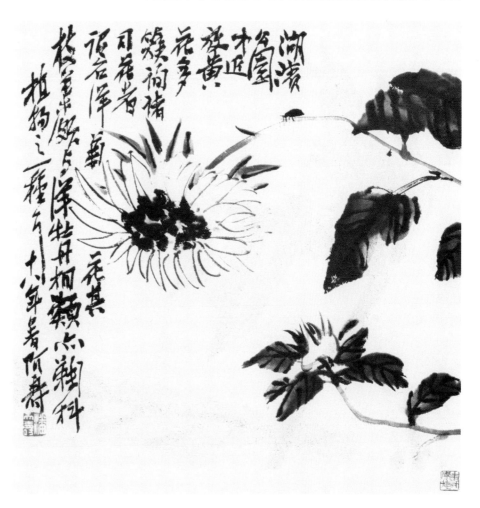

水墨花卉图

113

上乘禅者，不足以语此。

有法而无法，有规律而无规律。

艺术有其真、善、美之最高境地，然此全从真实之现有世界而来。故不通世务、不明人情物理者，不能踏入其堂奥。

物无定相，有定相，幻相也；心无定见，有定见，假见也。故画事在即心即物间而成之耳。无物有心，仍归无物；有物无心，仍归无画。诗云："心不在焉，视而不见。"原心为万物之主宰，亦为画事之主宰。宇宙非人类心灵为之转动，谓之死宇宙；形相非艺人为之再现，谓之死形相。故心灵为宇宙之主，艺人为形相之母。

绘画之组成，不外乎造化、意识、技法三者，能掌握三者，运用自如，便是一时代之大作手。

画格，即人格之投影。故《旧唐书·列传》云："士先器识而后文艺。"

艺术品，为作者全人格之反映。无特殊之天才、高尚之品格、深湛之学问、广远之见闻、刻苦之经验，绝难得有不凡之贡献。故画人满街走，而特殊作者，百数十年中，每仅几人而已。

品格高，落墨自超。此乃天授，不可强成。

艺术以真率为本色，故不可以为伪，入伪即非艺术。

美情与利欲相背而不相容。去利欲愈远，离实情愈近；名利权欲愈炽，则去美情愈远矣。惟纯（真）坦荡之人，方能入美之至境。

古之画人，好养清高旷达之气，为求心境之静远澄澈、精神之自由独立，而弃绝权势利禄之累，啸傲空山野水之间，以全其人格也。

学术每并存而不背，然文人相轻，自古而然。入于甲者则奴乙，入于乙者则奴甲，入于丙者，则又奴甲乙

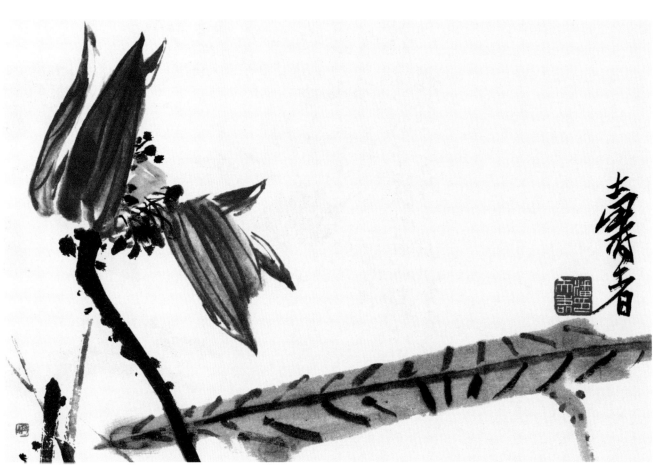

嫩荷图

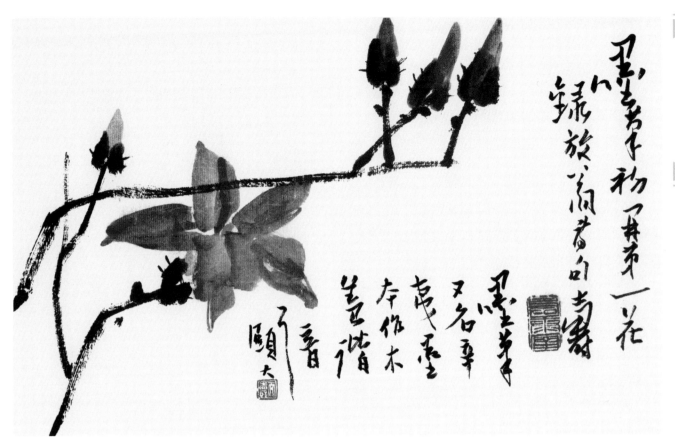

墨笔花图

矣。究其源，全由少读书、浅研究，偏见渐生，而私心自用矣。谚曰"学问深时意气平"，堪为时人之药。

学术之路径，千头万绪；学术之途程，深远无极；择一而从，终身许之，尚恐行有不逮，绝非一眼可以看尽，一习无所不会。故知之为知之，不知为不知，方不失为学者风度。

画事源于古，通于今，审于物，发于学问品德，辄能不落凡近矣。

画贵自立。

有真情至性，而后有真风格。

一作家应有一作家之特点。八大有八大之特点，绝不与石涛相同；石涛有石涛之特点，绝不与石溪相同。若有模仿石涛、八大丝毫不爽，甚至于精神气韵足以乱真者，亦不过是一部照相机或印刷机而已，绝不能成为一个有贡献有地位的大作家。若有中国之西画家，能模仿西欧大画家马蒂司西，其作品能与马氏之作乱真，亦不过是一部翻印机之价值。

艺术是自我，亦是他我。

艺术以境界美为极致。

彩陶、青铜、汉魏碑碣，极具壮健朴茂之光彩。后世之作，古意渐失。

画贵能空虚，亦贵能坚实，沉郁雄健，出于气骨。

画上之点、线、面三者，以线为最简要明快，境界亦最高。吾国画人五千年来集全力于线者，在此。然用力愈多，所得愈深，了解愈难。西方画人近时亦倾向于东方绘画之用线，足证其亦渐了悟于此矣。

谢氏"六法"，以气韵为绘画批评之最高准则。其次即为骨法，而骨法全归诸用笔。笔者，即东方绘画神髓之所在。

画人胸中生生郁勃之精神灵感，融会自然之形神，激发流（行）于运思挥毫之间者，气韵是也。

西画主眼见身临之实境，故重感觉，须热情。中画主空阔流动之意境，故重感悟，须静观。受之于眼，游之于心，澄怀忘虑，物我冥会，此境惟于静穆中方能得之。

苦瓜和（尚）云："山川与予神遇而迹化也。"物境与心境合，便可由实境而入化境，空灵奇变，无所挂碍，意参造化，左右逢源。

落笔须有刚正之骨，浩然之气，辅以广博之学养、高远之神思，方可具正法眼，入上乘禅。若少气骨，欠修养，虽特技巧思，偏才捷径，而成新格，终非大家气象。

画须神骨清旷，观之如临秋风皓月，高朗之气沁人肺腑。若混浊靡俗，令人徒生燥热。

画事难于用繁，尤难于用简。简之可贵，在于纯炼。须老辣缜密、迹简意远，方为上品。

石积太古雪，树飞铁铸青。此苍古高华之境。

宇宙万物须臾不可离动，亦须臾不可离静。唯静方能察动，唯动方能显静。诗与画，为静态之艺术，能寓生机动势于静态之中，即可耐得咀嚼耳。

静中有动，动而益静。静之、深之、远之，思接旷古而入于恒久，其为至美也。

艺术之高下，终在境界。

境界层上，一步一重天。虽咫尺之隔，往往辛苦一世，未必梦见。

笔墨取于物，发于心；为物之象，心之迹。

笔须在凝练中求畅快，畅快中求凝练。体会古人"屋漏痕""折钗股"二语，即得之矣。

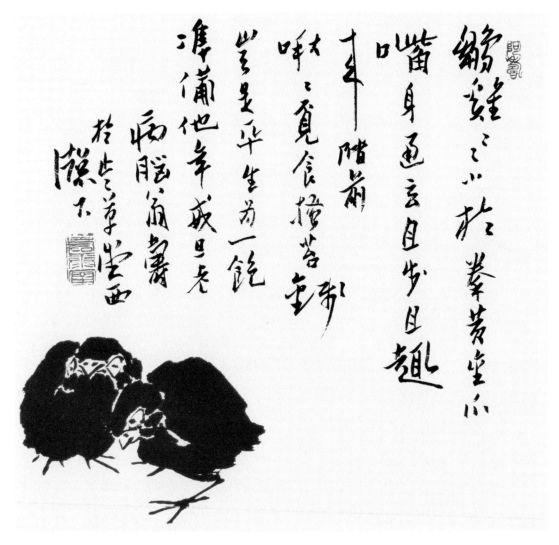

雏鸡册页

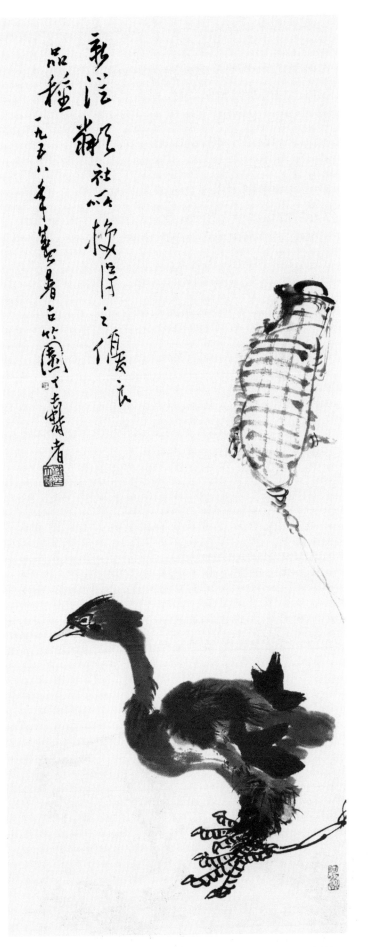

新雏图

用笔须强其骨力气势，而能沉着酣畅、劲健雄浑，则画可不流于柔弱轻薄矣。古人用笔，所谓力能扛鼎，即言其气之沉着也，此与粗率蛮笨之笔线迥为二致。

用笔忌浮滑，浮乃飘忽不遒，滑乃柔弱无力。须笔端有金刚杵乃佳。

作线忌信笔。信笔者，即随笔滑去之笔也，即无所谓落笔，亦无所谓收笔，无从谈"无垂不缩""无往不复""积点成线""入木三分"等意趣，轻率而少变化。以颤笔作书画，虽非郑重纯实之路，然胜于信笔多矣。执笔须平直，笔锋须尖圆，以圆锋直下着于纸面上，所成之线与点即是圆笔中锋矣。

用笔须不刚而刚，不柔而柔，柔中有刚，刚中有柔，世所谓绵里裹铁是也。

逆笔用笔锋而逆行，故易沉着苍老；拖笔用笔肚而斜拖，故易枯率浮滑。云林折带皴，虽为拖笔，然仍用笔锋为多也。

作画要写不要画，与书法同。一入画字，辄落作家境界，便少化机。故张爱宾云："运思挥毫，意不在乎画，故得于画矣。"

用墨可在枯中取湿，湿中取枯，关键每在用笔。

用墨须能变化复杂，又不落碎、弱、平、浊，远视之，整体精神灿然豁人眼目者，可入堂奥。

墨非水不醒，笔非运不透，醒则清而有神，运则化而无滞，二者不能偏废。

吾国绘画，笔为骨，墨为肉，色为饰。西子盛装，固美，淡装以至无饰，亦未尚不美，而此间风韵自别。

透视者，以平面显立体之术也。然绘画终为平面之艺术，唯立体是求，亦不过执其一端耳。

作画须会心于空白处。谚曰："一烛之光，通室明。"此谓白者，不仅在于虚能走马之白也。

为人、处事、治学、作画，均须以整体之气象意致为上。故作画，须始终着眼于大处，运筹于全局，方不落细小繁屑、局促散漫诸病。为造成画面之总体精神气势，往往须舍弃局部之细小变化，此所谓"有所得必有所失"也。如求面面俱到，巨细不遗，则反易削弱全幅力量气势之表达。

文人而兼画家，画家而兼文人，是中国绘画史上一大特点。中国绘画以此而进入超逸之境地。画家而兼文人者，读书较多，识见较广，诗文书法之修养亦较高。学问一多，即容易贯通，一旦透脱，自不肯拘之于形似，做造化奴仆。于是求理想之寄托、性情之抒发，神游物外，笔参造化，以尽自由挥洒之雅兴。原艺术为人类精神产物，人类对艺术之理解，由简单粗浅而至复杂高深，由描摹自然到精神表现，由就画论画，到寻求种种画外意趣，诚为进化发展之必然。文人画之兴盛，即为此一过程之特出现象。

石涛之艺术，登峰造极，其声望之鹊起扬州，与后起八怪之画艺画风，不能不有深厚之影响。故世人评石涛开扬州，极为正确。

艺事可求师于千年百世之前，可求知于千年百世之后。

原始艺术、民间艺术，常见惊人喜人之作，而教养有素之文化人手中，却有出品平平。绚烂之极，终见平淡，精能之极，仍归朴拙。艺术发展到高度，与最初之艺术，竟可有种种相似之处。虽其总趋势，为不停之演化进步，然各时期、各地域、各流派、各作家间，质文代变，兴衰有时，难可以直线阶梯视之也。

艺术原为艺术家独立创造之精神产物，固不能离前人经验之积累，更不能离艺术家个人之才智、胸襟、创造力，还须有时代风气之促合，方能有成。经验（学）识，世代递加；智慧才力，则非可承袭；时代之环境条件，尤无法再现。故一家当有一家之才情，一代自有一代之光彩，绝不能互相替代也。

不论何时何地，崇高之艺术为崇高精神之产物，平庸之艺术为平庸精神之记录，此即艺术之历史价值。

《传》曰："艺通乎道。"世人每有未知洒扫进退，徒自凭小智慧，目空古今中外者，吾知其绝难有所成就。

西哲马克思云："欲登科学之高峰，须先寻地狱之门。"画事亦然。近时从事研习画事者，有作"我不入地狱，谁入地狱"之想乎?吾将拭目以俟之。

（此文为20世纪30—40年代作者的札记，原稿于60年代中多有散佚，至今仅存一些片纸散页。）

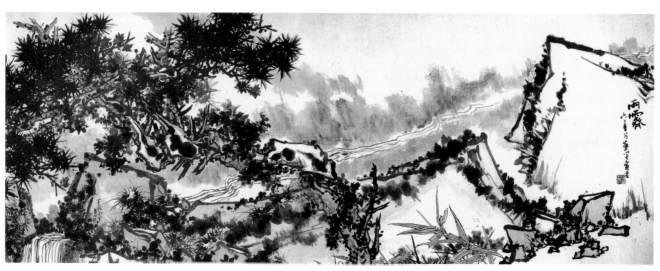

雨霁图

中国画题款研究

吾国绘画的题写、铭赞诗文，为画面上的注脚以外，尚有与画面有关的记事题语，以记明作画的目的、当时的情况、技法的心得以及与画幅有关的种种……《画麈》所说的"题与画，互为注脚"，此意极是。这就是中国绘画，由画题及签署（画中人的）官爵发展到铭赞、诗词、长论短跋的渊源，可以说非常长久了。

吾国向来的习惯，签写姓名与钤盖图章都是明守"信约"的表示。签名与用印的意义，既完全相同，故应用时，可以题名不用印，用印不题名，极为合理。宋代以后，往往名印并用。元明以后，书画家往往喜用"引首""压角"诸章，以为布局平衡色彩调和方面的补助，这又是一种发展情况了。故绘画上所用的印章，可说全属于题款范围之内，与画面发生重要的关系与作用。

唐代画家，已渐渐重视绘画上的创作权，但题写姓名恐有碍画面上的布置等等，将它藏写在树根石罅之间，以求两全。其次又恐因书法写得欠好，有损画面上的美观，因又发展"题背"的办法，以躲避书法不工的弱点。又有一种题姓名于树根石罅之上，再盖上一层重色，使姓名不明见于画幅之上，以求三全者……然而我们的祖先，是有着无限的智慧，将吾国画面上特有的空白的地位，作为题款的新大陆，在不妨碍画面上主体画材的显现条件下，可选择它最适当最宽阔的地点，尽量作为题款的应用。

中国画原来以空白来显观画幅中的画材。倘用空白来发展题款的地位，是否有妨碍画幅中画材的显现呢？不会的。因为（离）画材较远的空白，与画材的显现，往往是无多大关系，或者竟是没有关系。与画材无关系的空白，可以说是多余的空白，用以题款，自然不会侵占绘画幅面上画材的地位，而且相反地，补充了画面上的空虚。（按，此即俗云"补空"是也。）

吾国绘画的题款在空白上发展后，因此长于文辞书法的画家，常将长篇的诗文题跋均搬到画面上，以增光彩。其原因也为题款之布置，与画材的布置，发生联系的关系，并由联系画成后，再考虑题款的地位，与题句的多寡与画面相配合。或在画幅的布置时，也将题款的地位同时布置在内。或因先有长款，预先特别多留空白，以为长题之用。

吾国绘画在画面布置上，变化极为多端，有很满的，有很空的，有空满很错杂的。很满的构图，自然只能题一姓名，或钤一方图章，已经足够，这种款识，叫穷款。（按，很空的构图，有时亦有仅置穷款的。）很空的构图，须题长篇大论的款识，以补充画面上的空虚，叫长款。（按，很满的构图，有时亦有题以长款的。）在构图上多处错杂的空虚，须题两次或两次以上的款识，叫多处款。空白较少的小幅画件，往往只题一穷款已够。大幅的构图，画面上大空白也自然较多，往往须题

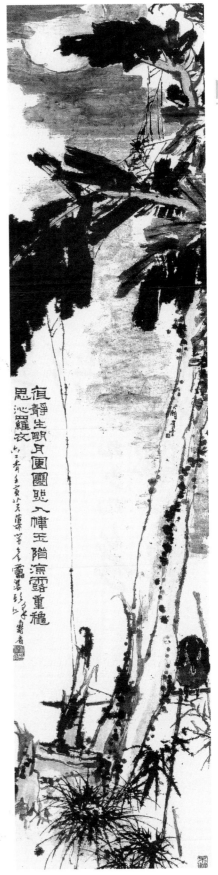

秋夜图

较长的款识，或多处款，才能适合。题长款比题穷款为难，题多处款比题长款为难。……一幅画面上，除诗跋等外，仅题作者姓名的，叫单款。画面上除作者姓名外，常题有这幅画的所有人字、号，以表示这画是某人所有的一种办法。例如"某某先生雅属"，这某某先生总是题在作者姓名的上面，叫上款，因此作者的姓名，又叫为下款。上下款合起来说，叫作双款。

吾国绘画，由题款的发展而得到一种题款美，已在上面说过。兹作概略的叙述于下。

（1）诗赞文跋等，本系文学中的项目，书画印章，亦系艺术内的种类。 看一幅名画，固足以使欣赏者欣赏不置；看一幅题有好诗句好书法的名画，当然更使欣赏者欣赏不置；这是无须加以解释的。但是一幅大画面，只是画材，而没有题款的布置，常会有画面单调、布局平常的感觉，故须加上题款才妥。因为画面上要加以题款，须在布置的地位上，让一部分空白处给题款应用，而题款地位的让予，是各不相同的，使布置上，可以发生无穷的变化。书与画，是两种不同形式的艺术，题款各有不同的地点。画面上加题款，就是以两不相同的形式，并加上构图地位让予的变化，去破除画面上的单调与平凡，这就是上面所说的题款美。

（2）款与图章，往往可成为主体画材的对照，造成画面的平衡。 例如画雏鸡在右上角，以普通的构图原则而说，殊觉主体太偏右上角，而下左角空白过多，有嫌构图不平衡，并且只有主体而无客体，亦嫌孤单，可说是一幅未完成的布局。倘在下左角盖一适当的名章作为题名的手续，这图章就是雏鸡的客部，可与雏鸡做对照，而打破孤单。色彩，也与黑色的雏鸡对照而有变化了。然而这不平衡的布局，并非作者不知道，而是有意让出题款空处，为题款所应用的缘故。二是

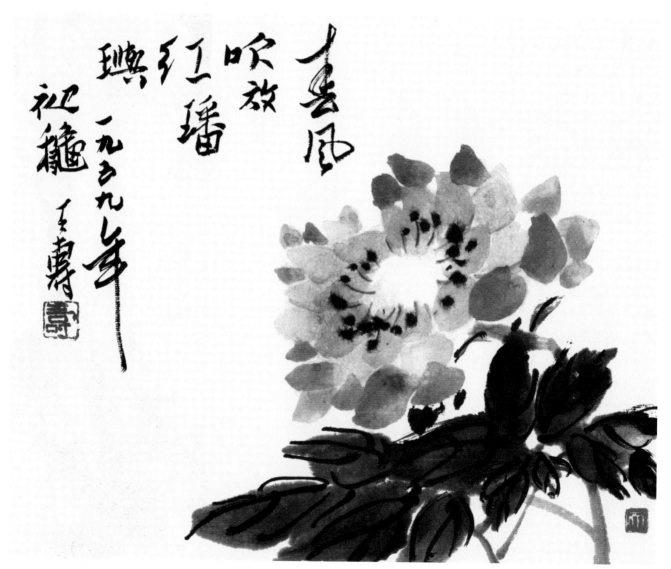

牡丹图

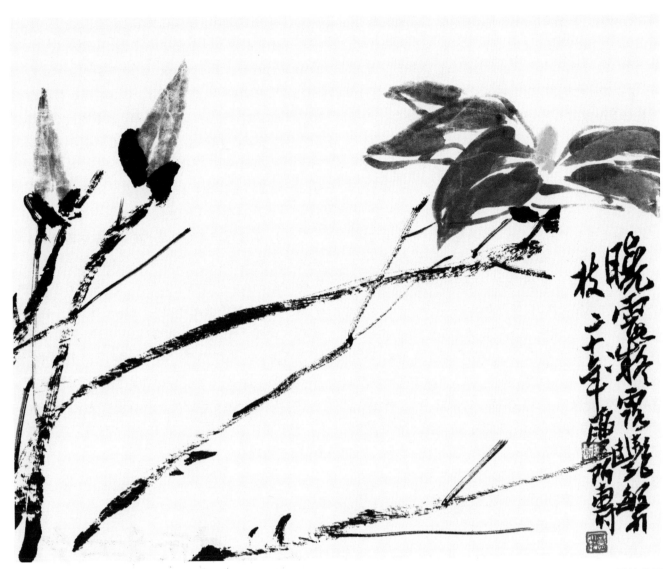

墨笔花图

将主体的雏鸡有意偏向右上角，使构图灵活不落平凡。一面以图章补充下左角的空虚而得构图的平衡，成一完整的布局。如又在名章上加以题名，那么又觉得多一重书法的变化了。倘能将纸幅稍加延长，题以诗句、年月，那么这块题字也就变为画材，与主体的雏鸡相连接，使拖长布局上的气势，一面补充"上右角重，下左角轻"的不平衡局面而得到平衡，并且使全面笼统的空白分为左上角右下角二块，在空白上，也减少了一片笼统的感觉，觉得布局更复杂而有变化了。吴昌硕先生说"作画须留意空白"，就是这个道理。以上种种是一个最简单的举例，很容易了解的。复杂的布局也是如此。举一反三，还在各人的智慧，各人的努力，而加以应用。

(3) 吾国图章，始于周秦，但系用它来封泥的。
到了六朝，才发明濡朱的办法。朱色，是一种深红的

颜色，厚重沉着而有刺激力。吾国绘画的底色，向来是用白色；到了现在，还是这样。又吾国的绘画，一直以墨色作底，以颜色为辅。到了唐代以后尤着重墨色，造成画家以水墨为上的总倾向。纸尚白，墨尚黑，印章尚红，合对比强烈的三种色彩在一幅画面上，自然无所不明确了。在白的纸黑的画中，钤以深红的图章，尤足以提起全幅画面的精神，否则就觉得没精神，有所逊色了。

款的题法，可说是千变万状，各不相同。可多看古名家的款识，多比较，多研究，多题写，自然能获得题款的心得，然而普通共同的原则，不能不加认识。

(1) 题款的书法须与画面调和配合。 中国的绘画，到了近代，真是形式繁多，种类不一。种类则有人物、山水、花卉、翎毛、梅兰、竹石等等。形式则有工笔、写意、水墨、重彩、双勾、没骨、白描、浅绛以及兼

工带写等等。因种类形式的不同，画面上的面貌亦各呈风调。工整重色的人物、山水、花卉，宜于题写工致的小楷，须整齐而有法则。工整的白描人物、白描花卉，也以工致的小楷为宜。如不长于工整的小楷，题写小篆书或小隶书亦可。兼工带写的山水人物以及兼工带写的浅绛山水，以题写小行楷为适合，须灵活而有风致。如不长小行楷，题写普通的隶书及篆书亦可，但字不宜过大，亦不宜过小，须注意。写意的着色山水、花卉及人物，宜于题写稍大的行楷或草书，须随意得宜，自然而有矩度。不工行草，题写稍大的篆隶书亦可。大写的人物、山水、花卉以及梅、兰、竹、石等等，宜于大行大草或篆或隶，如行云流水，行其所不能不行，止其所不能不止，恰到好处，方可得体。此点非但在书法上要有大功力，而且要在题款经验上有高度的熟练手法，才可做到。又画上所画的意趣系清疏秀丽者，题款的书法亦须清疏秀丽。画上所画的意趣系大气磅礴者，题款的书法，亦须大气磅礴。画上所画的意趣系质朴古拙者，题款的书法，亦须质朴古拙，方能互相调和、配合。

(2) **题款的字，以较密为宜。** 即字与字须较密，行与行亦须较密。行短而字数多的，系横题式；所题的辞句如系篆、隶、小正楷，则须齐头与齐脚；如系较大的行草者，可齐头不齐脚。双行或三四行而行长的，系直题式；不论篆、隶、行、草，均宜齐头与齐脚。年月及作者姓名头略低于辞句，脚宜稍拖下于辞句，字亦宜略小于辞句。上款可与年月齐头，不宜过高过低，就如《小山画谱》所说"如有当抬写处，只宜平抬"。这是一般的题写办法。

(3) **吾国写年月的办法，在帝皇专制时代，多用皇帝的年号纪年。** 例如元和某年、赤乌某年、光绪某年等。也常有用天干地支纪年的，例如甲子年、丙申年等。原来吾国用干支来记年月日，是极古的。如《离骚》："摄提贞于孟陬兮，惟庚寅吾以降。"近年殷墟所发掘的卜文，如"丁丑卜""辛酉卜"尤不胜枚举。惟纪年，则别立岁阳岁阴诸名，如甲为阏逢，子为困顿，甲子年则为阏逢困顿之年，一般旧文人称它为大甲子。用甲子这种纪年、月、日的办法，到现在还在流行应用，成为习惯。

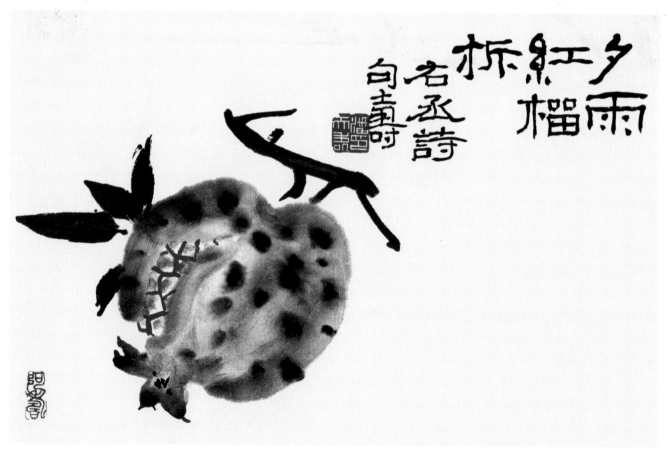

夕雨红榴拆图

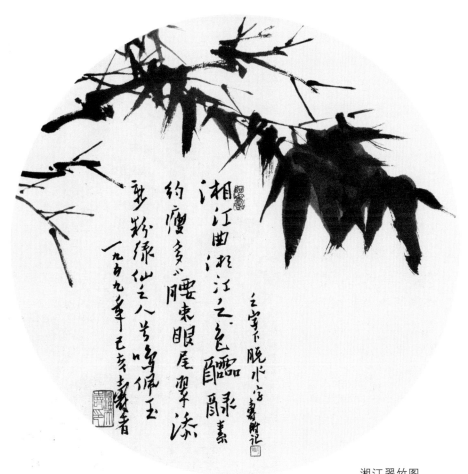

湘江翠竹图

新中国以后，正式纪年是用公元，与世界极多数国家的纪年是一律的，很合于明确简便的原则。但1956年、1957年等等，依照我国旧习惯的写法，应写作一千九百五十六年、一千九百五十七年，至少须连写四个数目字，或连写七个数目字，在形式方面而论，颇难以写得美观。故有许多画家，怕题公元，竟不题年月，或仍写甲子。以我个人不成熟的意见，可略"一九"二字，仅用"五六年""五七年"的纪写方法，使减少数字的重叠较为好写，未知妥否。因绘画须着重画面上的美观，数字大多写起来形式不美观，自然应设法避忌，或"改动"是合理的。虽然，这种题写法，仍与甲子纪年办法相似，每百年以后，仍有重复的缺点，从以上种种看来，我觉得中国画的题年问题，在尚未得到最适当的统一办法以前，可暂用干支的题写法，"五六年""五七年"的题写法，以及全公元的题写法，可依作者个人的爱好而进行题写，是没有多大问题的。

（4）古人的名号，往往很多。最简单的，是一名一字，如孔丘字仲尼、王羲之字逸少等。不简单的除名字外，有号，有别号，尚有乳名、小名、谱名。名，又往往有别名。字，也往往有别字。号与别号多的书画家，往往有几十个。例如清初的朱若极，后削发为僧，更名元济，又名超济，又作道济，字石涛，号苦瓜、阿长，别号清湘老人、清湘陈人、清湘遗人、苦瓜和尚、石道人、瞎尊者、济山僧、枝下人、小乘客、钝根老人、零丁老人等等，不胜详举。虽然每一个名字都与每一个思想根源结合在一起，某一名号都足以表示一部分思想的；但是名号太多，每每使看画的人，记不清楚，这是一个麻烦的事件。故名号以少为宜。然画家的名号，又不宜太少。这有什么理由呢？一则因中国绘画到了近代，由于题款美的高度发展，一幅画中，往往要有二处款或三处款的必要。如极大幅的画面中，往往题两处款还不够。例如石涛所作的花卉十二通景屏，幅面系六尺纸对开二条幅合成。画面上就是题有五六处款之多。题一处款，均须要题一作者姓名及钤盖作者印章，以为结束。倘使四五处款，均写一个同样的名号及盖同一名的图章，就有雷同呆板的毛病，非常难看。又中国绘画，很通行册页，一部册页，多则十六页、二十四页不等。每页均需题款，每款的末尾，均需有名号印章以为结束。中间有少数同名同章，是所不免的。虽然印的大小方圆，字的刻法，可尽量使其变化。但整个册页中，如说每页所题的名号、所钤盖的印章，都是一样的，自然也觉得有雷同呆板的讨厌。又每处收梢题名时，因配着末行地位的长短关系，字数往往有多有少。字数少，则题以简短的名号；字数多，则题以字多的名号；字数更多，则题以重叠不同的名号，或加以作画地点等，来拖长字数，以适合末行长短的地位。现举例如下。

《大涤子题画诗跋》卷三《双勾桃花》：

"大雪飞扬，惊喜欲狂。一般忍性，颠倒用章。此老年太过不及也。济，又。"

这就是石涛在《双勾桃花》上所题的第二处款。这个第二处款，是因图章盖倒了，故加以盖图章倒的说明，以表示郑重，然因地位不多，末尾只题写一"济"字、一"又"字，以表明济又题的意义。这幅桃花的第一处题款，因地位有空，先题一首七绝，并附有跋语，收梢空处多，故题有重叠不同的名号，并记有作画的地点，兹录如下：

"度索山光醉月华，碧空无际染朝霞，东风得意乘消息，变作天桃世上花。"

"如此说桃花，觉得似有还无。人间不悟，何泥作繁华观也。清湘、大涤子、钝根、济，并识于广陵之青莲阁。"

石涛诗文书画，无不擅长，且造诣至为深沉。在书法方面，小楷行书隶书无不精工，故所绘画的题识，或穷款，或短款，或长款，或多处款，均极尽变化，恰到好处，可称近代题款圣手。石涛的题款，所以能得到恰到好处，当然与他诗文书法的造诣有关，但与他许多长短的名号，也有相当的关系。

（5）题写年份以后，对于季节、月份、日子，也常要继续题写的。 例如有正《中国名画集》第二十三集石涛题款云：

"」卯立秋前一日，十大涤阁中作此，

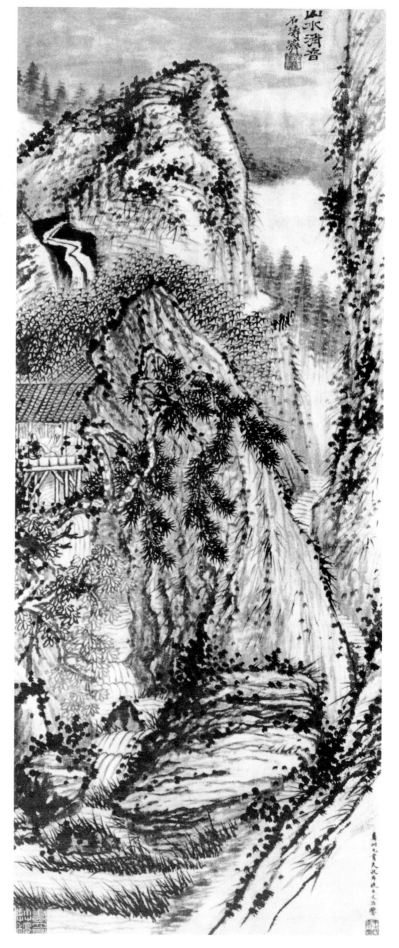

山水清音图　清　石涛

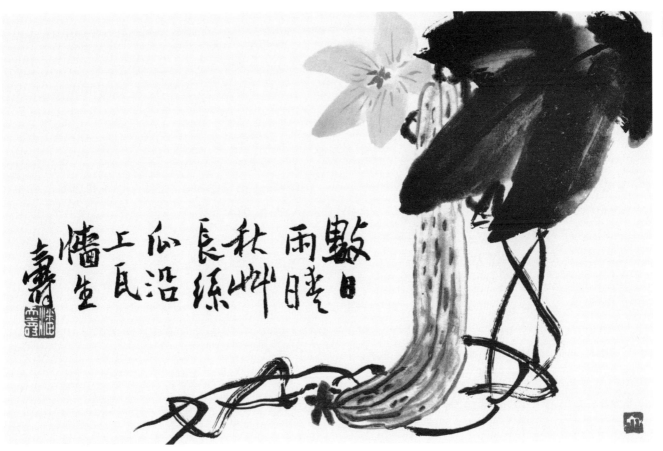

丝瓜图

纪一日清课耳。清湘石涛济山僧。"

又《大涤子题画诗跋》卷一《黄山形胜》款云；

"丙寅浴佛日，试墨小华之妙处，亦一日之清课
也。清湘石涛济山僧。"

又日本桥本关雪所藏石涛《梅花图卷》款云：

"清湘老人大涤子十五夜对花写此。"

然在绘画上题记年、月、日期，除有纪念性的画
件以外，究不能与文件契约情况相比，必须有明确的
日期记载方可。故常有略去日期而仅记载年月的。例
如程霖生《石涛题画录》《山水长幅精品》款说：

"己未夏五月，避暑，画于怀榭。湘源石涛济
道人。"

又《石涛题画录》《枯墨赭色山水精品》款云：

"己未夏日，过永寿方丈为语山法兄大和尚正，
弟元济石涛。"

又《大涤子题画诗跋》款云：

"丙寅深秋，宿天龙古院，快然作此。"

亦有略去日月季节，仅题年份的，例如《大涤子
题画诗跋》《长安雪霁》款云：

"长安雪霁，呈人翁先生大维摩正。时庚午，清

湘元济石涛。"

（6）吾国近代绘画，在画成后，辄须题款。题
款后辄须钤盖图章。钤盖图章，实为题款最后手续，
亦即为绘画上最后手续，殊为重要。

吾国绘画的钤盖图章，在开始时，原与签题作者
姓名相同。事后因图章的色彩，系深红色有刺激力的
朱砂，这种色彩，常能因对比的关系，极有力地提起
全画面的精神。因之印章的大小、红色的疏密，以及印
章形式的长方圆形、镌刻之精雅、印色之鲜明等，均
与画面上要发生直接的关系。

原来印章的镌刻，精粗雅俗，大有分别，画成一
幅好画以后，而所钤盖的印章，倘十分粗劣，大足以
毁损画面的精彩，这是当然的。又图章镌刻精雅，而
印泥的色彩不匀厚鲜洁，不但不起画面上颜色的对比
作用，并要起反对比作用，这也是当然的。得到一个好
印泥，绝不可用铁器搅拌，因朱砂一碰到铁器，就易
起化学作用，初钤盖在画面上，色彩鲜明，隔一段时间
后，朱砂就会变黑，非常难看，亦须介意。

古人名款下用章，往往用两方：一方字章，多刻朱
文，红色较轻，一方名章，多刻白文，红色较重。章面

大小相同。钤盖时，往往名章在上，字章在下。这种用法，一则两章面积大小相同，同时并用，殊嫌呆板而少变化。《松壶画忆》所云"印章最忌二方作对"，即是此意。二则书画是竖挂看的，印章以上轻下重为适目，红色较重的白文印在下，红色较轻的朱文印在下往往觉得有头重脚轻的毛病。横题式的款，每行字数总不很多，名下盖章，往往只一方已够，至多则用两方。直题式款每行字数较多，直行长，故钤盖印章，依行势的拖长，往往可用两方，多至三方，然也有四方以上的，殊不美观。三章中，第一方可用圆章、长方章，第二方可用长方章、或圆章、小方章，第三章可用正方章。下章稍大，中章上章稍小，朱文白文，也须要做适当的配合。三章钤盖一直线上须正直，每方的距离以稍松为宜。印章的大小，应与款字大小相比例，或小于款字。清孔衍栻《石村画诀》说："用图章，宁小勿大。"

然八大山人所作的画，往往画材简略，而空白甚多，所题八大山人款字，不甚大，而所钤盖的图章，往往有大于款字甚多，始觉相称者。此又一例，不能全以

"宁小勿大"四字去范围它了。

画角章，又称压角章。章面常比普遍名号印为大。以正方形为主，长方形次之，圆形较少。不成方圆如琴样、秋海棠样等等，不大方，不宜用。画角章，是用于画幅下两角的一空角上，以补角上的空虚。而色彩方面，也往往和题款处的名章相对照。也有用它钤盖在山石树根等实处，使山石树根增加变化，与部分彩色的调和。也有特殊布局，钤盖在上两角空虚处和实处的一角者，类于书法中的起首章相似。画角章，多刻旧诗文句，也有刻别号及楼、轩、斋、馆等名称的。如刻旧诗文句，须与画面有相关联。

引首章，多长方，则用于书法幅面开首处第一二字间的边上，与下左角题款名章相对照，故叫引首。画面上题长款时，也间有在题款开首钤盖引首章，与题款名章相对照，如此用法，为数极少。凡此种种，可多参考古人钤盖印章的办法，加以详细推敲研求，自然心领神会而应用裕如了。

（此文撰于1957年，收入略有删节。）

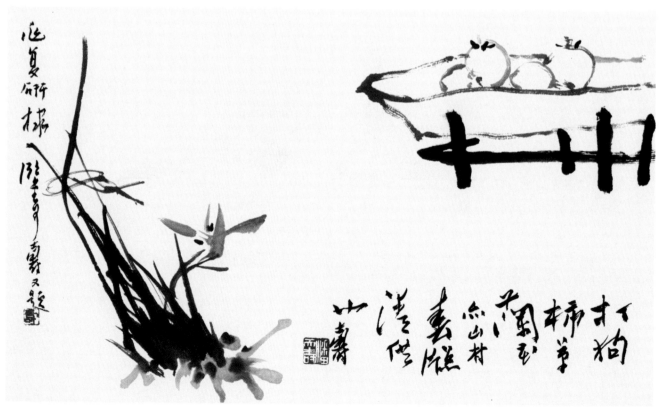

春窗清供图

题画诗跋

鳜鱼巨口细鳞，色青微黄，有黑斑，腹淡白，味甚佳美，杭州所产殊多，俗名桂鱼或桂花鱼，盖谐音也。（1923年《鳜鱼图》）

蓬头曲背衣褴褛，鬟闪神留饥眉宇。日歌日歌声昂低，一棒街头独踽踽。心上心下仇人头，酒酣耳热天风起。阖闾死后谁知音，日暮箫声遍吴市。（1928年《行乞图》）

鸡冠有红黄紫白诸种，最矮者名寿星鸡冠，扁面者尤以矮为佳。秋日开遍，亦足与篱菊芙蓉争艳也。（1929年《鸡冠八哥图》）

湖滨公园中近放黄花多簇，询诸司花者，谓名洋菊花。其枝叶颇与洋牡丹相类，亦菊科植物之一种耳。（1929年《洋菊图》）

河水泱泱，江水汤汤，参禅老衲，枯苇可航。（约20世纪20年代《面壁图》）

甬江至镇海出口，口外峻山乱岛，特具形势，清末置炮台焉。予自缑城来沪，必由舟山群岛而经是处，登船楼负手远眺，知我神州之一山一水，浩荡险峻，真不可一世也。年来人事历碌，久未言，旋即写影像一角，以为记忆，但与实景恐大不同耳。（1932年《甬江口炮台图》）

晴秋。竹园篱落之间时见，有此情趣。（1932年《竹雀图》）

湘江曲，湘江之水色醽醁，素约瘦多小腰来，眼尾泪添新粉绿，仙之人兮鸣佩玉。（1944年《竹石图》）

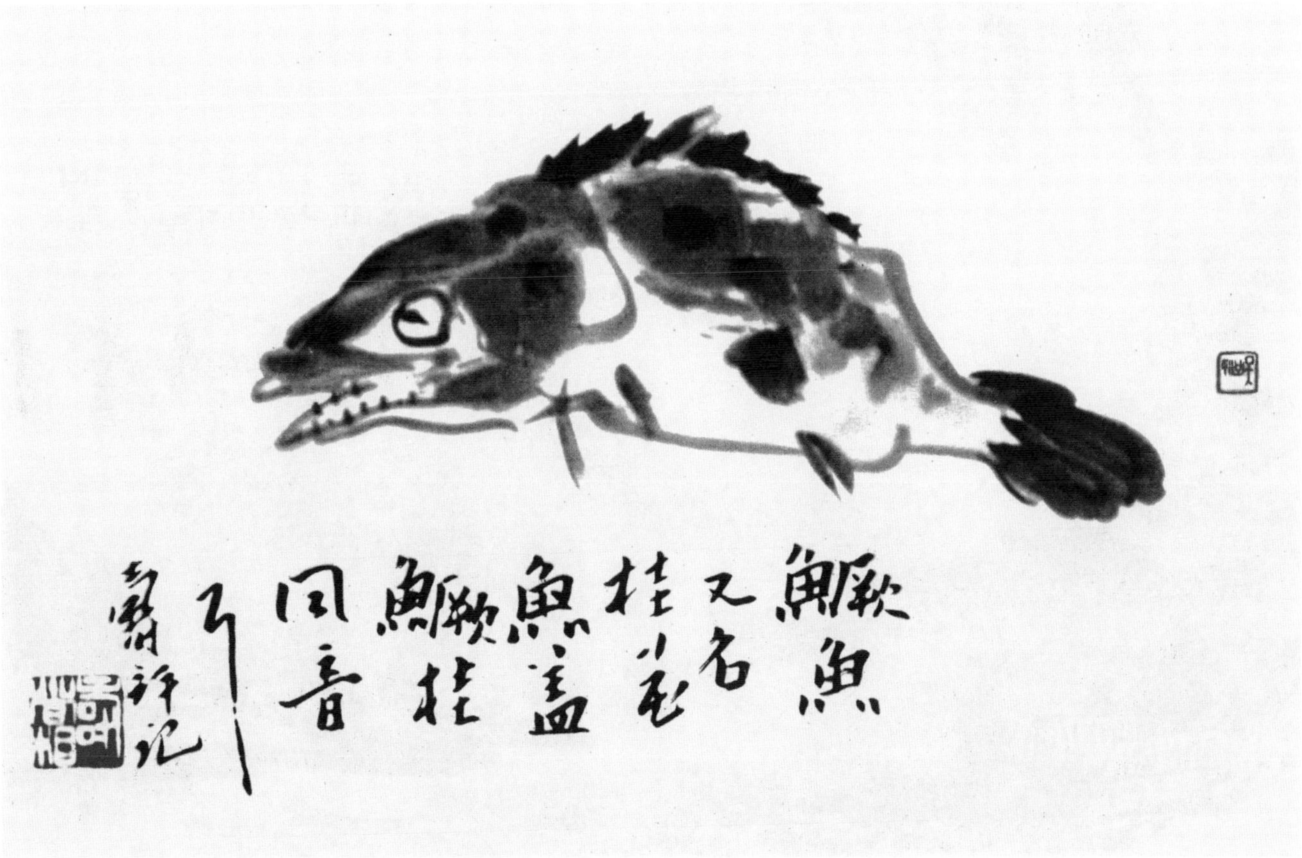

鳜鱼图

我爱黄山松,墨沈泼不已。高者直参天,低者盈天咫。鬖髿万叶青铜古,屈铁交错虬枝舞。霜雪干漏殷周雨,黑漆层苔滴白云,乱峰飞月啸饥虎。世无绝笔韦偃公,谁能纤末起长风。蔡侯古纸鹅溪绢,展付晴光凌乱中。(1944年《黄山松图》)

大醺彭泽陶元亮,不比西风李易安。意绪纷乱中,草草成之,真无是处,奈何?(1946年《菊花图》)

画事能得笔外之笔、墨外之墨、意外之意,即臻上乘禅矣。此意近代唯残道者得之。(1947年《山水图》)

久未作指画,偶然落墨,有怀铁岭高且园道人。(1952年《芝草图》)

草长佛头青,山空春寂寂。一雨又如烟,湿云和露滴。草草落笔不能白看,奈何?(约20世纪50年代《兰竹石图》)

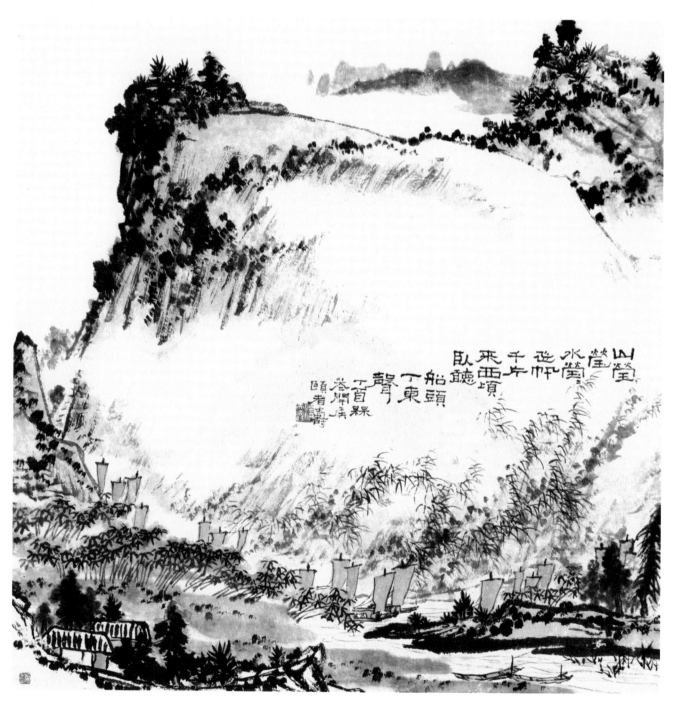

莹莹山水图

翻翻鸥鸟白忘机，眉外斜阳水外肥。罢钓归途闲眺望，轻舠已过旧渔矶。久未作画，偶然染指，殊解我颐。世无铁岭，谁与同赏？(1950年《渔矶罢钓图》)

个山僧曾题其所画焦墨松石曰"此快雪时晴图也"。今予偶作山水，山间树间寒白似积太古雪，亦可以个山僧题松石语题之，然画材意境则全不同矣。原画事须在不同间求同，黑白间求致，此意个山僧已早知之矣。癸巳酷暑，写此以当清凉之药。(1952年《焦墨山水图》)

秋海棠一名八月春，娇艳逾于桃李。(1953年《花鸟图》)

竹谷图。一湾新水绿潺潺，雨后斜阳山外山。竹里人家谁小住，声飞衣杵上云间。(1954年《竹谷图》)

北高峰灵顺寺南轩雨后望美女峰，沉雄苍郁，意致不让仙霞、白鹤，其后天外千山，层层如旌旗飞列，尤足佐其神隽。(1954年《西湖美女峰》)

偶然落笔，辄思古人屋漏痕、折钗股、石积太古雪、树飞铁铸青者，不胜恫恫。世无董巨，谁问北宋渊源哉！怅惘怅惘。(1960年《松石图》)

画事倘能突过成规成法，即臻上乘禅矣。(1958年《荷花图》)

西湖多碧桃，与朝日相映，尤见浓艳。(《春艳图》)

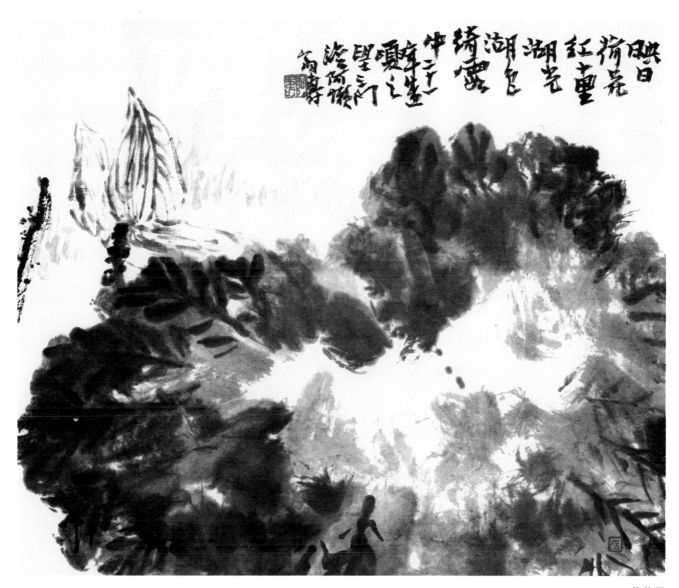

荷花图

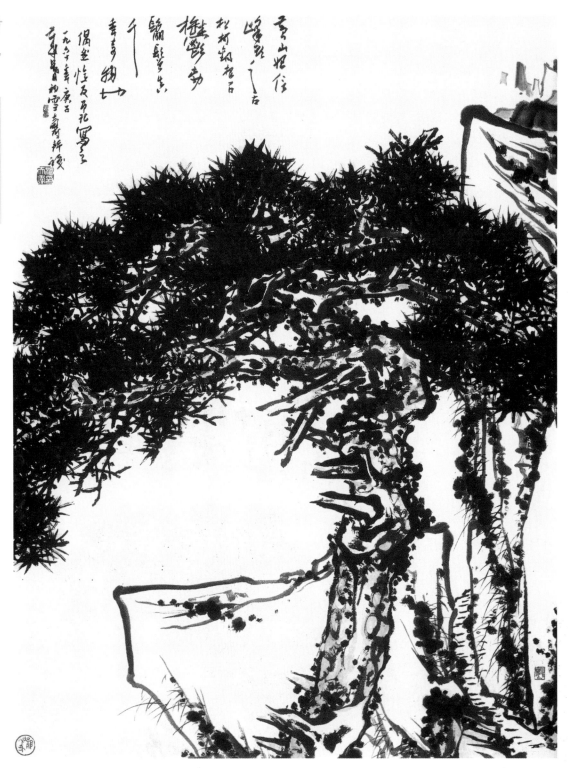

黄山松图

灵岩涧一角。画事以积墨为难，兹试写之，仍未得雁山厚重之致。（1955年《灵岩涧一角图》）

雨后千山铁铸成。偶得土皮纸，以焦墨试作米家山水，殊有别趣。（1961年《雨后千山铁铸成图》）

晨曦新逗雨晴初，花光日色红模糊。乍醒倦眼未全苏。叶样花样脸，推篷闲梳洗，照影唱吴趋。铁岭高且园

作指画喜用生纸，以其能得枯湿之变也。（《朝霞图》）

为忆横磨十万箭，可怜仅得石榴来。以土皮纸作画，虽粗糙而运笔运墨尚得变化之趣。（《石榴图》）

从玉皇山顶西南遥望之江，蜿蜒如飞帛腾空，来自天外，实奇观也。（1954年《之江远眺图》）

露气。昨日清晨至半山康桥乡参观早稻丰收，见村边池塘中芙蕖茁壮如华岳峰头玉井中所植者，至为可爱。归后即写此以为纪念，但限于幅面，未能得其粗豪蓬勃之致。奈何？（1958年《露气图》）

梅雨初晴。雁宕写生之三。五五年初夏，小住灵岩古寺，写梅雨晚晴时情致。（1955年《梅雨初晴图》）

久未作指画，运指如运未练之兵。（1961年《柳燕图》）

写西湖灵峰道中所见。是花常见于西湖山坡中，当地农家谓名龙爪云。（1954年《棕榈龙爪花图》）

岿然。一九六四年木樨馨里写泰岱，以示严重不可摇动之意。（1964年《泰岱图》）

兰为空谷幽芳，甚难及马衣儿所谓"李青莲酒边横眼，卓文君镜里舒眉"之清真情态也。（1928年《墨兰图》）

不作指画已三年矣，偶然着墨，荒率殊甚，凭窗默坐，有忆铁岭高且园也。奈何？（1948年《鸡石图》）

江南水满，田蛙阁阁声连天，歌颂禾黍丰收，岁岁复年年。（1953年《蛙石图》）

偶以八尺笺两纸作烟帆飞运图，景物不多而幅面殊宽，因运大秃笔以宽布置，成后自视，深觉一笔一墨间，无处不现粗鲁矣。奈何？（1958年《烟帆飞运图》）

朝日朝霞无限好，花光艳映水云酣。（1964年《朝霞图》）

黄山始信峰头之古松，柯铜根石，郁勃髯髻，真千年奇物也。偶然忆及，即记写之。（1960年《黄山松图》）

小龙湫一截。雁山峰壑怪诞高华，令人不能想象，诚所谓鬼斧神工，直使诗画家无从下笔，奈何？兹记写小龙湫一截，未知能得其形神一二否。（1960年《小龙湫一截图》）

曾见天池拟倪高士小亭枯树轴，笔意奔放，格趣高华，蕴荒寒于古简之外，至为难得。兹再拟之，不识落谁家面目耳。（1961年《小亭枯树图》）

偶然作画，略似个山僧矣！一笑。（《八哥图》）

由云台东望长城，其气势尤为雄伟。云台在八达岭南五里。（《东望长城图》）

世称兰竹清品，兹以五彩画之，白无荒寒之趣，然尚能得其风格否乎？（1962年《设色兰竹图》）

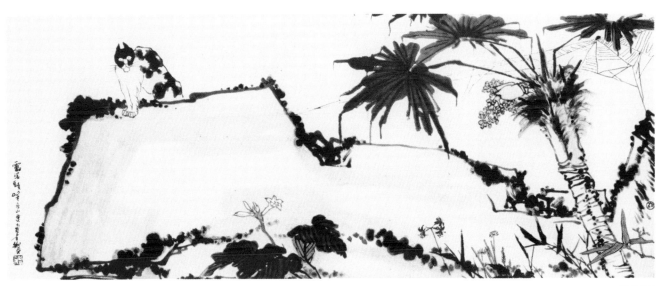

猫石图

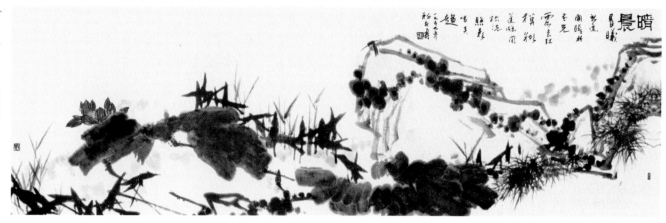

晴晨图

日当午正，深藏黠鼠，莫道猫儿太懒睡虎虎。写西邻园中所见，时甲午初夏。（1954年《猫石图》）

小龙漱下一角。雁宕以水石为奇，当梅雨后勾此为画稿。（约20世纪60年代《小龙漱下一角图》）

碧梧宫院月轮秋，银汉高悬露气浮。鸿雁一声人未睡，上林已报夜添筹。（《秋梧雁来红图》）

做春细雨沁窗纱，投老心情懒倍加。耐有寒香蕴书味，残兰又放一枝花。（1948年《盆兰墨鸡图》）

月夜露涛涛，云根冷山葛。帝子近何如，潇湘烟水润。（1933年《竹石图》）

翠羽明蛸质，娉婷孰与俦？妙香清入髓，凉月淡成秋。洛浦波声渺，湘云梦影浮。何人歌系缆，一片水风柔。（1941年《荷花图》）

蜻蜓款款玉屏风，艳映花光扇扇红。醉后六郎颓甚矣，凭谁扶入翠帷中。（1950年《晴霞图》）

横斜梅树三分瘦，飘拂幽兰第几枝？野水空山春浅浅，云拖月色上龙池。（1931年《梅兰竹石图》）

好友久离别，晤言倍觉欢。峰青昨夜雨，花紫隔林峦。世乱人多隐，天高春尚寒。此间宜小住，剪韭共加餐。（1944年《山斋晤谈图》）

俯水昂山势绝群，谁曾于此驻千军？万家楼阁参差起，半入晴空半入云。城外千樯集海舶，上通巴蜀下姑苏。似曾相识浔阳路，夜泊船留司马无。浪沙淘尽几英雄，倒海潮声岁岁同。铁板铜琶明月夜，更何人唱大江东。夕阳城郭花如锦，灯火楼台夜有声。欲济莫嫌官渡晚，蒹葭沙水太清明。（1931年《江洲夜泊图》）

土腴处处可桑麻，亦种棠梨与菊花。三径久荒人迹少，孤松矮屋老夫家。前溪木落已经秋，远浦斜阳霁色浮。莫是富春长卷子，羊裘着我一扁舟。性迂未惯逢迎事，地僻何劳长者车。刚近小春寒已重，月明忙我种梅花。木奴千树傲居官，有室能容膝便安。花放干峰天欲紫，小窗胜检旧书看。（约1935年《山居图》）

根石柯铜烂有光，曾经殷雪与周霜。岁寒已近换符节，祭灶喜闻柏子香。小别经年鬓已疏，情怀轳辘我何如？此来尽有山蔬美，剪韭烹茶问洛书。（1948年《柏园图》）

万翠峰峦压画屏，雏书门户每重扃。酴醾不管春归去，开遍砺墙尚未停。（《竹谷图》）

习俗派争吴浙间，随声相誉与相讪。苦瓜佛去画人少，谁写拖泥带水山。（1961年《晴峦积翠图》）

姑苏荷花荡遍植荷，开时接天漾碧，映日摇红，清香遥递十里，真奇观也。安得有一来复之暇，买小舟荡漾其间，以为清赏。（1959年《晴晨图》）

湘江曲，湘江之水如醽醁。春波摇影漾猗猗，翠黛凝眸小腰束。天风来兮月乍生，飘云袖兮鸣佩玉。（《竹图》）

秋风寒，秋水白，秋意泠泠落残石。穷海秃鹰头赫赫，倦眼苍茫舒健翮。何因不作图南策，但听潮声朝与夕，辽天飞雨点青液。（1932年《海鹰图》）

重向莲花峰顶行，海云无际夜无声。平原笔力华原墨，如画千山铁铸成。石险径悬银河上，天青花放海云春。何年得遂名山想，野鹤青松存此身。（1936年《梦游黄山图》）

古青松树白云里，怪谷腾螯万风起。决天飞瀑天上来，奔流则是黄河水。年年来往木排人，应识天丝织罗绮。（1933年《松壑鸣泉图》）

幽谷春冥冥，千峰绕作屏。云浮残雨白，松卷暮涛清，屋矮茅偏厚，潭深龙带腥。山居每无事，觅句过前汀。（1930年《幽谷图》）

仙人囊中五色露，得种昔与蒲桃俱。猩猩染花开五月，已觉秋实悬庭除。张园一酸齿欲裂，君家两株蜜不如。竹马儿童厌梨粟，绿囊聊为剥红珠。（1936年《石榴图》）

八八儿，何媚妩，黄金爪嘴大玄羽。也学鹦鹉能言语，不识丰干饶舌已多余，徒然齄鼻传茶求主许。何如双栖清梦好，烂漫春光日煦煦。（1948年《又哥图》）

飞帆如叶下轻舟，千里江城一日收。莫问浔阳旧司马，昨宵灯下抵瓜洲。（1954年《江洲夜泊图》）

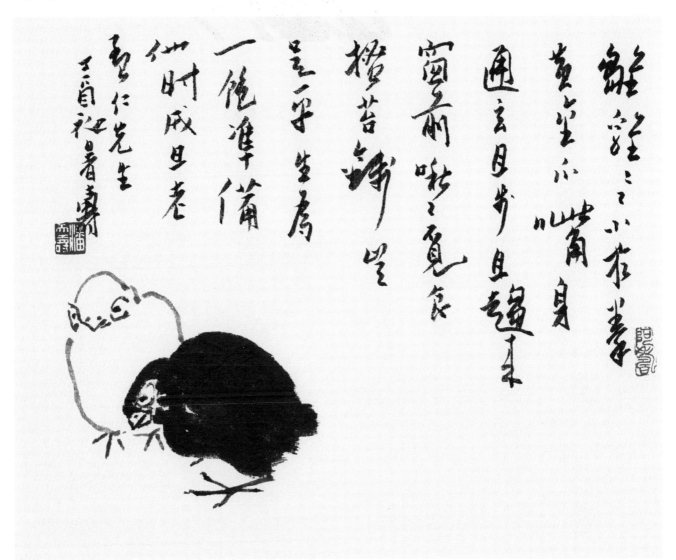

鸡雏图

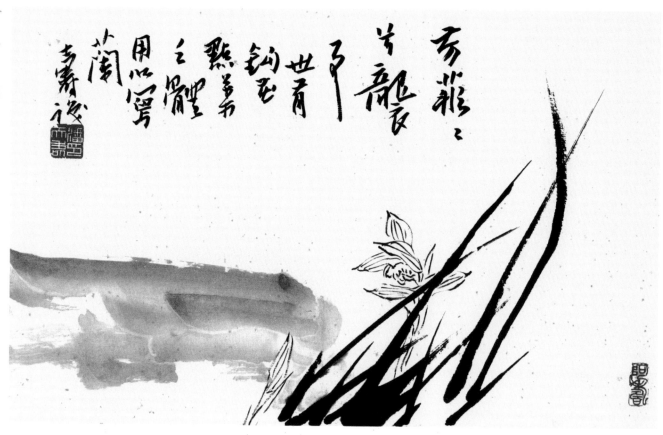

钩花兰石图

根石柯铜古柏身，空山淡荡自精神。香深雪海闲酣睡，不是罗浮梦里人。（1950年《梅花高士图》）

清游最爱梦中山，怪壑奇崖笔外板。飞瀑水晶帘不卷，从天摇曳到人间。（1944年《观瀑图》）

婆鸡婆鸡咻咻呼，毛羽髼髶喜抱雏。此是农家寻常事，莫言生息属陶朱。（1961年《抱雏图》）

雏鸡雏鸡小于拳，黄金爪嘴身通玄。且步且趋来阶前，啾啾觅食搔苔钱。岂是平生为一饱，准备他年戒旦老。（1960年《鸡雏图》）

日色与朝霞，花光艳红绮。一棹水云间，江山美如此。（1962年《青绿山水图》）

一夜黄梅酣雨后，万山新绿涨雷峰。料知百丈岩前水，更润岩前百丈松。（1959年《百丈岩古松图》）

一水西来百派分，千山形势自超群。老夫指力能扛鼎，不遣毛龙张一军。（《指墨山水图》）

春归莼菜已花黄，深阁但添绣线长。翠鸟不知青鸟事，听风听雨老横塘。（1961年《野塘清趣图》）

卧薪霸业久尘埃，谁向龙山驻杖来。唯有天边春草色，依然绿上越王台。（1956年《龙山怀古图》）

气结殷周雪，天成铁石身。万花皆寂寞，独俏一枝春。（1966年《梅月图》）

春酣。（1965年《牡丹图》）

香祖。（约20世纪60年代《兰花图》）

闲向阶前啄绿苔。（约20世纪60年代《雏鸡图》）

农家清品。（约20世纪60年代《荸荠樱桃图》）

秋晨。（1958年《菊花蜗牛图》）

颐者所喜。（1958年《枇杷葡萄图》）

新放。（1963年《指墨红荷图》）

欲雪。（1962年《竹石栖鸟图》）

一篱草色长鸡雏。（1960年《鸡雏图》）

寿者所喜。（约20世纪60年代《白菜蘑菇图》）

十分春色江南。（约20世纪60年代《山茶盆兰图》）

闲似文君春鬓影，清口冰雪藐姑仙。应从风格推王者，岂仅幽香足以传。（1963年《兰石图》）

会心在四远，不是为高飞。画事能在着墨时会心高远空旷之处，即不染尘俗矣。（1961年《松鹰图》）

唐王右丞曾作古木寒鸦图，为南派之始祖。余于作画，素无门户之见，故不暇辨其为南为北也。（1922年《古木寒鸦图》）

画坛地位极宽，可任人随时随地割据一方管领数百年，则画梅兰竹者可不必因与可、华光、所南辈在先而让席，因彼辈亦不过偶据一方耳。（1931年《梅兰竹图》）

野战，须以霸悍之笔出之。（《墨竹图》）

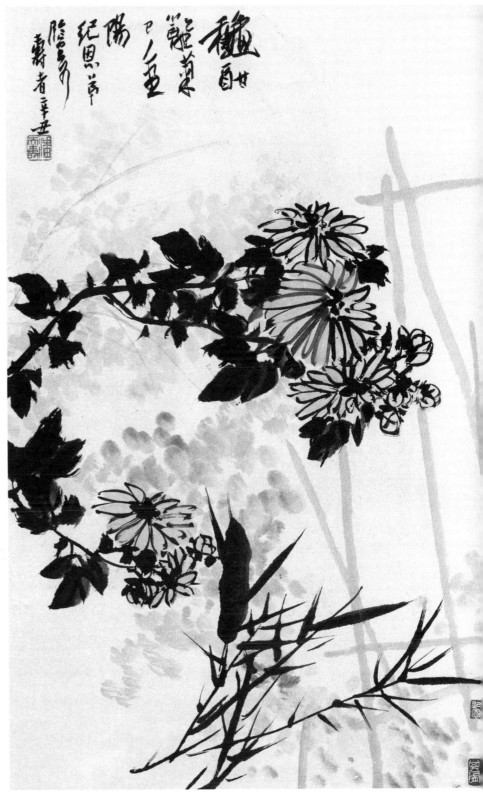

秋酣图

135

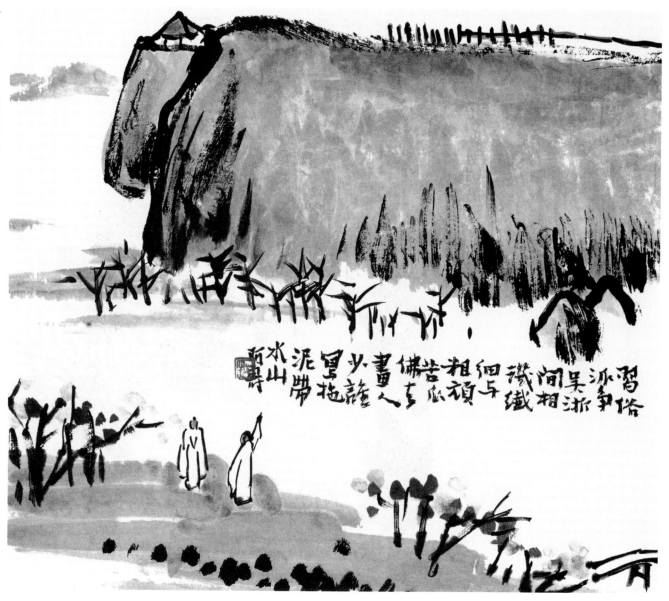

青绿山水图

此谓春兰，清妍婉约，为空谷佳人。今以霸悍之笔写之，非卓文君之春风鬟影，而似穆桂英之搴旗杀敌矣。一笑。（《兰花图》）

石涛好野战，予亦好野战，野战霸悍，观者无奈霸悍何？（1961年《长春图》）

缶翁晚年画竹好野战，如老将搴旗，颐指气使，无不如意，在梅道人、瞎尊者以后又开一蹊径矣。（《竹石图》）

书家每以险绝为奇，画家亦以险绝为奇。此意唯颜鲁公、石涛和尚得之，近人眼目多为赵吴兴、王虞山所障矣。（《设色山水图》）

笔有误笔，墨有误墨，其至趣不在天才工力间。（20世纪40年代《行书语》）

兰竹清品，以只见其清为贵。（《兰竹图》）

指画是偏侧小径，第于运指运墨间别有特致，故自高且园后至今未废也。（《水仙图》）

感事哀时意未安，临风无奈久盘桓。一声鸿雁中天落，秋与江涛天外看。（1945年《浅绛山水图》）

价廉粉脂艳吴娘，芳草谁歌天一方。笔墨年来无健者，任他胡乱说徐黄。（题吴茀之《墨兰图》）

文通妙绘造化师，笔能扛鼎墨淋漓。照眼顿明双眸子，不觉奇气沁心脾。

生枝枯干任搓橱，腕底春深桃李花。不道徐黄旧心法，极波涛处竟龙蛇。（题张书旂《花卉集》）

妙运金刚腕，辟支演太阿。奇才瞎尊者，怪物哑头陀。气可撼天地，人谁识哭歌。离离禾黍感，墨沈乱滂沱。

江南山水好，隐岂为逃名。诗冷云霄迥，书茹佛力生。即今谁外古，吾道尚无成。极目天辽阔，怅然思不禁。（《读八大石涛二上人画展后》）

世人谈山水，开口辄四王。笔笔穷殊相，功力深莫当。我懒不可药，四王非所长。偶然睡醒抹破纸，墨沈滞宿任驱使。兴奋飞雨泻流泉，飒飒天风下尺咫。白云兮皑皑，乱石兮齿齿。遥峰淡兮寒沉，晚霞凝兮天紫。漫言一点一画不在规矩中，不足相绳丑与美。呜呼！眼前画人走满市，谁是前世画师今姓李？董巨倪黄难再起，白秃苦爪佛去矣。（《画山水》）

乾嘉画乎谁评旦，骑鹤疏于十万筹。二十四桥应似昔，不胜人物忆扬州。

秋来豆荚已登盘，至趣应从蜾扁看。自是散僧能入圣，任教怪鬼上毫端。（《题高南阜扁豆障子》）

白阳花卉，天才秀发，逸韵横生，自不能以个人门户限骥足之驰驱。衡山竟以"非吾徒也"责之，陋矣。逸如彭泽陶元言，韵似西风李易安。鸣鼓停云殊陋甚，欲将私统范豪端。（《题白阳山人墨菊》）

最爱湘江水蔚蓝，幽香无奈月初三。楚骚遗意谁能解，应忆当年郑所南。弗兄为蕙兰写照，得如此佳构，真外师造化，中得心源矣。可佩可佩，可畏可畏！（《题吴弗之墨兰图》）

草草文章偏绝古，披离书画更精神。如椽大笔淋漓在，三百年中第一人。（《题徐天池墨花长卷》）

宾翁山水，笔如拗铁，力能扛鼎，浑厚华滋，远从两宋而来。间作写生花鸟，则妍丽纯雅，尤呈姿致，每觉一股清新之气，自笔端中出，使观者处花香鸟语间。此幅即其一耳。（《题黄宾虹月季花图》）

此系笔画，误题指墨，年未古稀，而健忘特甚，往往顾彼遗此，真觉老态龙钟矣！奈何？（1961年《春塘水暖图》）

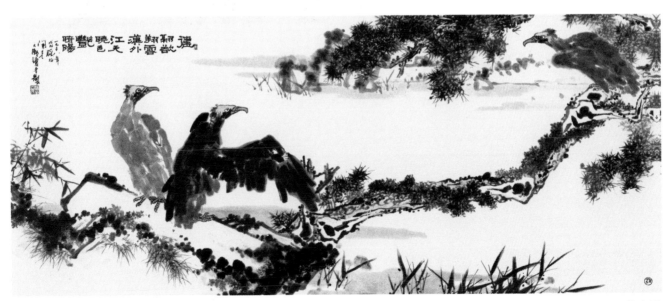

松鹰图

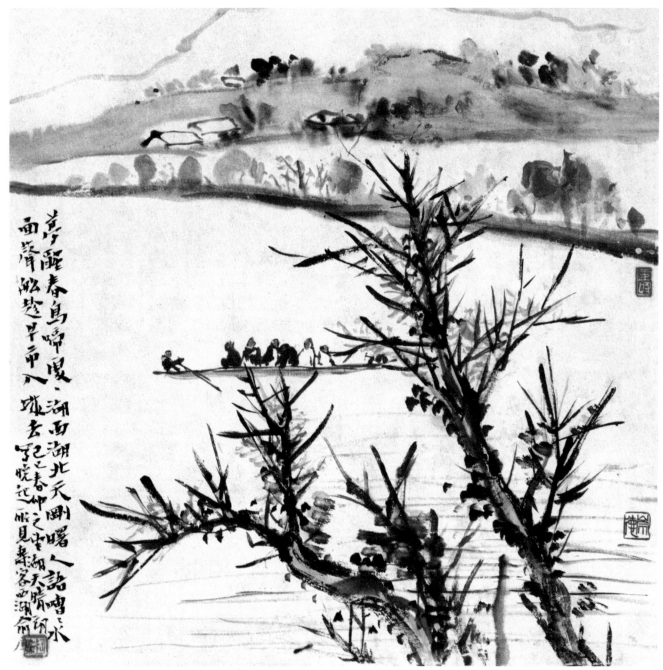

梦醒春鸟啼窗，湖西湖北天刚曙，人语噌噌水
面簜渺整旱市入。琳去记己巳春仰之望湖天晴阿
写晓花忍见寿寥客西湖食

西湖秋色图

读书眉批

扬长避短。若以己之短步趋人之长，久之，恐失己之长耳。民族艺术之前途，不可不注意于此。（《孙子兵法》）

画至化境，形神皆著我意。"夺"者，须有我之精神移入于物，交流引动，方可夺物之精神也。是精神，实为物我精神之融合。（《黄宾虹画语录》）

强骨，气静。（《道德经》）

"高韵深情，坚质浩天，缺一不可以为书。"画亦然。（《艺概》）

飘逸不可以废沉雄，疏散不可以无气骨。文骨靡弱，时势衰颓之征也。（《文心雕龙》）

品格之高下不在迹而在意。评品不在青绿水墨间，自属正论。（《浦山论画》）

《考工记》云："东方谓之青，南方谓之赤，西方谓之白，北方谓之黑，天谓之玄，地谓之黄。"是为色之指意象征。又云："青与白相次也，赤与黑相次也，玄与黄相次也。""青与赤谓之文，赤与白谓之章，白与黑谓之黼，黑与青谓之黻，五彩备谓之绣。"是为色之配比华饰。此二者，亦为吾国绘画用色之要旨，非止于"随类赋彩"之说也。（《周礼·考工记》）

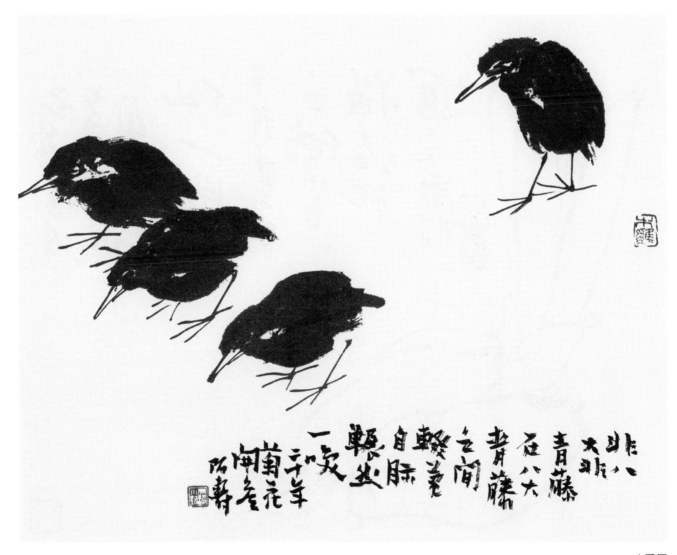

八哥图

黑与白为至明朗确实之对比，又为至高雅质朴之配合，吾国绘画以黑与白为主色，即所谓"绚烂之极归于平淡"也。

吾国绘画又常配用醒目之红色，以红色为热闹之喜色。黑、白、红相间，远从彩陶始，极具古厚之意趣。民族性格使然也。（《芥舟学画编》）

画之须重间架，犹人之树骨。骨立而体势可定，血肉可附，神彩可生。（《溪山卧游录》）

力兼美，入奇正。（《宋朝名画评》）

论宋元明三代画法，不以南北之见定高下，为明代画家中之有我见者。（《燕闲清赏笺论画》）

以三董为承正派之系统，殊属偏见，元四大家均承荆、关、董、巨而下，而有特殊成就者，岂竟差于思翁、东山耶？（《芥舟学画编》）

画之须重间架，犹人之树骨。骨立而体势可定，血肉可附，神彩可生。（《溪山卧游录》）

力兼美，入奇正。（《宋朝名画评》）

论宋元明三代画法，不以南北之见定高下，为明代画家中之有我见者。（《燕闲清赏笺论画》）

以三董为承正派之系统，殊属偏见，元四大家均承荆、关、董、巨而下，而有特殊成就者，岂竟差于思翁、东山耶？（《芥舟学画编》）

推重思翁、石田，已成清初风习，沈氏亦落其风习之下。（《芥舟学画编》）

凡文人画，往往重文人风趣，而缺功力，即董氏之所谓顿悟禅也。（《绘事微言》）

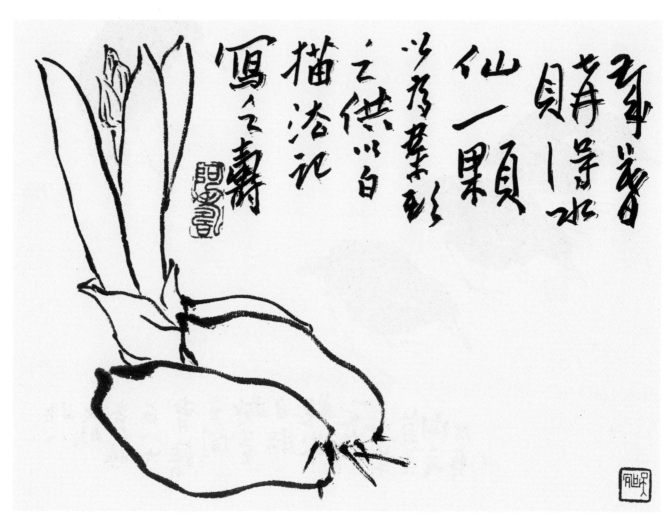

花卉册页

无十年面壁之功，徒以顿悟护短，为明清士夫通病。东井殊有感于此。(《习苦斋题画》)

先生（编者按：即黄宾虹）"合文人、名家之长，以救偏毗"之主张，甚是。(《画法要旨》)

石涛对南北宗之看法，远高于吴门、松江派诸画人，因其有突出之天才，磊落之胸襟，深沉之学识，直如天马行空，了无滞碍耳。(《石涛论画》)

老莲师田叔，其山水树石，点画布置之间，无处不流露蓝家风貌。胡心恨马夏，谓为画家败群至于如是耶？(《老莲论画》)

（此文原载于《潘天寿谈艺录》，浙江人民美术出版社1985年版)

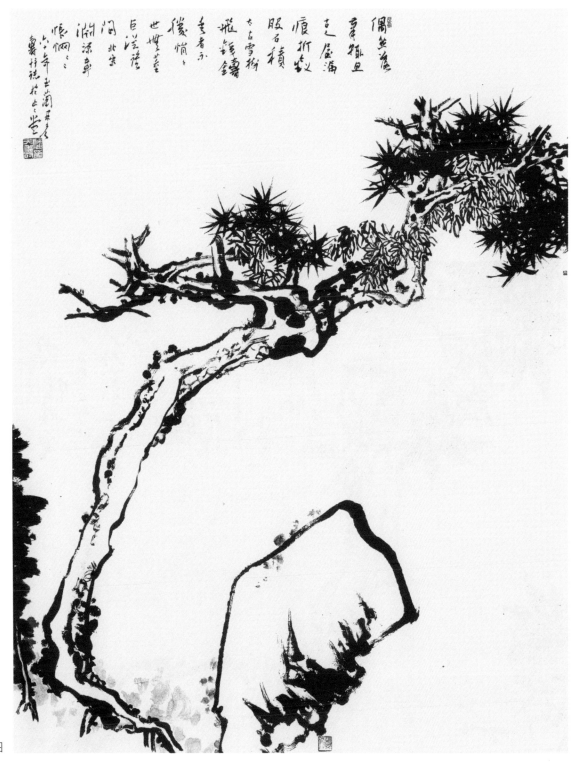

松石图

论画绝句

其一

神妙无方迥绝尘，游丝风格至今新。

妍媸莫论先张陆，千古传神第一人。

顾长康恺之

其二

抚琴直令众山响，可羡澄怀宗少文。

丘壑栖迟何碍老，卧游情趣自超群。

宗少文炳

其三

偶忆婆娑十一鹤，摩天云羽绝尘埃。

尽缘楷法名天下，画笔能从书笔来。

薛嗣通稷

其四

夙信前身是画师，诗中有画画中诗。

须知雪里甘蕉树，早证散花说法时。

王摩诘维

予曾聆康更生论国有绘画，谓全被摩诘雪蕉、东坡朱竹糟坏，因太背物理形相，故无进步也。实质康氏尚存华不如法之念，自生分别想耳。

其五

心源造化悟遵循，双管齐飞如有神。

一自辋川人去后，南宗衣钵属何人？

张文通

莫云卿《画说》云："南宗王摩诘始用渲淡，一变勾斫之法。其传张璪、荆、关、郭忠恕、董、巨、米氏父子以及元之四大家。"

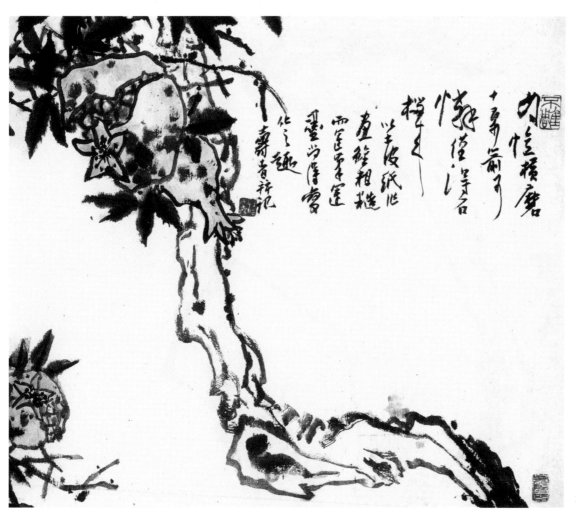

石榴图

其六

轻毫淡墨开千古，一叶半花任绝奇。
神妙兼全成大雅，风骚百代少陵诗。

徐处士熙

其七

一片江南景色新，董源平淡自天真。
米家月旦靡多语，神格兼全无等伦。

董北苑源

其八

树如屈铁山画沙，笔能扛鼎腾龙蛇。
殿荆关董时间耳，食古佛力老烟霞。

僧巨然

荆关董巨为五代宋初四大家，循时代先后为次，实则巨氏所成就在荆关董三家之上。

其九

高名大节千秋映，据德依仁百艺余。
端得此君游戏旨，闲将朱墨任毫书。

苏东坡轼

其十

道上神思孰与衡，一家风格突关荆。
文章奇险书奇古，信手拈来总可惊。

米元章芾

十一

不多笔墨已离披，纫佩何心唱楚辞。
同与夷齐无寸土，露根风叶雨丝丝。

郑所南思肖

十二

富春山色近何如? 极尽苍茫云卷舒。
岂是寻常真画史，百分余事五车书。

黄子久公望

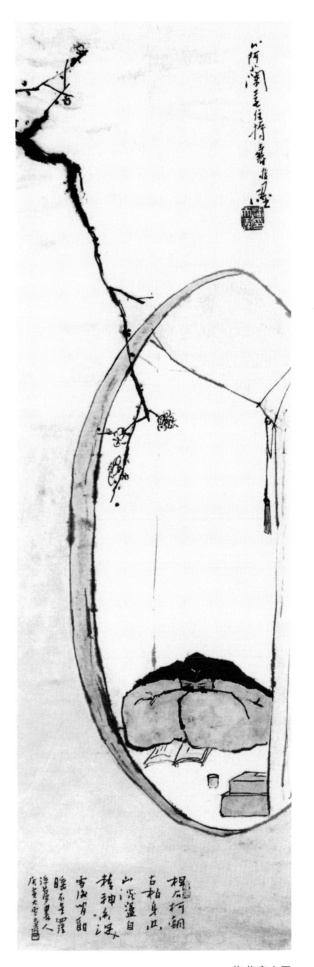

梅花高士图

十三

还从平淡出层奇，高品原来不可师。

无复有人当季世，空山如此耐寻思。

倪云林瓒

云林山水真幽淡，世称高品第一，论者每谓宋人易摹，元人犹可学，独云林不可学。盖从平淡中出奇无穷，直使智者息心，力者丧气。作山水，每不位置人物，问之，则曰："今世那复有人！"

十四

搴旗老将气峥嵘，笔墨酣豪俱可惊。

我别关怀题竹语，也思归去听秋声。

吴仲圭镇

吴氏极精墨竹，第为山水所掩，世少留意及之，其题语亦以墨竹为多，予甚爱其"我亦有亭深竹里，也思归去听秋声"句。

十五

风情怪诡朴而古，元气淋漓淡有神。

一代奇才谁认识，天教笔墨葬斯人。

徐天池渭

十六

风浪蕴藉入骨髓，读万卷书行万里。

文人真谛谁遥承流？闲剪吴淞一江水。

董玄宰其昌

董氏《画禅室随笔》云："文人画自王右丞始。"董氏实以文人画正传自任者也。

十七

不堪听唱念家山，尽在疯狂哭笑间。

一鸟一花山一角，破袈裟湿暮云鬟。

八大山人雪个

十八

熔六州铁锻千锤，沈默幽深累梦思。

鼻息一丝云一衲，万山千水老垂垂。

残道人石谿

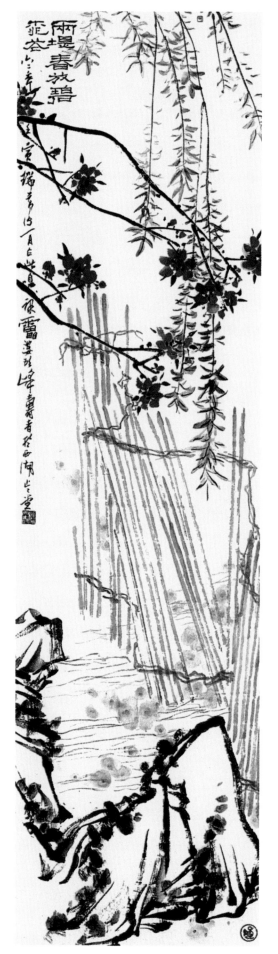

雨堤春放碧桃花

十九

古阿罗汉是前身，五百年来无此人。

岂仅江南推第一，笔参造化墨通神。

瞎尊者石涛

王麓台尝云："海内丹青家未能尽识，而大江以南当推石涛为第一，予与石谷皆有所未逮。"

二十

堂堂阵外建旌旗，披靡貔貅十万师。

毕竟将军能跋扈，撼长城固谢毛锥。

高且园其佩

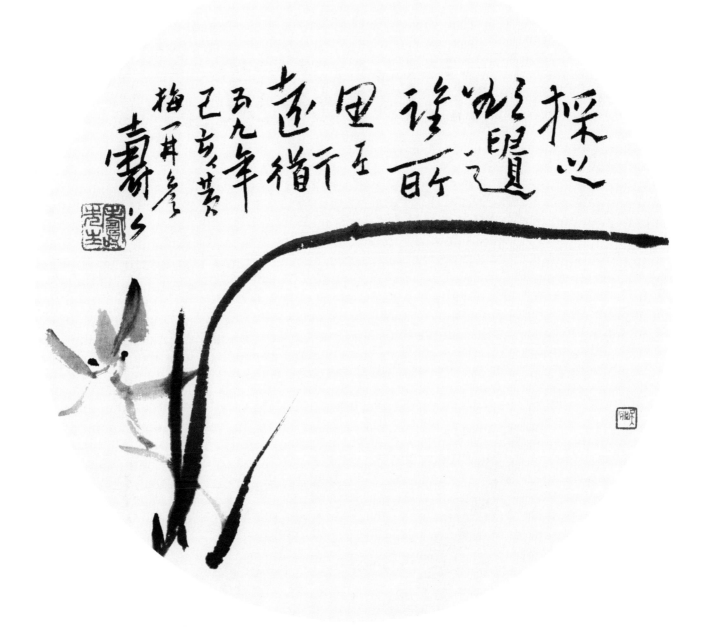

有所思图

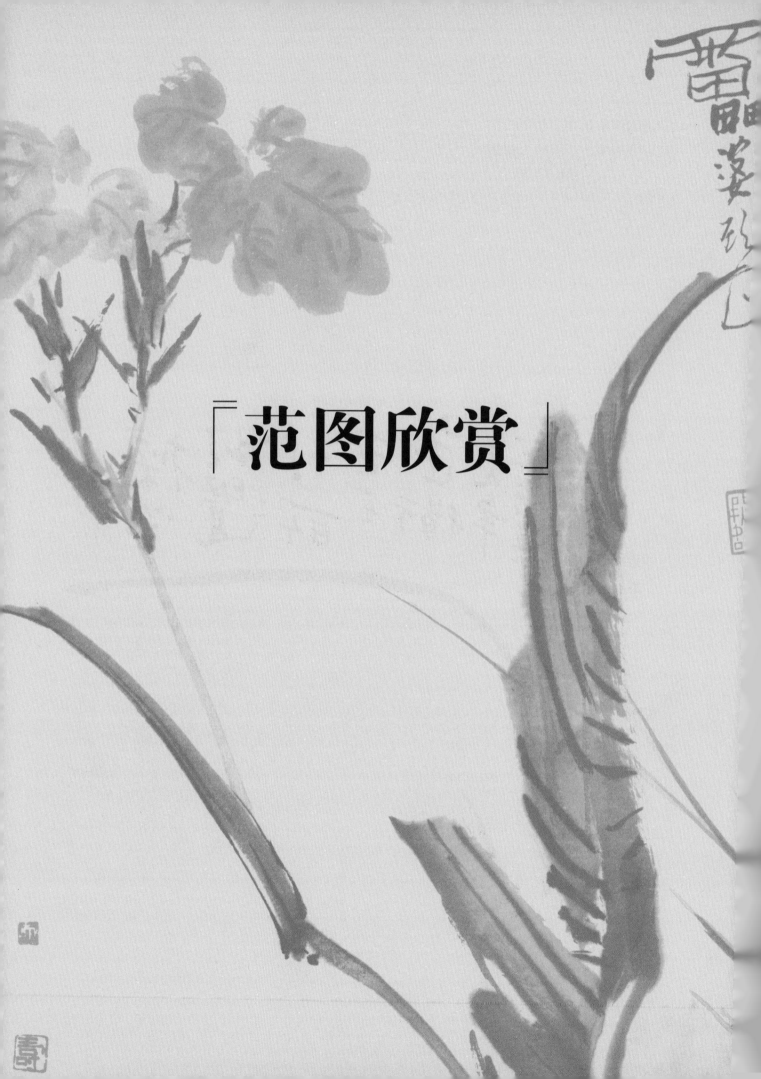

「范图欣赏」

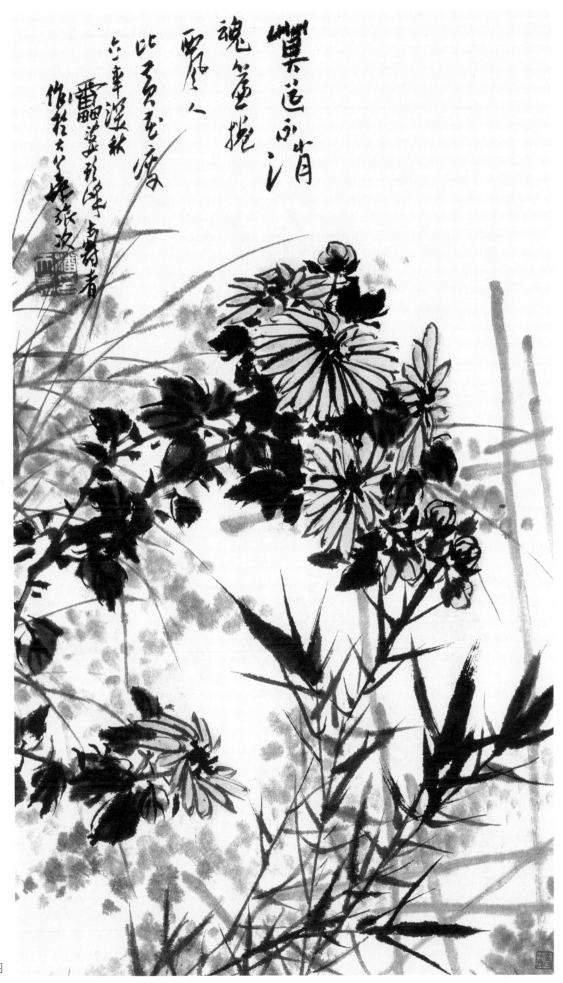

篱菊图

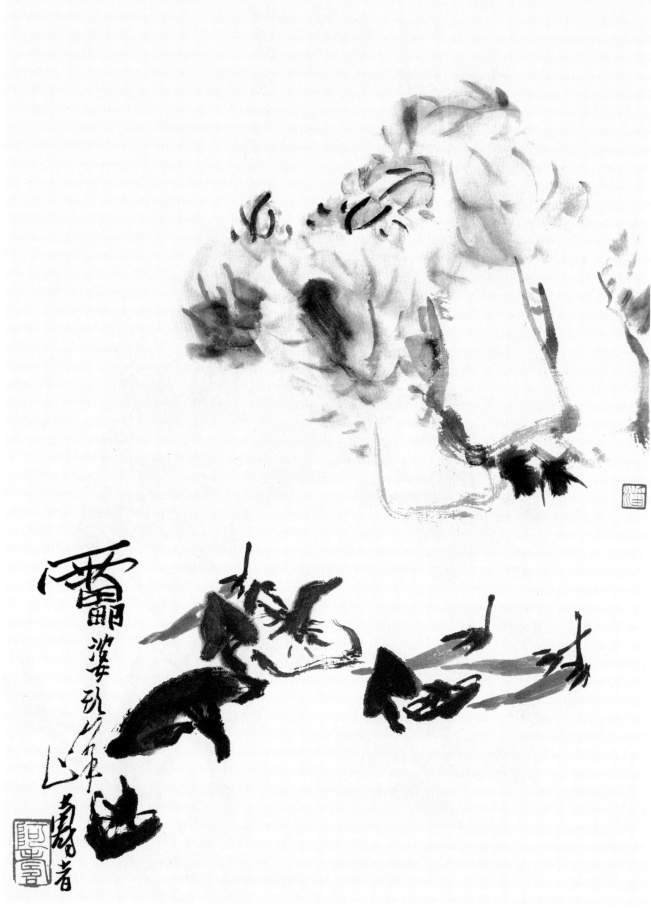

红椒青菜图

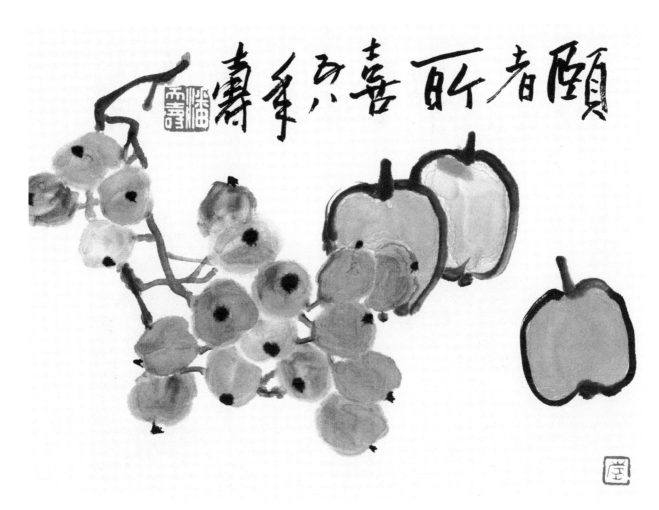

葡萄枇杷图

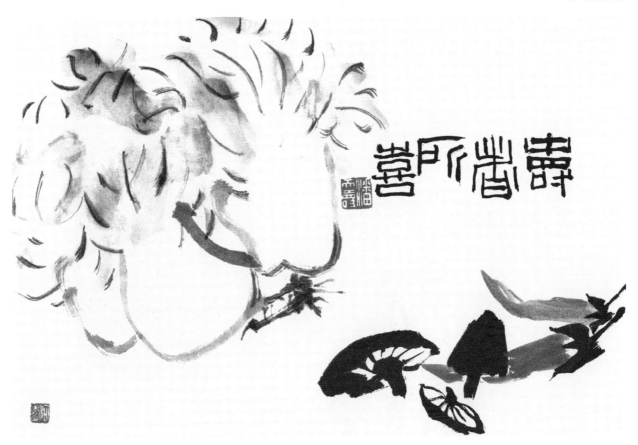

寿者所喜图

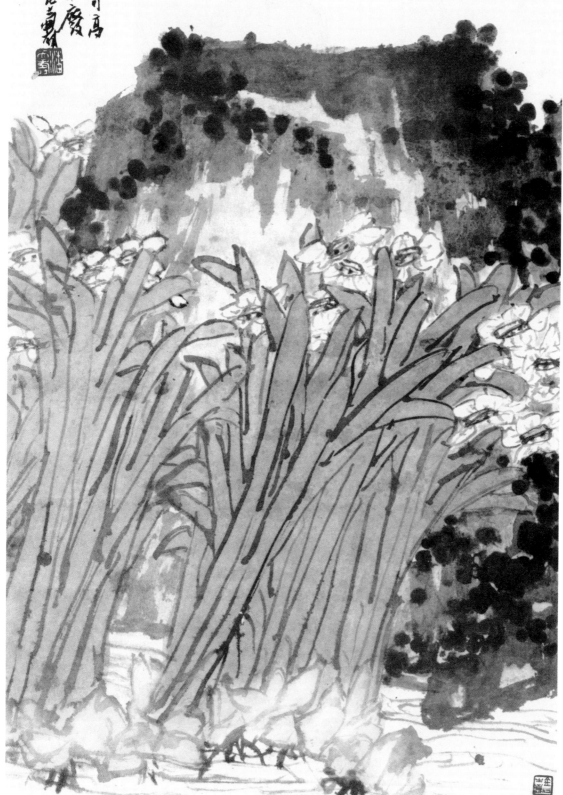

水仙图

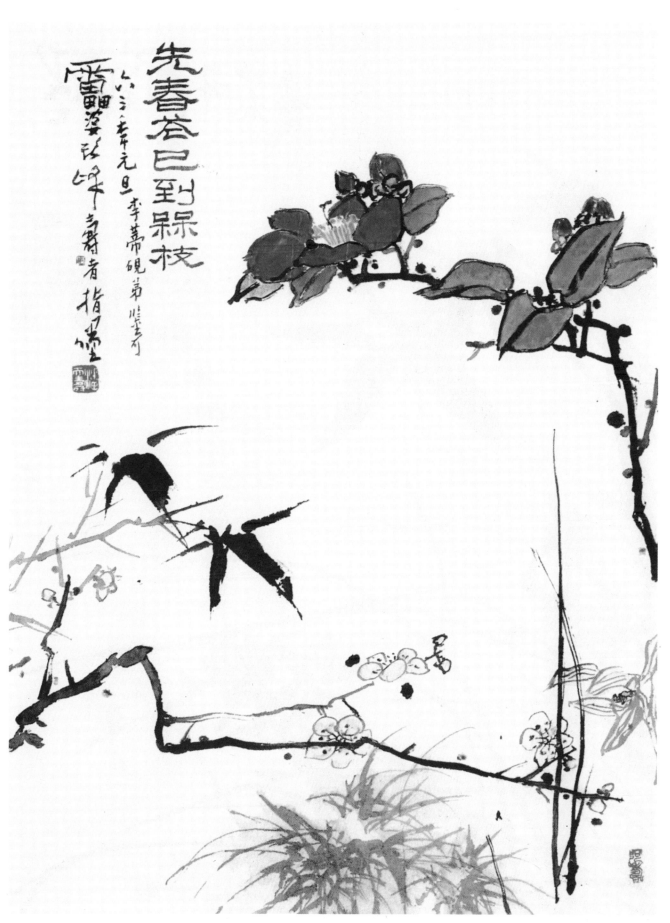

先春梅花图

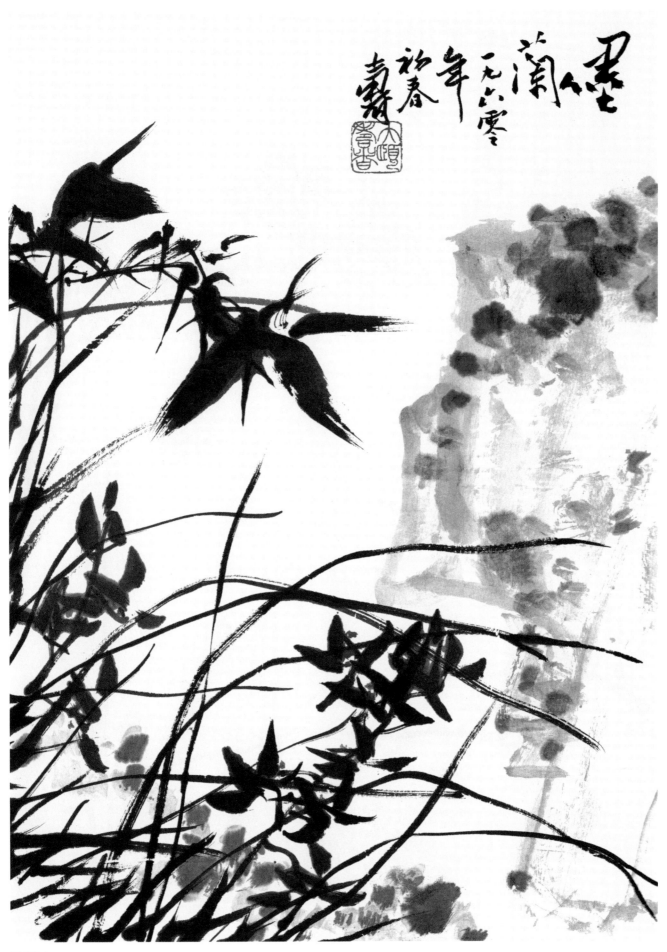

墨兰图

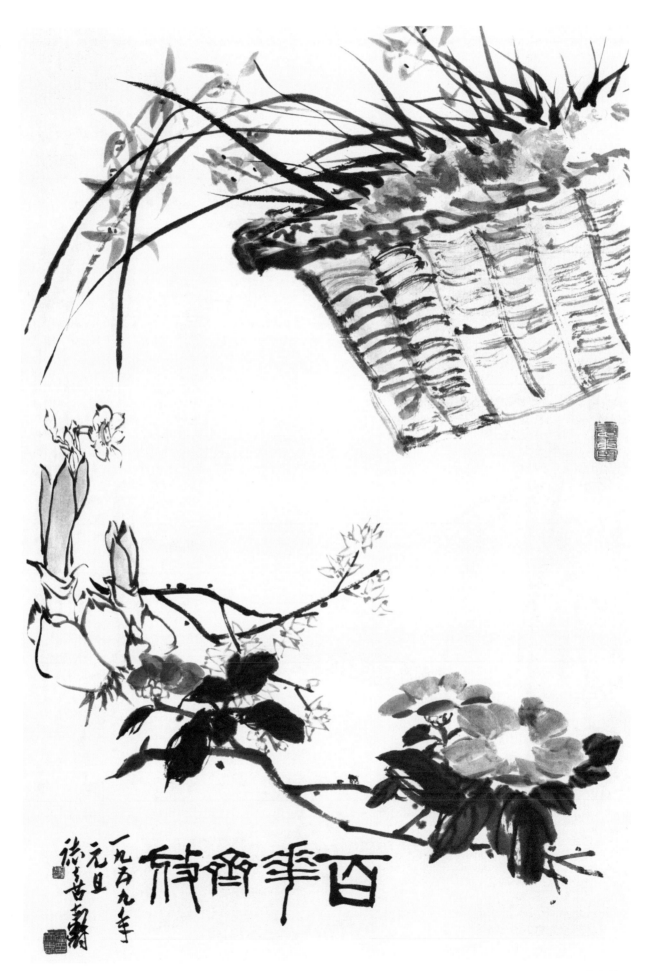

百花齐放图

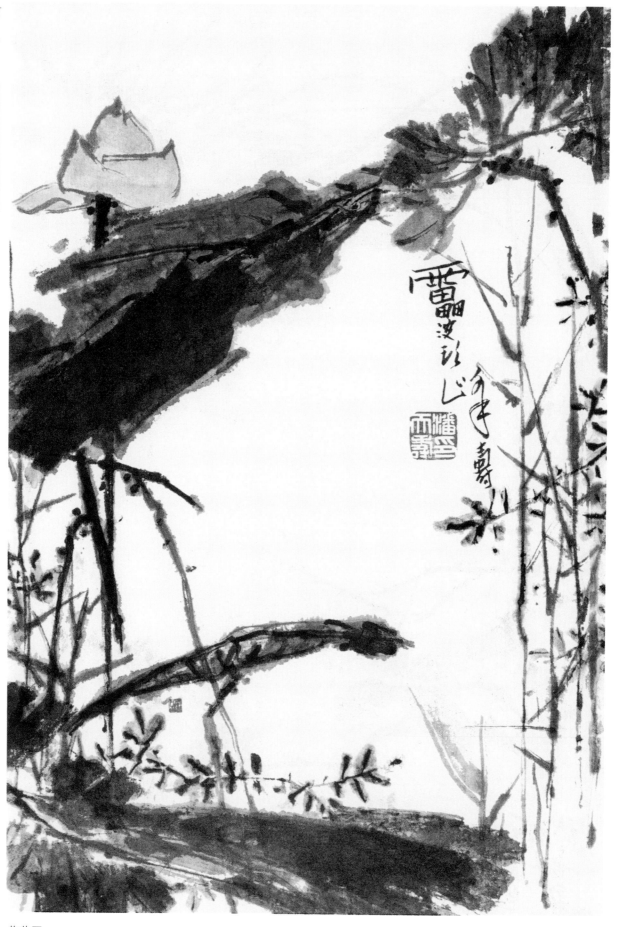

黄荷图

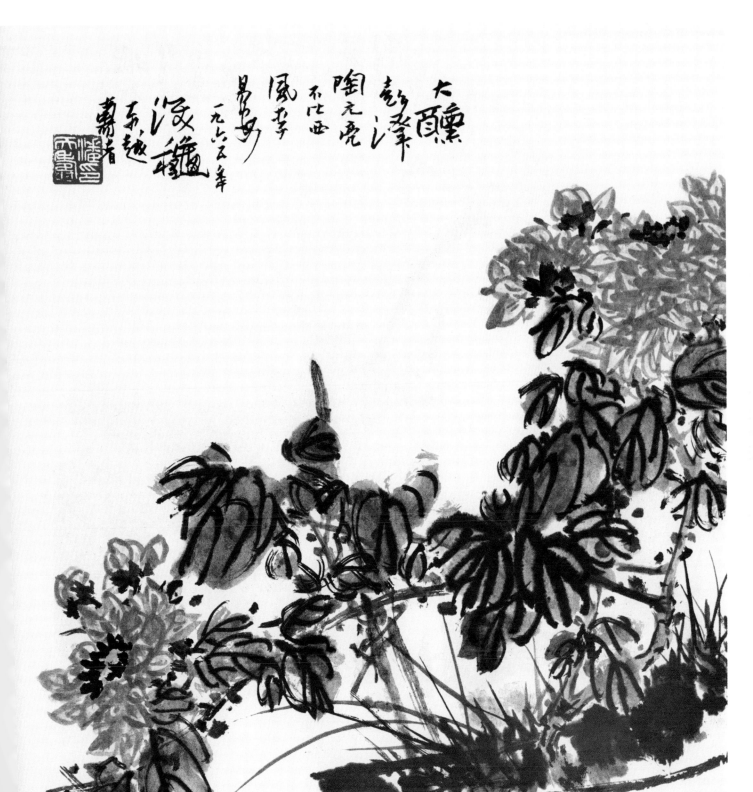

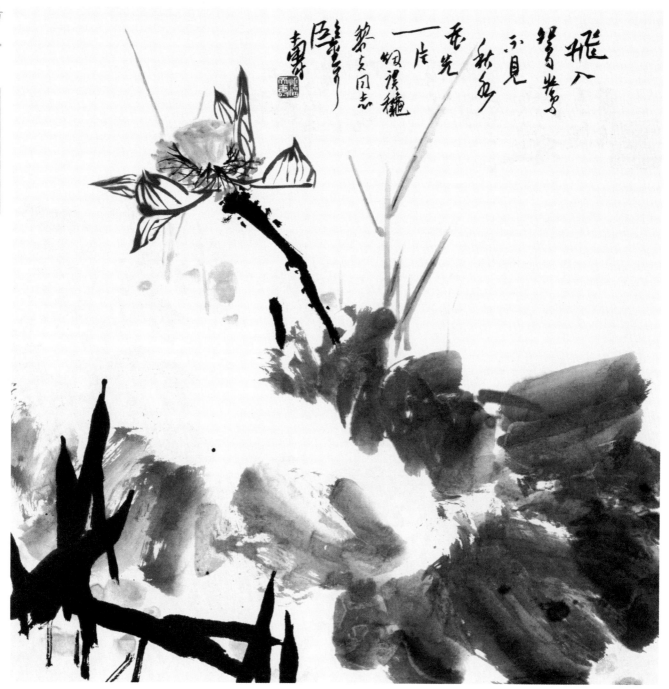

烟水花光图

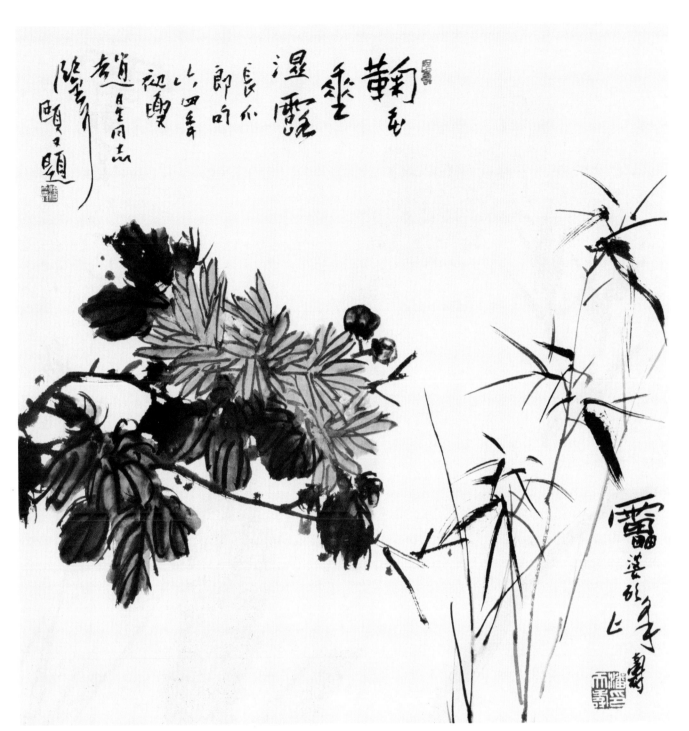

竹菊图

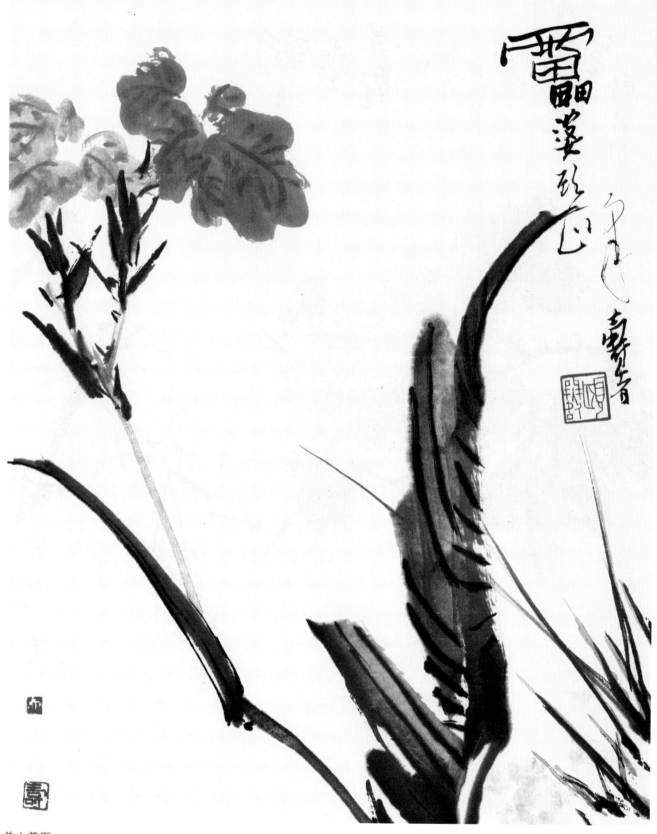

美人蕉图

指墨南瓜图

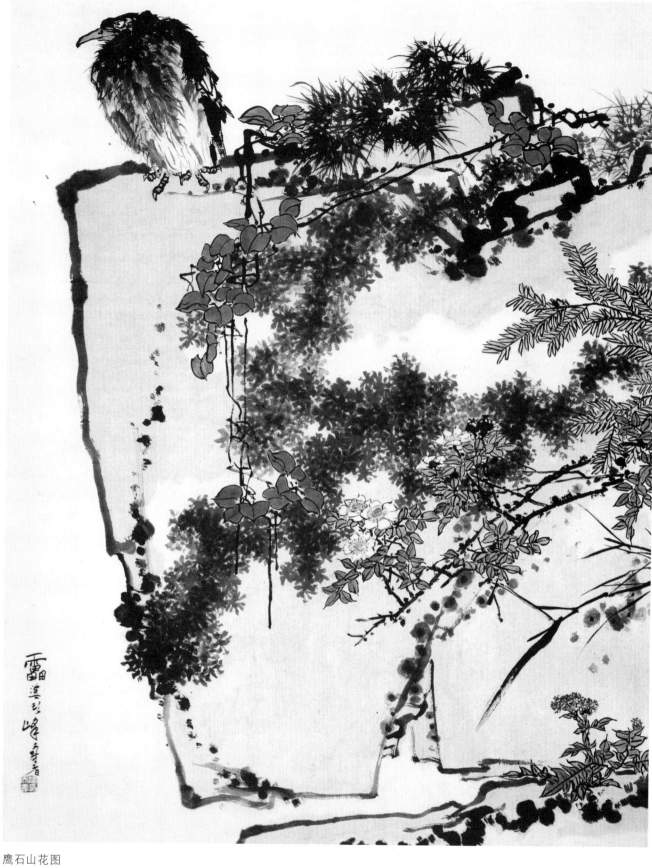

鹰石山花图

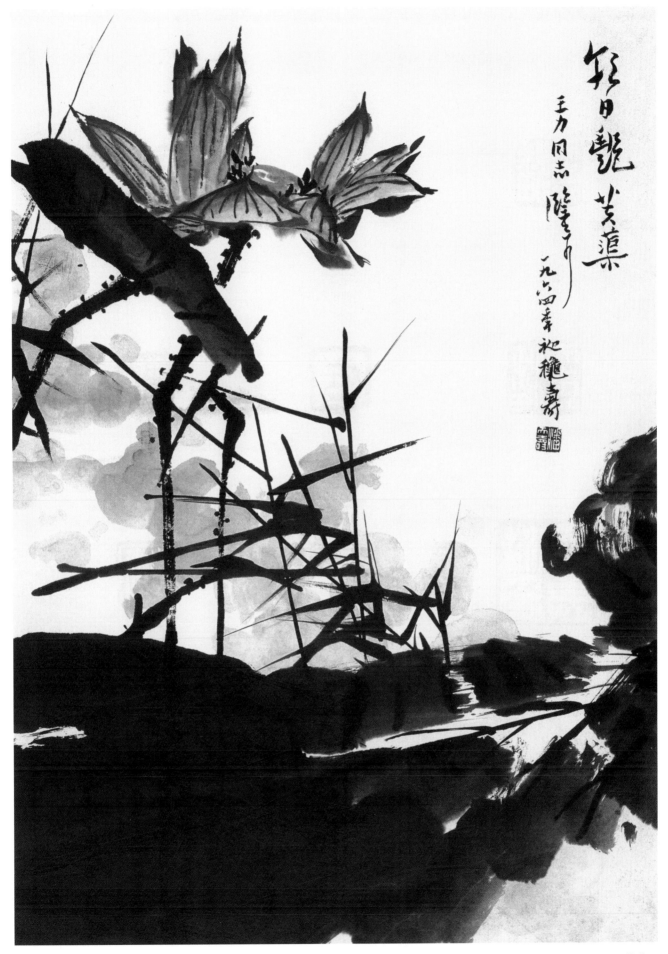

芙蕖图

潘天寿

天寿

潘天寿

潘天寿

寿

阿寿

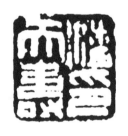

潘天寿印

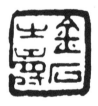

金石寿

天寿

鸡形印

潘

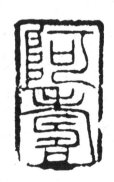

阿寿

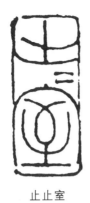

止止室

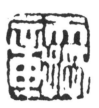

大颐

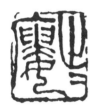

止止楼

寿者相

天授章

潘天授印

强其骨

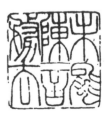

未能陈言务去

潘天寿艺术年表

1897年

3月14日（农历二月十二），出生于浙江省宁海县冠庄村，原名天谨，学名天授。

1903年

生母病故。是年夏，入村中私塾读书。文章日课之外，喜欢写字，热心于临摹《三国演义》《水浒传》等小说插图。

1910年春

入县城正学小学读书，接受西式学校教育，课余喜爱书法、绘画、刻印。

在县城纸铺购得的《芥子园画谱》及数本名人法帖，成为他自学中国画和书法的启蒙教材，从此立志毕生从事中国画。

1915年秋

以优异成绩考取浙江省第一师范学校，赴杭州就读。

1918年

师范四年级，为同学作《枇杷图》。

1919年

为同学作《紫藤白头翁》等画。是年，参加杭州"五四"爱国学生游行集会。

1919年至1920年间

与刘海粟在杭州丁家山首次相见。

1920年春

参加浙江省立第一师范学校进步学潮。夏，毕业，回宁海下正学高小教书。工作之余刻苦自习绘画、书法、诗词、篆刻。

为赵平福（柔石）作《疏林寒鸦》《晚山疏钟》。

1921年

经常临摹民间古旧书画，钻研画论。

作《紫藤明月》《雪景八哥》等画。

1922年春

转浙江孝丰县（今安吉县）高等小学教书。

与沈遂贞在孝丰一字阁开书画展，作品中有指墨画。作《古木寒鸦》《长风白水》《济公与象》《秃头僧》等。

1923年春

任教于上海民国女子工校。夏，兼任上海美术专科学校中国画系国画习作课和理论课教师。

结识吴昌硕、王一亭、黄宾虹、吴茀之、朱屺瞻，画风向吴昌硕接近，由原先的恣肆挥洒向深邃蕴藉发展。

作《秋华湿露》等。

改"天授"为"天寿"。

1924年

任上海美术专科学校教授，着手编著《中国绘画史》。

经常参加各种展览，观摩古今书画，结识先辈名家。着重攻写意花鸟，又攻山水画。

作《行乞图》《垂杨系马》《狸奴守岁》等画。

1925年

1月在上海完成《中国绘画史》。2月，在杭州写成序言。

6月20日，与刘海粟、诸闻韵等教授联名在《申报》刊登启事，接受订件，为五卅惨案中死伤的工人、市民举行义卖画展。

作《晴峦晓色》《春风淡荡》《古梅》等。

1926年7月

所编《中国绘画史》由商务印书馆出版。

冬，与俞寄凡、潘伯英发起创办了上海新华艺术专科学校。

1927年春

新华艺术专科学校招收第一期学生，潘天寿出任教育系主任教授。

1928年

初春应邀担任杭州国立艺术院中国画主任教授，兼书画研究会指导教师。自此一直定居杭州。同时兼任上海美专、新华艺专等校授课教师。

是年冬，与王一亭、刘海粟在名医徐小圃家宴请日本画家桥本关雪。桥本关雪与他笔谈："南画创于中华。可惜我不是中国人，不在中华长大，对各地名胜古迹观光机会不多，每隔一二年便来旅行写生一次，以弥补缺陷、增强修养。"潘天寿在归途中对刘海粟说："我们生在中华真是三生有幸。桥本很用功，一心想继承我国南宋诸大家的神韵，可惜感情欠深沉，下笔仍是岛国人本色，作品回味不多。我们要奋力笔耕，不能让东邻画家跑到我们前面去啊！"

作《绯袍》《青山白云》等画。

1929年春

赴上海参观唐宋元明古画及石涛、八大专题展，作《读八大石涛二上人画展后》诗。

是年夏，参加艺专组织的访日美术教育参观团，走访了东京美术学校、帝国绘画馆、博物馆等机构，了解日本艺术教育情况。

作《鸡冠八哥》《西湖秋色》。

1930年

作《观瀑图》《幽谷图》。

1931年

参加"艺苑"画展，作品《兰花》被收入美术展览会专号。

作《江洲夜泊》《石壁飞瀑》《山居图》《霜天暮钟》等。

1932年，与诸闻韵、吴茀之、张振铎、张书旂等组织"白社"国画研究会，主张以"扬州八怪"的革新精神从事中国画创作。曾先生在上海、南京、杭州和苏州等地举办画展，甚获好评，并出版二集《白社画集》，其中收入了潘天寿的《江洲夜泊》《梅兰竹石》《赠悲鸿鱼鹰图》《芭蕉雄鸡》《穷海秃鹫》《石梁飞瀑》《松壑鸣泉》等作品。

10月，参加"新华艺术专科学校教授近作展览"。

1933年

作品参加徐悲鸿在法国巴黎主持的"中国近代绘画展览"。

10月17日到22日，"白社"第二届画展在中央大学礼堂举行。

修改《中国绘画史》，编写《中国书法史》初稿。

作《夕阳山外山》《鳜鱼》等作品。

1935年

春节，"白社"第三届画展在杭州开幕。

加入朱念慈所创"莼社"。

9月，参加"百川画会"。

作《江洲夜泊》《山居图》。

1936年

所编《中国绘画史》经修改后再版，列入"大学丛书"。

8月，"白社"第四届画展在苏州公园图书馆举办。

作《梦游黄山》。

1937年

4月1日，潘天寿作品《墨猫》《行书立轴》在南京美术陈列馆举办的"第二届全国美术展览会"展出。

《江洲夜泊图》在"中国画会第六届展览会"展出。

1938年

整理旧诗稿，编成《诗賸》一册。

1939年春

在国立艺专绘画系主持中国画专业。

1940年

作《楚兰图》。

1941年

作《秃笔山水》《山居图》《兰竹石》《小城山水》等。

1943年

编写《中国画院考》。

理历年诗作，编为《听天阁诗存》付梓。

作《秋酣》《行书画论手卷》。

1944年

潘天寿的《中国花卉画之起源及其派别》一文发表于《前途》杂志第1卷第4号。

编著教材《治印丛谈》。

作《山斋晤谈》《黄山虬松》《观瀑图》《微雨蔷薇》《江洲夜泊》等。

1945年

在重庆举办个人画展，甚获好评。

作《浅绛山水》等。

1946年

作《幽兰灵芝》《秋风红菊》等。

1947年

潘天寿《佛教与中国绘画》一文收入王扆昌主编《中华民国三十六年美术年鉴》。

作《水墨山水》。

1948年

潜心创作，数量剧增。作有《萱花狸奴》《垂杨系马》《秋夜》《灵芝》《旧友晤谈》《盆兰墨鸡》《秋意》《乔松》《柏园》《松下观瀑》《松鹰》《行乞》《濠梁观鱼》《烟雨蛙声》《读经僧》《磐石墨鸡》等，由此确立了他在艺术上的独特面貌。

1949年

作《耕罢》。

1950年

任中央美术学院华东分院"民族美术研究室"主任，与吴茀之一起大量收购、鉴定民间藏画，分类造册，装裱修整，充实院系收藏，为教学提供了充分的直观教材。

作人物画《踊跃争缴农业税》《文艺工作者访问贫雇农》《种瓜度春荒》。

1952年

作《丰收图》。

1953年

与吴茀之、诸乐三等人赴山东讲学。

作《江南春雨》《江洲夜泊》《和平鸽》《焦墨山水》。

1954年

著《中国画用具材料常识·毛笔的常识》一文。

为北京饭店作《小憩》《红荷图》。

作《竹谷图》《之江遥望》《美女峰》《睡猫》《江洲夜泊》《晚风荷香》。

1955年

作《对于文艺思想的体会》的发言，明确提出了自己对于发展民族艺术的主张。认为要创造中华民族的新文化，一定要研究继承过去遗留下来的文化遗产，重视发展民族形式。强调"真诚、坚毅、虚心、细致地研究古典艺术"。

作《灵岩涧一角》《梅雨初晴》。

1956年

撰写《顾恺之》一书和《吴道子的生平概况》。

作《石榴玉簪》《恭贺年禧》《越王台》。

1957年

撰写《中国画题款之研究》《谈谈中国传统绘画的风格》。

在《美术》1957年第1期上发表《回忆吴昌硕先生》一文。在《美术研究》1957年第1期上发表《吴道子的生平概况》，第4期上发表《谁说"中国画必然淘汰"》。

作《记写雁荡山花》《莹莹山水》。

1958年

作品《露气》参加12月莫斯科举行的"社会主义国家造型艺术展览会"。

作《鹭石图》《铁石帆运》《小篷船》《松鹰》《长松流水》。

1959年

4月1日在《文汇报》上发表《要有更美的画》。

撰写《花鸟画简史》初稿。

应邀以《鹭鹰》《小篷船》《江天新霁》等作品参加苏联举办的"我们同时代人"展览。

作《记写百丈岩古松》《晴晨》《江天新霁》《国色天香》《江山如此多娇》。

1960年

作《夕阳山外山》《堪欣山社竹添子孙》《松石》《小

龙湫一截》《百花齐放》《初晴》《映日荷花别样红》。

1961年

4月，在北京全国高等院校文科教材会议上，提出中国画系人物、山水、花鸟三科分科教学的建议，写《中国画系人物、山水、花鸟三科应该分科学习的意见》。

作《携琴访友》《春塘小暖》《松鹰》《抱雏》《梅兰夜色》《晴峦积翠》《小亭枯树》《雨后千山铁铸成》《梅鹤》《微风燕子斜》《雁荡写生》《水墨花石》。

1962年

4月，在杭州召开的全国高等院校文科教材会议上，提议国画专业应把诗词、书法、篆刻等列为正式课程。

秋，"潘天寿画展"在新落成的北京中国美术馆展出，随后又到上海、杭州等地展出。

冬，参加美院举办的素描教学讨论会，提出中国画要有自己的基础训练方法。

在《东海》杂志1962年10月号上发表《谈黄宾虹山水画的成就》。

为缅甸驻华大使馆作《雨霁》，现藏于钓鱼台国宾馆。

作《南天秋雁》《青绿山水》《梅花芭蕉》《晴霞》《菊竹》《石榴》《欲雪》《鱼乐》《秀竹幽兰》《记写少年时故乡山村中所见》《写西湖中所见》等。

1963年

元旦，"潘天寿画展"由上海美术家协会、中国画院主办，在上海美术馆展出。

在潘天寿主持下，美院正式成立书法篆刻科。

事理《听天阁诗存》。

作《小龙渊下一角》《雁荡山花》《听天阁图卷》《春酣国色》《无限风光》。

1964年

"潘天寿画展"在香港展出。

作《泰山图》《暮色劲松》《光华旦旦》《蛙石》。

1965年春

随学校师生到上虞县参加农村社教运动。

作《菘菜》《指墨南瓜》《红菊醺风》《数点梅花》。

1966年春

作《梅月图》。

6月初，"文化大革命"爆发，被关进牛棚监禁达三年之久。

1967年初

被带到嵊县参加批斗大会。

1968年

浙江美院"打潘战役"达到高潮。

1969年初

被押往家乡宁海县等地游斗，回杭州途中在一张香烟壳纸背面写下最后一首诗："莫此笼絷狭，心如天地宽。是非在罗织，自古有沉冤。"

4月，重病中被押往工厂劳动。由于心力衰竭引起昏迷，送医院抢救，此后即卧床不起。

1970年

8月，因得不到及时、认真的治疗，出现严重血尿。

1971年

5月，在听了向他宣读的"定案结论"（定案为"反动学术权威"，敌我矛盾）后，愤慨疲惫至极，又大量出血，再度送往医院抢救。

9月5日天明前，潘天寿在冷寂黑暗中长辞人世。

图书在版编目（CIP）数据

潘天寿写意花鸟画要义 ／ 潘天寿著． —— 上海：上海人民美术出版社，2021.11

（名家讲稿系列）

ISBN 978-7-5586-2214-4

Ⅰ.①潘… Ⅱ.①潘… Ⅲ.①写意画-花鸟画-国画技法 Ⅳ.①J212.27

中国版本图书馆CIP数据核字（2021）第217610号

名家讲稿

潘天寿写意花鸟画要义

著　　者：潘天寿
编　　者：本　社
主　　编：邱孟瑜
统　　筹：潘志明
策　　划：徐　亭
责任编辑：徐　亭
技术编辑：陈思聪
调　　图：徐才平
出版发行：上海人民美术出版社
　　　　　（上海市闵行区号景路159弄A座7楼）
印　　刷：上海印刷（集团）有限公司
开　　本：889×1194　1/16　10.5印张
版　　次：2022年1月第1版
印　　次：2022年1月第1次
书　　号：ISBN 978-7-5586-2214-4
定　　价：98.00元